"Do Bem ou de Deus? é uma po... ...e desafiará e transformará sua perspectiva do q... ...viver a boa vida."
— Mark Batterson, autor de *A Força da Oração Perseverante*, *best-seller* do *New York Times*

"Do Bem ou de Deus? é uma lição impressionante de discernimento que o desafiará a buscar verdadeiramente o Senhor para saber qual é a Sua vontade perfeita para a sua vida."
— Joyce Meyer, mestra da Bíblia e autora *best-seller*

"John Bevere é um mestre, líder e autor respeitado, e além de tudo isso é um bom amigo e companheiro na edificação do Reino. O desejo dele de ver cada pessoa viver não apenas uma boa vida, mas a vida de Deus aumentará a sua fé e o desafiará a viver com ousadia tudo o que Jesus tem para você. O ensino de John e suas revelações pessoais lhe darão uma nova percepção da vontade de Deus e dos melhores planos Dele para o seu futuro."
— Brian Houston, pastor sênior da Hillsong Church

"Quando leio as histórias de pessoas que fizeram coisas sem precedentes por amor a Deus, me vejo ansiando estar entre elas. *Do Bem ou de Deus?* fala do que acontece na mente e no coração daqueles que verdadeiramente abraçam o melhor de Deus — em vez de se contentarem com imitações mais fáceis. Se você compartilha esse desejo de conhecer e servir a Deus de uma maneira radical, eu o incentivo a ler este livro."
— John C. Maxwell, autor *best-seller* e conferencista

"O livro de John Bevere *Do Bem ou de Deus?* o desafiará a nunca se contentar com menos que o melhor de Deus. John faz um trabalho brilhante nos lembrando de que encontramos Deus quando procuramos por Ele."
— Jentezen Franklin, pastor sênior da Free Chapel e autor de *Jejum*, *best-seller* do *New York Times*

"Do Bem ou de Deus? vai abalar suas estruturas. Se quiser deixar as coisas como estão, este não é o livro para você. Mas se quiser que a sua perspectiva seja alterada para sempre, devore esta mensagem. Ela transformará sua vida!"
— Christine Caine, fundadora da The A21 Campaign e autora do *best-seller Unstoppable*

"Desafiador. Claro. Necessário. *Do Bem ou de Deus?* é um lembrete essencial de que ser bom não é o objetivo. Este livro mostra claramente o potencial para as pessoas passarem da vida mundana da obediência moral a uma vida revigorante que vem unicamente de Jesus."

— Louie Giglio, pastor da Passion City Church, Atlanta, Geórgia, e fundador das Conferências Passion

"Como um fósforo aceso rompendo a escuridão total, John Bevere ilumina o caminho para a presença manifesta de Deus enquanto desperta um desejo insaciável no leitor que só pode ser satisfeito em um relacionamento íntimo com Ele."

— Bispo T.D. Jakes, CEO da TDJ Enterprises e autor *best-seller* do *New York Times*

"A bondade de Deus está ao nosso redor, mas será que realmente a entendemos? Em *Do Bem ou de Deus?* John Bevere examina o que significa ser bom e o que Deus tem a ver com isso. Ao ler este importante livro, você ficará intrigado, será desafiado e motivado a buscar o melhor de Deus para si mesmo e a compartilhá-lo com outros".

— Craig Groeschel, pastor sênior da LifeChurch.tv e autor de *From This Day Forward* e *Five Commitments to Fail-Proof Your Marriage*

"Mais uma vez, John Bevere faz um chamado à ação incrível e transformador para o corpo de Cristo. Em seu novo livro *Do Bem ou de Deus?* ele mostra ao leitor como tirar o máximo de seu relacionamento com Deus e estabelecer um padrão mais elevado para todas as áreas de sua vida."

— Matthew Barnett, Pastor sênior do Angelus Temple, Los Angeles, Califórnia, e cofundador do Dream Center

"Em *Do Bem ou de Deus?* John Bevere nos desafia a repensar o nosso entendimento da bondade de Deus e a reconhecer áreas nas quais temos nos contentado com os nossos próprios padrões em vez dos Dele. Com uma percepção bíblica perspicaz e momentos vulneráveis de sua própria experiência, John inspira os leitores a recusarem a imitação de bondade que o mundo oferece e a entregar novamente o seu coração à perfeita santidade do nosso Pai celestial. *Do Bem ou de Deus?* é leitura obrigatória para todo seguidor de Jesus que se recusa a se contentar com menos que o melhor de Deus."

— Chris Hodges, Pastor sênior da Church of the Highlands e autor de *Fresh Air* e *Four Cups*

JOHN BEVERE

DO BEM
ou
DE DEUS?

PORQUE O BEM SEM DEUS NÃO BASTA

1ª impressão
Rio de Janeiro, 2015
www.edilan.com.br

DO BEM OU DE DEUS?
por JOHN BEVERE
© 2015 Editora Luz às Nações

Coordenação Editorial | *Equipe Edilan*
Tradução e revisão | *Idiomas & Cia*

Originalmente publicado nos Estados Unidos com o título *Good or God?* de John Bevere, por Messenger International, Inc., P.O. Box 888, Palmer Lake, CO 80133, Estados Unidos. MessengerInternational.org

Salvo indicação em contrário, todas as citações bíblicas foram extraídas da Bíblia Sagrada Nova Versão Internacional (NVI), Editora Vida. As outras versões utilizadas são: A Mensagem, Almeida Corrigida e Revisada Fiel (ACF), SBB; Almeida Atualizada (AA), SBB; Almeida Revista e Atualizada (ARA), SBB, A Bíblia Viva (ABV), Mundo Cristão e NTLH (Nova Tradução da Linguagem de Hoje), SBB e *Amplified Bible* (AMP) (traduzida livremente).

Por favor, note que o estilo editorial da Edilan inicia com letra maiúscula alguns pronomes na Bíblia que se referem ao Pai, ao Filho e ao Espírito Santo, e pode diferir do estilo editorial de outras editoras. Observe também que o nome "satanás" e outros relacionados não iniciam com letra maiúscula. Escolhemos não reconhecê-lo, inclusive a ponto de violar as regras gramaticais.

CIP-BRASIL. CATALOGAÇÃO NA PUBLICAÇÃO

SINDICATO NACIONAL DOS EDITORES DE LIVROS, RJ

B467d

    Bevere, John, 1959-
        Do bem ou de Deus? : porque o bem sem deus não basta / John Bevere. - 1. ed. - Rio de Janeiro : Luz às Nações, 2015.
        288 p. : il. ; 23 cm.

    Tradução de: Good or God?
    ISBN 978-85-99858-93-6

    1. Deus (Cristianismo). 2. Vida cristã. I. Título.
15-27763

                      CDD: 231.6
                      CDU: 27-14
30/10/2015   03/11/2015

Dedico este livro ao nosso filho...
Arden Christopher Bevere

Você é dedicado, forte, amoroso e sábio. Fico maravilhado
diante da sua sensibilidade para com aqueles que sofrem.
Filho, tenho muito orgulho de você e o amo para sempre.

SUMÁRIO

Agradecimentos   11

A Respeito Deste Livro   13

Introdução   15

Capítulo 1: O Que É Bom?   17

Capítulo 2: Como Isso Aconteceu?   27

Capítulo 3: O Padrão Universal de Deus   41

Capítulo 4: A Fundação   57

Capítulo 5: Desejar É o Bastante?   73

Capítulo 6: Nosso GPS Interno   89

Capítulo 7: Ele Tem Zelo Por Nós   105

Capítulo 8: Amizade   119

Capítulo 9: A Verdade Evitada   137

Capítulo 10: O Combustível   153

Capítulo 11: Bom ou Benéfico?   173

Capítulo 12: Treinamento Para Uma Vida Santa   187

Capítulo 13: Nossa Motivação   203

Capítulo 14: Nossos Parâmetros   221

Capítulo 15: Discernimento   239

Capítulo 16: O Quadro Maior   257

Devocionais e Perguntas Para Debate   263

Notas   281

AGRADECIMENTOS

À minha esposa, filhos e netos. Cada um de vocês é um presente de Deus e trouxe uma imensa riqueza à minha vida. Amo vocês para todo o sempre.

À equipe, membros da diretoria e parceiros da Messenger International. Obrigado por ficarem ao meu lado e ao lado de Lisa. Não poderíamos ter pedido a Deus amigos mais leais e verdadeiros para caminharem conosco ao alcançarmos as nações do mundo com o glorioso Evangelho de Jesus Cristo.

A Bruce, Jaylynn, Vincent, Allison, Addison e Loran. Obrigado pela dedicação em aperfeiçoar esta mensagem com suas habilidades editoriais. Estou maravilhado com os dons que Deus entregou a vocês.

A Allan. Obrigado pela capa espetacular que você criou para esta mensagem. Ela é simples, bonita e elegante.

A Addison, Colleen, Esther, Tom, Matt, Arden, Allan, Jaylynn e David. Obrigado por lerem esta mensagem em seus estágios de formação e por fazerem acréscimos sábios e sólidos aos trechos mais complexos.

A Tom, Esther, Addison, Austin e John. Obrigado por sua contribuição de sólida sabedoria na publicação e comercialização deste livro.

A Rob e Vanessa. Obrigado por seu trabalho incansável para levar esta mensagem às nações do mundo.

Ao nosso Pai, ao nosso Senhor Jesus Cristo e ao Espírito Santo. Obrigado por nos salvar completamente dos nossos pecados, adotando-nos como Teus filhos, e por compartilhar esta mensagem com o Teu povo amado. A Ti seja toda a glória.

A RESPEITO DESTE LIVRO

Do Bem ou de Deus? pode ser lido do início ao fim como qualquer livro. Incluí um conteúdo extra no fim do livro para aqueles que desejarem usá-lo como um manual de estudo interativo. Você pode fazer este estudo individualmente ou em grupo. Ele foi projetado para ser usado ao longo de seis semanas, mas sinta-se livre para adaptá-lo às suas necessidades.

Cada semana inclui:

- Perguntas para debate em grupo ou reflexão individual
- Um devocional semanal para ser utilizado durante o seu tempo pessoal com Deus
- *Para Reflexão*: Um versículo para meditação ao longo da semana
- *Para Aplicação*: Uma maneira simples de aplicar o que aprendeu à vida diária

Os capítulos do livro que correspondem a cada semana estão relacionados juntamente com as respectivas perguntas para debate.

Se você estiver lendo este livro como parte do estudo do currículo de *Do Bem ou de Deus?* recomendamos que você responda em grupo às perguntas para debate no final do livro. Depois, faça cada membro do grupo ler os capítulos do livro e o devocional correspondente antes da reunião seguinte.

Boa leitura!

INTRODUÇÃO

Recentemente, eu estava ao telefone com um líder nacional muito respeitado. Estávamos nos despedindo quando ele disse inesperadamente: "John, espere um instante. Preciso lhe dizer uma coisa. Você escreveu inúmeros livros nos últimos vinte anos, mas há um livro que você *precisa* escrever agora. É uma mensagem oportuna e profética para a Igreja; é uma ordem do Céu para você".

Quando ele terminou de falar, eu estava de joelhos, maravilhado diante da presença de Deus. Algumas semanas após o telefonema, uma paixão avassaladora por escrever este livro surgiu dentro de mim.

Esta mensagem está centralizada em uma pergunta simples: ser *do bem* é o bastante?

Nos dias de hoje, os termos *do bem* e *de Deus* à primeira vista podem parecer sinônimos. Acreditamos que o que é geralmente aceito como bom deve estar alinhado com a vontade de Deus. Generosidade, humildade e justiça são coisas boas. Egoísmo, arrogância e crueldade são coisas más. A distinção parece bastante evidente. Mas isso é tudo? Se o *bem* é tão óbvio, por que Hebreus 5:14 ensina que precisamos ter discernimento para reconhecê-lo?

O apóstolo Paulo escreve: *"Não vivam como vivem as pessoas deste mundo, mas deixem que Deus os transforme por meio de uma completa mudança da mente de vocês. Assim vocês conhecerão a vontade de Deus, isto é, aquilo que é* bom, *perfeito e agradável a Ele"* (Rm 12:2; grifo do autor). Não podemos discernir o que é realmente bom para as nossas vidas sem primeiro ter a nossa mente renovada. Sem a transformação que vem por meio da renovação da nossa mente, perdemos a incrível vida cheia de Deus que está disponível para nós em Cristo.

Antes da fundação do mundo, Deus preparou um plano para a sua vida, um plano que está transbordando de propósito cumprido, imensa alegria e grande satisfação. A vontade e o plano Dele para você são perfeita e completamente bons. Mas há uma imitação barata de bondade que pode impedi-lo de abraçar o melhor de Deus.

Infelizmente, muitos de nós nos contentamos com a imitação. Inconscientemente (e, às vezes, conscientemente) temos rejeitado a *Deus* enquanto buscamos o que é aparentemente do *bem*.

Os líderes da igreja primitiva nos advertiram repetidamente contra esse engano (estar enganado é acreditar que estamos alinhados com a verdade, quando na realidade não estamos). O próprio Jesus advertiu que o engano seria arquitetado tão inteligentemente em nossos dias que até os eleitos poderiam ser vítimas dele. Podemos lidar com essas advertências de forma leviana? Podemos negligenciá-las, supondo que estamos acima do engano e que podemos discernir instintivamente entre o bem e o mal?

A boa notícia é que Deus não está procurando esconder o Seu melhor de nós. Deus não tem interesse em nos enganar. Ele promete que aqueles que procuram acharão. Se nos comprometermos com a jornada pela busca da verdade, não seremos ludibriados por uma falsificação dela. A questão é: vamos procurar a Fonte da verdade ou vamos nos contentar com um conhecimento superficial de Deus e da Sua boa vontade? A minha esperança é que, ao ler este livro, você fortaleça a sua decisão de nunca se contentar com menos do que o melhor de Deus.

Vamos orar antes de começar:

Pai, em nome de Jesus, abre os meus olhos, os meus ouvidos e o meu coração para ver, ouvir e perceber a Tua vontade para a minha vida. Espírito Santo, ensina-me os caminhos de Jesus Cristo de modo intenso e profundo enquanto leio esta mensagem. Confio em Ti como o meu Mestre. Que Tu possas falar comigo em cada frase deste livro. Que a minha vida seja transformada para sempre. Amém.

1

O QUE É BOM?

Ninguém é bom, a não ser Um, que é Deus.
— Marcos 10:18

*Tudo no universo é bom na medida em que se
conforma com a natureza de Deus, e tudo é
mau se deixa de fazer isso.*
— A. W. Tozer

Bem e mal. Todos nós sabemos a diferença, certo? Nascemos neste
mundo com um conhecimento inerente do que é certo e do que é
errado, não é mesmo?

Muitas vezes, ouvi as pessoas dizerem que os seres humanos são bons por
natureza. Isso é verdade? Sabemos que os filmes, os documentários e outros
programas que aquecem os nossos corações são os que destacam a bondade
da humanidade. Não conheço nenhuma história, romance ou filme que
tenha conquistado as grandes massas em que o mal triunfe sobre o bem.

Todos nós crescemos assistindo aos mocinhos enfrentando desafios.
Geralmente eles lutavam até o fim contra a derrota inevitável, sem qualquer
chance de sucesso, até que, de repente, nossos heróis rompiam rumo à vitória
ou à justiça. Nós prevíamos esses finais e os aplaudíamos. Esperávamos que
o bem sempre vencesse porque, afinal, Deus está do lado do bem, certo?

Nos últimos anos os produtores e as redes de televisão inauguraram
uma nova tendência quando introduziram os *reality shows* na televisão

com pessoas passando por uma transformação completa. Começou com programas sobre a reforma radical da casa de uma família em dificuldades. Nós nos sentávamos grudados às nossas TVs, admirando a empolgação e a generosidade dos filantropos que estendiam a mão para os pobres e necessitados. Prevíamos o choque dos que eram beneficiados e depois desabávamos naquele momento de clímax em que essas pessoas em difícil situação de vida contemplavam a sua casa reformada. Depois, veio outro programa que ajudava os "perdedores" que lutavam contra a obesidade a eliminar o excesso de peso. E ainda havia outros programas que auxiliavam com vestuário, cabelos, maquiagem e muito mais.

Logo depois as celebridades se uniram a essa tendência. Artistas de renome abriam o caminho para aqueles que não tinham oportunidade de exibir suas habilidades como dançarinos ou cantores. Nós torcíamos enquanto testemunhávamos o candidato desconhecido que tinha a chance de se tornar uma grande estrela da noite para o dia. Que bondade, que generosidade, que boa vontade!

Qualquer programa sobre dar destaque à benevolência, proteger os inocentes ou abrir mão do próprio tempo para ajudar os menos favorecidos crescia em popularidade. Em nossa lista de *reality shows* preferidos estava o da polícia ou o dos caçadores de recompensas capturando criminosos. Esses também se tornaram alguns dos programas mais assistidos.

Resumindo tudo isso, nosso entretenimento em geral está centralizado no *bem* da humanidade.

Os princípios básicos do marketing de vendas nos ensinam que um produto precisa ter um toque agradável, uma boa aparência, um bom som, gosto bom ou cheiro bom para ter sucesso no mercado. Ele deve elevar os sentidos ou as emoções do consumidor a um estado melhor ou mais feliz. Sabemos que os bons artigos vendem. Afinal, quem iria querer comprar alguma coisa ruim? E somente pessoas desequilibradas desejariam buscar o mal.

Ouvimos comentários do tipo "ele é um homem bom" ou "ela é uma boa mulher", e normalmente aceitamos essa avaliação sem maiores análises. Os vulneráveis rapidamente baixam a guarda, considerando todas as afirmações ou ações dessas pessoas que são proclamadas como *boas* como sendo seguras e confiáveis. Mas essas avaliações são sempre corretas?

Poderíamos cair no estado enganoso de chamar o que é certo de *errado* e o que é errado de *certo*? Será que todos nós não sabemos a diferença? E com certeza jamais poderíamos cair no estado enganoso de chamar o bem de *mal* e o mal de *bem*. Certo?

Reflita sobre isto: há muitos séculos, um jovem líder rico se aproximou de Jesus Cristo. Ele era um homem honesto e moralmente puro. Nunca havia cometido adultério, assassinato, mentira, roubo nem enganara ninguém em um negócio. Sempre respeitou seus pais. Era um cidadão exemplar e muito provavelmente admirado por muitos. Ele honrou a Jesus com a saudação: "Bom Mestre...".

Esse era um líder falando com outro Líder; um homem bom apelando a outro Homem bom. Ele procurou algo em comum com aquele Mestre notável a quem não conhecia pessoalmente. Talvez tenha raciocinado: *Se eu bajular o coração deste Profeta apelando para a Sua bondade, eu O convencerei a dar uma resposta favorável à minha indagação.* Entretanto, antes de responder a pergunta, Jesus primeiro retrucou: "*Por que você Me chama bom? Ninguém é bom, a não ser Um, que é Deus*" (Mc 10:18).

Por que Jesus corrigiria um homem que O chamara de bom? Jesus não era bom? É claro que sim! Então por que Ele disse isso? Seria porque aquele "bom" era o padrão de julgamento errado? Em outras palavras, é possível que o padrão do homem do que é bom seja diferente do padrão de Deus?

Se você ou eu nos colocássemos no lugar daquele homem, como teríamos nos saído se tivéssemos cumprimentado Jesus como "bom Mestre"? Posso responder por mim. Sou um filho de Deus há anos, já li a minha Bíblia mais de uma vez, estudo os textos bíblicos por horas, oro diariamente, estou no ministério em tempo integral e sou autor de alguns *best-sellers* cristãos, mas eu teria recebido a mesma resposta do jovem líder rico. Jesus teria dito: "*John, por que você Me chama bom?*" exatamente da mesma forma. Como sei disso? O Espírito de Deus tratou comigo de modo semelhante à maneira como Jesus tratou com aquele governante.

Notícias Chocantes

Deixe-me explicar. No fim dos anos 90, voei para a Suécia para uma conferência. Era um voo noturno que aterrissaria em Estocolmo cedo pela manhã. Depois de pousar, pegar as minhas malas e passar pela alfândega, encontrei e fui saudado calorosamente pelo meu anfitrião sueco. Antes de sairmos do terminal, ele me informou a respeito daquilo que se tornaria a notícia do ano e muito possivelmente da década.

Ele disse:

— John, uma coisa muito trágica aconteceu na noite passada enquanto você voava para cá, por isso você provavelmente não sabe de nada. Deixe-me colocá-lo a par das notícias.

— O que aconteceu? — perguntei, tanto preocupado quanto curioso.

O meu anfitrião então me contou acerca de um acidente automobilístico fatal que ocorrera havia algumas horas. Uma das vítimas era possivelmente a pessoa mais reconhecida e amada do planeta. Tudo que ela fazia virava notícia. Minha esposa Lisa e eu admirávamos as suas obras de caridade e gostávamos de ler os artigos a seu respeito nas revistas e jornais. Estou me expondo um pouco aqui, mas quero dizer que não apenas gostava dos artigos, como também amava as imagens que retratavam a sua vida. Resumindo, eu era um grande fã. Todas as vezes que uma história envolvendo essa pessoa saía no noticiário, eu parava o que estava fazendo e prestava atenção.

A notícia da morte dessa mulher me chocou de forma indescritível. Ela era uma jovem mãe com filhos pequenos, além de ser uma estadista brilhante que nasceu tanto inteligente quanto bonita. Ela estava usando a sua influência mundial para fazer um grande bem pelos órfãos e pelas vítimas de minas terrestres em países devastados pela guerra. Isso foi o bastante para conquistar o meu coração, mas as suas qualidades iam além: ela amava os seus fãs e estava sempre atenta a eles, cumprimentando-os com um sorriso genuíno ou com algum tipo de reconhecimento caloroso e pessoal.

Fiquei chocado e incrédulo com a notícia de sua morte. *Como ela poderia estar morta? Como isso podia ter acontecido?*

O meu anfitrião levou-me até o meu hotel. A primeira coisa que fiz quando entrei em meu quarto foi ligar a televisão. As notícias acerca do acidente estavam em todos os canais. Não conseguia entender a maioria delas porque estavam em sueco, então fiquei trocando de canal até encontrar a CNN e a BBC Sky News. Sentei-me na beirada da cama, com as malas ainda por desfazer, totalmente incrédulo.

Os noticiários mostravam milhares de pessoas chorando do lado de fora de sua residência. Pessoas de todas as idades se reuniram e as câmeras as mostravam colocando flores nos portões enquanto lágrimas escorriam por seus rostos. Muitos estavam se abraçando ou amontoados em grupos orando. O mundo estava em choque.

Durante os quatro dias seguintes essa tragédia foi mostrada na primeira página de todos os jornais do mundo livre. Os relatos do acidente, a investigação, a reação de sua família e o funeral dominaram toda a mídia. Chefes de Estado, líderes mundiais e centenas de celebridades estiveram presentes em seu culto fúnebre, que foi um dos eventos mais assistidos da história da televisão.

Naquele primeiro dia em Estocolmo, passei horas seguidas em meu quarto de hotel lamentando aquela notícia, tendo de me esforçar até para me preparar para o culto daquela noite. Minha mente ficava divagando em questionamentos enquanto eu lutava contra a raiva que sentia por aqueles acontecimentos sem sentido que levaram à sua morte. No entanto, juntamente com a tristeza, senti um pensamento oposto que tentava vir à tona.

Procurei ignorá-lo, mas não consegui. Finalmente, depois de várias horas sentindo uma discordância entre as minhas emoções e o meu espírito, ajoelhei-me aos pés da minha cama e orei: "Pai, estou sofrendo pela morte desta mulher. No entanto, em meu coração sinto como se algo estivesse errado. O que está acontecendo?"

Quase imediatamente, ouvi no fundo do meu coração: "*Leia Apocalipse capítulo 18*". Fico triste em admitir, mas não tinha ideia do que havia em Apocalipse 18 porque naquela época esse era um livro que eu não havia estudado em profundidade. Abri a minha Bíblia e comecei a ler. Meu coração começou a disparar quando cheguei ao versículo 7:

Façam-lhe sofrer tanto tormento e tanta aflição como a glória e o luxo a que ela se entregou. Em seu coração ela se vangloriava: "Estou sentada como rainha, não sou viúva e jamais terei tristeza". Por isso num só dia as suas pragas a alcançarão: morte, tristeza e fome; e o fogo a consumirá, pois poderoso é o Senhor Deus que a julga. Quando os reis da Terra, que se prostituíram com ela e participaram do seu luxo... chorarão e se lamentarão por ela...

Apocalipse 18:7-9

Quando li esses versículos, senti um turbilhão de emoções. Havia paralelos claros entre a mulher descrita na passagem e a mulher cuja morte estava dominando as frequências de rádio e TV. Foi como se jogassem um balde de água fria em mim. Fiquei chocado, confuso e perplexo. Como esses versículos poderiam se aplicar de alguma maneira àquela benevolente celebridade?

É importante ressaltar que o apóstolo João não estava se referindo a uma pessoa específica nesses versículos. Essa passagem dá ênfase a um espírito que tem predominado em nosso mundo caído. Entretanto, havia semelhança suficiente com a situação do momento para que o Espírito de Deus usasse esses versículos para transformar o meu entendimento. Já lhe aconteceu de Deus usar um relato da Bíblia para falar com você a respeito de uma experiência pessoal? Era isso que estava acontecendo ali.

O Espírito de Deus estava desafiando a maneira como eu media o *bem* de uma forma semelhante àquela que Jesus fizera com o jovem líder rico. Ciente do que sentia que Deus me revelava naquele momento, protestei em voz alta no meu quarto de hotel: "Senhor, como esses versículos podem ter qualquer coisa a ver com ela? Ela fez todo tipo de trabalho humanitário com vítimas de minas terrestres e órfãos e..."

"*Ela ostentou o seu desafio à autoridade e o seu adultério diante do mundo inteiro*", o Senhor retrucou. "*Ela não era submissa a Mim.*"

Ainda incrédulo, protestei novamente: "Mas e quanto a todo o bem que ela fez pela humanidade?"

Então ouvi o Espírito de Deus dizer: "*Filho, não foi pelo lado mau da árvore do conhecimento do bem e do mal que Eva foi atraída. Foi pelo lado* bom".

Fiquei paralisado com essas palavras ditas tão claramente ao meu coração. Depois de alguns instantes, abri a minha Bíblia em Gênesis 3 para confirmar o que acabara de ouvir. Como já esperado, li as seguintes palavras:

Quando a mulher viu que a árvore parecia agradável ao paladar, era atraente aos olhos e, além disso, desejável para dela se obter discernimento, tomou do seu fruto, comeu-o...

Gênesis 3:6 (grifos do autor)

Vi as palavras *agradável, atraente* e *desejável* e o meu queixo caiu. Então ouvi o Espírito de Deus dizer: "*Existe um bem que não procede de Mim. Ele não está submisso a Mim*".

Fiquei sentado ali, contemplando o que ouvira e lera. A Palavra de Deus havia me exposto e me corrigido. O meu padrão de *bem* aparentemente era diferente do padrão divino.

Deus continuou falando ao meu coração. Ele me mostrou como muitas das pessoas "boas", e principalmente as pessoas cristãs, não são atraídas por orgias sexuais obscenas, músicas tenebrosas com letras descaradamente rebeldes, astros do rock que ostentam o satanismo em seus shows, assassinatos em massa, grandes roubos ou qualquer desses comportamentos descaradamente maus. A maioria delas é enganada e atraída por comportamentos e coisas que parecem certos, bons e sábios, mas que são contrários à sabedoria Dele. Somos ensinados que:

> *Há um caminho que ao homem* parece direito, *mas o fim dele são os caminhos da morte.*
>
> Provérbios 14:12 (ACF, grifo do autor)

Vamos analisar primeiro a última parte desse versículo: "*mas o fim dele são* os caminhos da morte". Muitos cristãos não prestam muita atenção nessas palavras porque pensam: *Sou salvo, vou para o Céu e não verei a morte.* Em suas mentes, essa afirmação só se aplica aos incrédulos. Entretanto, vamos repensar o que a Palavra de Deus está dizendo aqui.

Veja as palavras "*caminhos da morte*". A Bíblia fala com alguma frequência do *caminho da vida* e do *caminho da morte*. Deus declara aos Seus (não àqueles que não Lhe pertencem): "*Assim diz o Senhor: 'Ponho diante de vocês o caminho da vida e o caminho da morte'*" (Jr 21:8; grifos do autor).

Caminho aqui nessa passagem significa a sabedoria pela qual vivemos. Você verá essas palavras com frequência ao longo da Bíblia. Jesus diz assim: "*... larga é a porta e amplo o caminho que leva à perdição [morte], e são muitos os que entram por ela. Como é estreita a porta, e apertado o caminho que leva à vida!...*" (Mt 7:13-14; grifos do autor). Mas será que Jesus está tratando somente da eternidade nesses versículos?

Deus colocou a árvore da vida no centro do Jardim do Éden. Ela representava o caminho da vida de Deus, a Sua sabedoria. A outra árvore central no jardim era chamada de a árvore do conhecimento do bem e do mal. Essa árvore representava o caminho da morte; ela representava a sabedoria do homem separado de Deus. Partilhar do seu fruto não afetou Adão e Eva apenas na vida eterna; afetou-os imediatamente. Antes daquele ato impensado, eles viviam sem restrições, eram produtivos, saudáveis e tinham êxito em tudo o que os seus corações se propunham a fazer. Mas quando comeram da árvore proibida, a vida se tornou difícil. Eles foram amaldiçoados com doenças, escassez, trabalho estressante e dificuldades que nunca conheceram. Eles haviam entrado no caminho da morte.

Entretanto, Deus é um Redentor. Ele já havia planejado recuperar o que o homem perdera. Ele fez uma aliança a fim de restaurar o *caminho da vida*. Sua sabedoria mais uma vez produziria a verdadeira felicidade, uma vida agradável de paz, abundância e outros grandes benefícios:

> *Como é feliz o homem que acha a sabedoria... nada do que você possa desejar se compara a ela. Na mão direita, a sabedoria lhe garante vida longa; na mão esquerda, riquezas e honra. Os caminhos da sabedoria são caminhos agradáveis, e todas as suas veredas são paz. A sabedoria é* árvore que dá vida *a quem a abraça; quem a ela se apega será abençoado.*
>
> Provérbios 3:13-18 (grifo do autor)

A Bíblia revela que a sabedoria de Deus aplicada às nossas vidas resulta em uma vida frutífera, produtividade, sucesso, longevidade, paz de espírito e honra. Uma árvore é algo que podemos partilhar com outras pessoas. De acordo com esses versículos, se seguimos o caminho da vida (a sabedoria), nós nos tornamos uma árvore que dá vida — uma fonte de nutrição para aqueles que partilham do que nós produzimos. O contrário também é verdade. Se vivemos pela sabedoria do homem, nós nos tornamos uma árvore maligna, e aqueles que partilham do que produzimos também viverão envolvidos em trabalho árduo, estresse, improdutividade, doença, egoísmo e outras consequências da morte espiritual.

Voltando a Provérbios 14:12, lemos: *"Há um caminho que ao homem parece direito, mas o fim dele são os caminhos da morte"* (grifo do autor). Quando examinamos a primeira parte desse versículo, sabemos que ele pode se aplicar facilmente a qualquer um: tanto a cristãos quanto a incrédulos do mesmo modo. Há um caminho que parece direito — ele parece bom, sábio, benéfico, estratégico, aceitável, proveitoso, e assim por diante. No entanto, a advertência é clara: o que parece bom pode na verdade ser prejudicial, danoso e improdutivo: o caminho da morte.

O autor de Hebreus escreve esta grave exortação aos crentes:

> *...Temos muito que dizer... porquanto vos tornastes tardios em ouvir. Porque, devendo já ser mestres em razão do tempo, ainda necessitais de que se vos torne a ensinar os princípios elementares dos oráculos de Deus; e vos haveis feito tais que precisais de leite, e não de alimento sólido... mas o alimento sólido é para os adultos, os quais têm, pela prática, as faculdades exercitadas* para discernir tanto o bem como o mal.
>
> Hebreus 5:11-12, 14 (AA, grifo do autor)

Está claro que o discernimento é um fator-chave para se distinguir o que é verdadeiramente bom e o que é verdadeiramente mau. Em outras palavras, o que é verdadeiramente bom nem sempre está claro para o nosso pensamento, raciocínio ou faculdades naturais.

Você pode perguntar: "O autor de Hebreus não disse que as nossas faculdades podem ser treinadas para saber a diferença?" Sim, ele disse, mas a que faculdades ele estava se referindo? Você perceberá que no início desses versículos, o autor relatou que estava escrevendo aos cristãos *tardios em ouvir*. A que ele se referia? Será que todos os crentes hebreus precisavam de aparelhos auditivos? Dificilmente. Ele estava se referindo à capacidade de ouvir com o nosso coração. Jesus ensinava constantemente: *"Aquele que tem ouvidos, ouça!"* (Mt 11:15). Praticamente todos aqueles que receberam esse ensinamento tinham ouvidos físicos, porém nem todos eles tinham um coração cheio de discernimento para ouvir a Palavra de Deus, que era o melhor para as suas vidas.

Vamos tratar mais profundamente a respeito de discernimento espiritual um pouco mais adiante neste livro. Porém o mais importante neste ponto é entender que o bem e o mal não podem sempre ser diferenciados apenas a partir do que está na superfície. Antes do meu encontro com a verdade naquele hotel em Estocolmo, eu acreditava que o *bem* e o *mal* estavam bem diante de nós, claros e evidentes. No entanto, considere outro exemplo: um dos principais membros da equipe de Jesus, Pedro, falou e declarou longa vida e proteção a Jesus. Parecia certo que ele estava dando ao seu Chefe um bom conselho. Mas Jesus o repreendeu abruptamente afirmando que os interesses dele claramente não eram os de Deus (ver Mateus 16:21-23). Esse é apenas um dos muitos exemplos bíblicos que poderia dar para ilustrar o quanto o bem e o mal não estão claramente evidentes.

Salomão orou: "*Dá, pois, ao Teu servo um coração cheio de discernimento para... distinguir entre o bem e o mal*" (1 Rs 3:9). É preciso ter um coração instruído e treinado a fim de identificar o que Deus chama de *bem* e *mal*. Eva era perfeita de todas as formas, e no jardim onde ela morava a presença de Deus era forte e poderosa. Entretanto, o que ela discerniu como sendo bom, agradável e proveitoso na verdade era mau e prejudicial à sua vida. Ela estava enganada e sofreu por causa disso.

Isso nos leva ao propósito deste livro: iluminar, por intermédio da Palavra de Deus e da ajuda do Espírito Santo, a diferença entre o que é bom para a sua vida e o que será prejudicial em última análise. Se Eva, que era perfeita e vivia em um ambiente sem imperfeições, ainda pôde ser enganada, imagine o quanto será mais fácil para nós, com nossas mentes imperfeitas e vivendo em um mundo corrupto — em uma sociedade distorcida — sermos enganados e levados a julgar que aquilo que é prejudicial é bom.

2

COMO ISSO ACONTECEU?

Meus amados irmãos, não se deixem enganar.
Toda boa dádiva e todo dom perfeito vêm do
alto, descendo do Pai...
— Tiago 1:16-17

[O cristão] não pensa que Deus nos amará
porque somos bons, mas que Deus nos tornará
bons porque Ele nos ama...
— C.S. Lewis

Naquele dia na Suécia, fiquei no quarto do hotel, atordoado, com as emoções em polvorosa. Eu estava estarrecido com a resposta divina ao meu sofrimento pela morte daquela celebridade e ao mesmo tempo sentia-me perturbado. Estava perplexo e cheio de perguntas. Eu tinha anos de ministério, escrevi livros e ensinei aos crentes em todos os continentes (exceto na Antártica), no entanto, minha ignorância com relação ao que é verdadeiramente bom acabara de ser exposta.

As principais perguntas que explodiam em minha mente eram: *O que mais tenho visto como bom que não é bom aos olhos de Deus?* E, igualmente importante: *Quais têm sido as consequências?*

Antes de começar a abordar essas perguntas, seria benéfico voltar novamente para onde tudo começou: o Jardim do Éden. Este é um passo lógico, pois essa foi a referência que o Espírito de Deus usou para chamar a minha atenção naquele quarto de hotel. Há uma questão recorrente acerca da história do jardim com a qual eu — e muitos outros — temos nos debatido por anos: como a serpente conseguiu que Eva se voltasse contra Deus?

Vamos analisar isso. Eva vivia em um ambiente perfeito. Não houve um pai, marido, parente, chefe ou professor que tivesse abusado dela. Ela vivia em paz e tranquilidade absolutas e era suprida em abundância, sem doenças ou falta de recursos. E, melhor de tudo, ela vivia em harmonia com o seu Criador. A presença de Deus permeava a atmosfera da Terra, e Ele andava frequentemente no jardim com Adão e Eva. Então, como a serpente conseguiu que essa mulher, assim como o homem, se voltassem contra Deus?

Se conseguirmos encontrar respostas para esse mistério, adquiriremos um discernimento que nos ajudará a entender como o inimigo pode fazer o mesmo conosco hoje. Se conhecermos as suas táticas, não seremos vítimas tão fáceis do engano e da desobediência ao nosso Criador.

Um Jardim Magnífico

No princípio, Deus criou um mundo perfeito, lindo, sem defeitos e repleto de recursos e outros prazeres para a alma. Deus não criou apenas algumas variedades de animais, árvores e paisagens. Ele projetou e criou mais de um milhão de criaturas vivas, mais de duzentas e cinquenta mil plantas, mais de cem mil espécies de árvores e uma quantidade imensa de diferentes rochas, solos e recursos naturais. A Terra era uma obra-prima. Milhares de anos depois, os cientistas ainda a estudam e se maravilham com a sua complexidade. Eles ainda não dominaram o entendimento do nosso mundo e provavelmente nunca o farão.

Deus projetou e criou tudo isso apenas para o objeto do Seu afeto: a humanidade. E por mais impressionante que o planeta tenha se tornado, o Criador não parou por aí e foi ainda mais além. Ele não criou, mas plantou pessoalmente um maravilhoso jardim na Terra.

Amo paisagens e jardins. Bem, deixe-me ser sincero: não gosto de trabalhar em nenhum dos dois — você pode perguntar a Lisa a respeito disso. Ela vai franzir a testa ao lhe falar do meu desinteresse quanto à jardinagem. Mas o que eu realmente amo é me sentar ou passear em jardins cuidados, pomares, vinhas ou florestas. Admiro as cores, os aromas, o solo e as variedades de árvores e plantas.

Recentemente, eu estava pregando em Konstanz, na Alemanha, uma cidade que recebeu o nome do lago que fica próximo a ela. O lago Konstanz é o maior lago da Alemanha, pois recebe o gelo derretido e as águas da neve dos Alpes. Lisa e eu estivemos ali juntos visitando amigos próximos que também são pastores, Freimut (um bom nome alemão) e sua esposa Joanna.

Tivemos alguns dias livres durante a viagem e nossos hóspedes gentilmente nos ofereceram uma série de atividades divertidas para preencher o nosso tempo. Descobrimos que não há falta de coisas para se fazer em Konstanz; entretanto, a opção que eu mais queria fazer não fora proposta.

Dentro do lago Konstanz existe um lugar chamado Ilha das Flores. O nome certo é Mainau, mas Ilha das Flores é mais descritivo porque toda a ilha é um jardim. Eu queria caminhar por ela, mas levaria um dia inteiro para ver tudo.

Lisa, Joanna e Freimut inicialmente pensaram que eu estava brincando quando pedi para visitar a ilha. Afinal, quem teria pensado que um cara que ama esporte e atividades competitivas iria querer fazer algo tão entediante quanto caminhar por um grande jardim? Depois que eu toquei no assunto algumas vezes, porém, nossos amigos comentaram:

— Não imaginamos que você estivesse falando sério. Você realmente quer ir?

— Sim! — eu disse.

Então planejamos a excursão, apesar do pouco entusiasmo dos outros.

Foi um dia espetacular. Dirigimos por uma ponte até a ilha, pagamos uma taxa de entrada no portão principal e demos início ao nosso passeio. Não demorou muito para que eu ficasse encantado com o lugar. Fiquei impressionado com a beleza e a complexidade daquele vasto jardim. A boa notícia é que eu não estava só. As brincadeiras e a zombaria dos outros três cessaram quando todos nós contemplamos aquela obra-prima.

Cada seção do enorme jardim era um banquete para os olhos. Todos os lindos canteiros de flores estavam perfeitamente alinhados com caminhos que os contornavam pelo meio, permitindo que cada planta pudesse ser vista. Havia mapas feitos de flores e enormes estátuas de animais, crianças e até casas, todas feitas de diferentes árvores, plantas e flores. Chafarizes e lagos impressionantes também estavam espalhados por toda parte.

Todos nós desfrutamos a beleza e a criatividade de um lugar que levaria mais da metade de um dia para se percorrer completamente — vimos apenas a metade dele! Muitas vezes durante aquela tarde refleti: *Se homens e mulheres conseguem criar esta ilha magnífica, um banquete de beleza para os olhos, com uma abundância de fragrâncias que enchem de prazer o olfato, como deve ter sido o Jardim do Éden?* Afinal, não foi um horticultor habilidoso ou um paisagista quem projetou o Éden. Foi o próprio Mestre Criador.

Deus plantou o rico e encantador Jardim do Éden, colocou Adão no meio dele e levou cada animal até ele. O Mestre queria ver que nome Adão daria a cada uma das mais de 1,25 milhões de espécies de animais da Terra. Que inteligência esse homem deve ter tido! Porém, Adão não tinha apenas a capacidade de dar nome a todos esses animais diferentes, mas também a capacidade de lembrar o nome de cada um — e sem um iPad com os recursos do Google para ajudá-lo! Adão era brilhante.

Entretanto, Deus não levou os animais até Adão apenas para que ele lhes desse nome. Ele também queria ver que animal seria a escolha de Adão como uma companhia adequada.

O homem deu nome a todos os pássaros e a todos os animais, mas nenhum deles era uma companhia adequada para ajudá-lo. Então o Senhor fez o homem cair em um sono profundo e, enquanto ele dormia, retirou uma das costelas do homem e fechou a sua carne. Ele formou uma mulher com a costela e levou-a até o homem. Então Adão disse:

> *"Esta, sim, é osso dos meus ossos e carne da minha carne! Ela será chamada mulher, porque do homem foi tirada."*
>
> Gênesis 2:23

A companheira perfeita para o homem foi a mulher. Eles se complementariam e se completariam. Juntos eles receberam a missão de proteger e manter o planeta e, mais especificamente, o jardim.

Antes de Eva ser tirada da costela de Adão, Deus lhe dera uma direção clara: "*Coma livremente de qualquer árvore do jardim, mas não coma da árvore do conhecimento do bem e do mal, porque no dia em que dela comer, certamente você morrerá"* (Gn 2:16-17).

Não sabemos o tempo transcorrido até o próximo acontecimento registrado. Pode ter sido depois de algumas semanas, anos, décadas ou até mais tempo. Mas chegou o dia em que o animal mais ardiloso, a serpente, fez de Eva o seu alvo e questionou a ordem de Deus.

(Como uma cobra podia falar? Eu pessoalmente acredito que os animais podiam se comunicar com os humanos antes da Queda. É por isso que não vemos Eva assustada ou pega de surpresa quando a serpente a aborda. Esse conhecimento acerca dos animais falarem deve ter sido passado de geração em geração, porque quando a mula de Balaão falou, isso também não o chocou — ver Números 22:21-35. Ele simplesmente deu continuidade a uma conversa com sua besta de carga, sem demonstrar nenhuma surpresa ou ter sido pego despreparado.)

Como Ele Fez Isso?

Deixe-me falar novamente do propósito da nossa investigação a respeito do que aconteceu no Éden. Estamos procurando saber como aquela serpente possuída pelo diabo conseguiu fazer com que Eva se voltasse contra Deus em um ambiente perfeito. Vamos examinar a abordagem dela:

> *E ela perguntou à mulher: "Foi isto mesmo que Deus disse: 'Não comam de nenhum fruto das árvores do jardim'?"*
>
> Gênesis 3:1

Com essa pergunta, a serpente iniciou o primeiro passo de sua estratégia. Seu objetivo era influenciar Eva a se afastar da sabedoria divina. A pergunta inteligentemente armada seduziu a mulher a momentaneamente perder de vista as imensas quantidades de árvores frutíferas disponíveis e redirecionar o seu foco para a única que era proibida.

As palavras exatas de Deus a Adão e Eva foram: *"Coma livremente de qualquer árvore do jardim, mas..."*. Em Sua generosidade, Deus enfatizou: *"Coma livremente de qualquer árvore do jardim"*. Existem milhares de árvores frutíferas no mundo, e creio que cada uma delas estava representada no jardim. Como a serpente foi esperta! Eva poderia ter comido de milhares de árvores, mas depois da pergunta distorcida de satanás, ela não conseguia tirar os olhos da única que era proibida.

Não é diferente hoje. Deus proporcionou liberalmente a cada um de nós muitos presentes — todas as bênçãos que o Céu oferece (ver Efésios 1:3). Seria preciso outro livro somente para listá-las! Também nos é dito que todas as coisas são nossas em Cristo Jesus (ver 1 Coríntios 3:21-23). Entretanto, qual é a estratégia do nosso inimigo? Não é diferente da que ele usou no jardim. Ele procura encobrir a generosidade de Deus para que vejamos somente o que nos é "retido". Por que Deus nos impede de ter acesso a algo? Vamos ver essa pergunta importante nas próximas páginas, mas, resumindo, é para o nosso próprio bem. Ele sabe mais do que nós mesmos o que é melhor para nós.

Falando com base na verdade que ela conhecia, Eva rapidamente respondeu àquela cobra falante:

> *"Podemos comer do fruto das árvores do jardim, mas Deus disse: 'Não comam do fruto da árvore que está no meio do jardim, nem toquem nele, do contrário, vocês morrerão'".*
>
> Gênesis 3:2-3 (grifo do autor)

É interessante observar a imprecisão da resposta de Eva. Deus nunca disse nada a respeito de não tocar no fruto da árvore. Isso pode parecer insignificante, mas nos dá uma pista da razão pela qual a serpente escolheu Eva como seu alvo e não Adão.

Eva ainda não estava em cena quando a ordem original foi dada, de modo que ela não a ouvira da boca de Deus como Adão ouvira. Pessoalmente, creio que houve um dia anterior em que ela e Adão estavam andando por aquele vasto jardim e se depararam com a árvore do conhecimento do bem e do mal. Adão apontou para ela e disse a Eva o que Deus havia dito a respeito daquela árvore em particular. Refiro-me a esse tipo de interação como conhecimento *comunicado*. Por outro lado, para Adão, a ordem havia sido um conhecimento *revelado*. Qual é a diferença? Conhecimento revelado é quando Deus nos mostra algo diretamente.

Conhecimento Revelado *versus* Conhecimento Comunicado

Um dia Jesus perguntou aos Seus discípulos: *"Quem os outros dizem que o Filho do Homem é?"* (Mt 16:13). Um por um, os discípulos enumeraram tudo o que haviam ouvido de outras pessoas: João Batista, Elias, Jeremias ou um dos outros profetas ressurreto — esses foram alguns dos relatos que aqueles homens ouviram através da versão daquele tempo de coisas como *blogs, Twitter, Facebook* e *Instagram*.

Depois de ouvir o que eles haviam descoberto por conhecimento comunicado, Jesus questionou: *"Quem vocês dizem que Eu sou?"* (v. 15).

Os discípulos ficaram paralisados sem qualquer resposta. Se Jesus não tivesse feito a primeira pergunta, eles provavelmente teriam sido influenciados pelos comentários dos outros e a resposta deles teria refletido o conhecimento comunicado. Mas com aquelas duas perguntas, o motivo de Jesus era eliminar esse conhecimento "de segunda mão" a fim de descobrir o que Deus havia revelado a eles. Pedro foi o único que tinha uma resposta. Ele soltou: *"Tu és o Cristo, o Filho do Deus vivo"* (v. 16).

Posso imaginar que Jesus tenha sorrido, colocado a mão nas costas de Pedro para apoiá-lo e anunciado: *"Isto não lhe foi revelado por carne ou sangue, mas por Meu Pai que está nos Céus"* (v. 17). Pedro não estava repetindo uma informação do que ele havia lido na internet ou visto aleatoriamente no artigo da revista de alguém! Ele estava compartilhando a verdade que Deus havia transmitido diretamente a ele.

Jesus então declarou que esse tipo de *conhecimento revelado* seria aquilo sobre o qual a Igreja seria edificada, e que as forças do inferno não poderiam impedir aqueles que tivessem esse conhecimento. Por outro lado, as forças do inferno podem enganar mais facilmente aqueles que só possuem o *conhecimento comunicado*.

Recebemos o conhecimento revelado de muitas formas. Ele pode ocorrer enquanto estamos lendo a Bíblia ou um livro inspirado, quando estamos em oração, ouvindo o nosso pastor pregar, recebendo uma visão como Pedro em um terraço (ver Atos 10:9-16) ou simplesmente encontrando a Palavra de Deus revelada ao nosso coração pelo Espírito Santo. É difícil generalizar como ele ocorre. Às vezes, você pode ouvir uma voz mansa e suave no fundo do seu coração. Outras vezes, você simplesmente *sabe* porque a revelação foi implantada no seu espírito. Outras vezes, o seu coração começa a disparar e você sente a presença de Deus ao ler a Bíblia. Seja como for que ele venha, o ponto principal é que você sabe que ouviu de Deus, e esse conhecimento *revelado* não pode ser tirado de você.

Por outro lado, recebemos o conhecimento *comunicado* ao simplesmente ouvirmos ou lermos as afirmações de alguém a respeito do que ele ouviu de Deus. O conhecimento pode ser correto, mas se o Espírito não revelá-lo ao seu coração, ele pode ser facilmente distorcido.

Por exemplo, ouvi algumas pessoas se gabarem com ousadia de seu conhecimento a respeito da Bíblia: "Sabe, John, o dinheiro é a raiz de todos os males". O que esses amigos enganados leram — ou ouviram um pastor citar — é 1 Timóteo 6:10, que diz: "*Porque o amor ao dinheiro é a raiz de todos os males*" (grifo do autor).

O dinheiro não passa de uma ferramenta. Ponto final. Você pode usar mal uma ferramenta ou pode usá-la corretamente. Uma arma é uma ferramenta. Nas mãos de um ladrão, uma arma pode ser mal utilizada em um roubo. Entretanto, uma arma na mão de um policial pode ser usada para impedir alguém de violentar ou assassinar uma mulher. É a mesma arma; não há nada inerentemente mal ou bom nela. Da mesma forma, o dinheiro é uma ferramenta, e ele não é a raiz de todos os males. *O amor ao dinheiro* é a raiz de todos os males.

As pessoas que fazem comentários equivocados como esse têm um conhecimento comunicado e não um conhecimento revelado. Pela minha experiência, posso dizer que esse conhecimento comunicado às vezes é mais perigoso do que a ausência de conhecimento.

As palavras que Eva usou para descrever a ordem de não tocar o fruto da árvore indicaram que ela tinha apenas um conhecimento comunicado. A presença de Deus estava no jardim. Ele andava com Adão e Eva, muito provavelmente diariamente (ver Gênesis 3:8). Não há problema algum em Adão ter compartilhado com sua mulher o que Deus havia ordenado, mas o que ela provavelmente não fez foi procurar o seu Criador diretamente para saber o que Ele havia dito.

Deveria ser uma característica daqueles que buscam a Deus cavar mais fundo para conhecê-Lo e entendê-Lo. Ouça o que o povo de Bereia fez quando Paulo apresentou-lhes sua mensagem do céu:

Entretanto o povo de Bereia tinha a mente mais aberta do que a de Tessalônica, de modo que ouviram com mais interesse a mensagem. E investigavam dia a dia as Escrituras, para conferir as declarações de Paulo e Silas, a fim de ver se realmente elas eram assim.

Atos 17:11 (ABV)

Os bereanos estavam ligados! Eles ouviam Paulo atentamente, depois examinavam os textos bíblicos por si mesmos. Amo a expressão *mente aberta*. A mente deles estava aberta à voz do Espírito. O canal entre o espírito e a mente deles estava desimpedido e aberto para receber o conhecimento revelado.

Diferentemente de muitos crentes hoje, aqueles bereanos não tinham como fonte de todo o seu conteúdo os *podcasts*, as postagens em blogs ou os debates no Twitter e no Facebook. Do mesmo modo, quando Jesus falou a respeito de Sua identidade com os discípulos, Ele não estava interessado no que as pessoas estavam dizendo na mídia social daquele tempo. Ele queria saber: *"Gente, o que Deus revelou a vocês?"*

Pode ter sido durante uma das jornadas que eles faziam em grupo que Pedro ouviu alguém dizer: "Jesus deve ser o Cristo". Naquele momento, a conscientização do fato explodiu em sua mente e em seu coração, estimulada pela presença do Espírito Santo. *É isso! Ele é o Filho de Deus. Ele é o Cristo. Uau! Até agora eu simplesmente não conseguia ligar todos os pontos e ver a verdade, mas agora sei que Ele é o Cristo!* Em geral, é assim que acontece conosco quando Deus revela a Sua verdade ao nosso coração.

Ou talvez tenha acontecido de forma diferente com Pedro. A revelação pode ter vindo ao seu coração uma noite enquanto ele estava adormecendo, ou durante o dia enquanto ele estava andando entre cidades, ou em um momento em que ele estava ouvindo Jesus falar aos outros membros da equipe em um acampamento. Talvez em um desses momentos, sem Pedro perceber, Deus lembrou-lhe de uma das passagens do Antigo Testamento, como Isaías 9:6-7, que previa a vinda do Cristo.

Ou talvez o momento de clareza espiritual de Pedro tenha sido quando Jesus estava curando alguém. De repente o discípulo lembrou-se de um dos seus rabinos na infância lendo uma profecia do Antigo Testamento acerca do Messias que viria: *"Ele tomou sobre si as nossas enfermidades e sobre si levou as nossas doenças"* (Mateus 8:17, confirmando Isaías 53:4).

A revelação a respeito da verdadeira identidade de Jesus a Pedro pode ter acontecido de várias maneiras; o ponto importante é que *o próprio Deus a revelou.*

Creio que é seguro dizer que isso não aconteceu com Eva. Ela não tinha conhecimento *revelado*; em vez disso, ela se contentou com o conhecimento *comunicado*. Talvez Adão tenha lhe mandado uma mensagem direta pelo Twitter: "Ei, querida, vi você olhando para a árvore do conhecimento do bem e do mal. Não toque nela! Deus disse que morreremos se comermos daquele fruto!"

Fase Dois

Agora que a serpente tinha a atenção de Eva focada exclusivamente na única árvore proibida, ela podia dar início ao segundo passo de sua trama persuasiva. Esse passo seria a contradição direta do que Deus já havia afirmado. Entretanto, ele viria ardilosamente envolto no que parecia ser um raciocínio sólido, juntamente com a promessa de um benefício. Satanás retrucou:

> *Disse a serpente à mulher: "Certamente não morrerão! Deus sabe que no dia em que dele comerem, seus olhos se abrirão, e vocês, como Deus, serão conhecedores do bem e do mal".*
>
> Gênesis 3:4-5 (grifo do autor)

Considere as palavras da serpente: *"Deus sabe".* Elas sugerem que algo está sendo retido — e não é simplesmente qualquer coisa, mas algo que tornaria a vida de Adão e Eva melhor. Esse algo os levaria a um nível mais alto! Considerando que havia algo *bom* naquela árvore, a serpente calculou cuidadosamente sua lógica para que ela soasse correta. Deu certo.

> *Quando a mulher viu que a árvore parecia agradável ao paladar, era atraente aos olhos e, além disso, desejável para dela se obter discernimento, tomou do seu fruto, comeu-o e o deu a seu marido, que comeu também.*
>
> Gênesis 3:6 (grifos do autor)

Eva viu que a árvore era boa, agradável e a tornaria sábia. Todas essas eram características desejáveis e benéficas.

Enquanto Eva estava olhando para a árvore, seus pensamentos começaram a mudar de direção: *Espere um instante. Há algo bom e benéfico nesta árvore, e Deus a proibiu. Meu marido e eu poderíamos ter uma vida melhor. Poderíamos ser mais sábios e mais felizes, mas isso está sendo proibido a nós. Pensei que o nosso Criador fosse amoroso e cheio de graça, mas, na verdade, Ele é enganador. Ele está escondendo algo bom de nós.*

A cada segundo em que esses pensamentos permeavam sua mente, o desejo de Eva de comer o fruto crescia. Quanto mais ela acreditava que havia algo bom para ela naquela árvore, seu desejo se tornava mais justificado.

A principal tática da serpente era perverter o caráter de Deus aos olhos de Eva. Se ela tivesse êxito, poderia fazer com que Eva se voltasse contra Deus. Por quê? Porque o governo de Deus é estabelecido e sustentado pelo Seu caráter.

O rei Davi escreveu: *"A retidão e a justiça são os alicerces do Teu trono"* (Sl 89:14). Como rei, Davi sabia que essas características são o fundamento de uma liderança duradoura. Se um rei é verdadeiro, justo e sábio, o seu reinado não terá fim. Se em vez disso, um governante for enganoso e injusto, o seu reinado não durará.

O caráter de Deus é perfeito, mas a serpente estava pretendendo convencer Eva do contrário. Ela procurou distorcer a evidência. A aparência da árvore proibida era boa e agradável. Parecia que ela poderia tornar alguém sábio, mas as aparências enganam. É por isso que aprendemos: *"Assim, fixamos os olhos, não naquilo que se vê, mas no que não se vê, pois o que se vê é transitório, mas o que não se vê é eterno"* (2 Co 4:18). Aquilo que não se vê é a Palavra de Deus. Sua Palavra é justa e precisa.

Não Seja Enganado

O inimigo conseguiu fazer Eva se voltar contra o seu Criador, minando a sua perspectiva do caráter de Deus. Muitas vezes tive de combater pensamentos semelhantes no calor de uma batalha, quando não via uma oração ser respondida tão depressa quanto eu esperava. Nessas situações, lembro a mim mesmo a fidelidade de Deus. Disciplino minha mente a se concentrar na realidade: *Deus não é o problema, Ele não está retendo nada, Ele é um Pai bom e cheio de graça.*

A serpente conseguiu fazer Eva acreditar que havia algo bom para ela e que Deus estava lhe negando isso. Se a serpente teve sucesso em um ambiente perfeito, com uma mulher que nunca havia sofrido abuso, ofensa e de quem ninguém havia se aproveitado, imagine quão mais fácil é para o inimigo nos atacar nos dias de hoje, em um mundo caído cheio de ofensa, corrupção, perversão e engano. Por esse motivo, o apóstolo Tiago nos adverte firmemente:

> *Meus amados irmãos, não se deixem enganar.*
>
> Tiago 1:16

Como gosto de dizer, só há um problema com o engano: ele é enganoso! Aquele que é enganado acredita de todo o coração que está certo, preciso e ao lado da verdade. Mas o fato é que ele está errado, impreciso e longe da verdade. Que assustador!

Eva foi enganada e, por conseguinte, caiu em transgressão. Tiago não quer que nós caiamos na mesma armadilha. Portanto, vamos examinar sua declaração por inteiro:

> *Meus amados irmãos, não se deixem enganar. Toda boa dádiva e todo dom perfeito vêm do alto, descendo do Pai das luzes, que não muda como sombras inconstantes.*
>
> Tiago 1:16-17

Tiago não diz que *a maioria* das boas dádivas vem de Deus. Essa é a opinião de muitos. Na verdade, somos ensinados explicitamente que *todo* dom perfeito e toda boa dádiva vêm de Deus. Poderíamos escrever facilmente: "Não há nada de bom para você fora da vontade de Deus". Não interprete a seguinte afirmação de modo leviano ou superficial, porque há uma grande profundidade nela: *Não importa o quanto alguma coisa pareça boa, o quanto ela o faz feliz, o quanto ela é divertida, o quanto ela o tornará rico e bem-sucedido, o quanto ela parece ser profundamente espiritual, o quanto ela parece sensata, o quanto ela é popular ou aceita — e a lista continua. Se alguma coisa é contrária à sabedoria (ou à Palavra) de Deus, ela será, em última análise, prejudicial e trará sofrimento à sua vida.*

Eva acreditava plenamente que estava fazendo uma escolha sábia — uma boa escolha, uma escolha que melhoraria a sua vida e a vida de seu marido. Isso não aconteceu. E se você pensa, milhares de anos depois, que a sua sabedoria acerca do que parece bom é mais benéfica que a sabedoria de Deus, você está tão enganado quanto Eva, e cairá em grande sofrimento.

Sei que você pode estar pensando que estou sendo um tanto negativo ou bitolado aqui, mas essa não é a minha intenção. Estou simplesmente alertando você. Este livro está cheio de instruções de como reconhecer o que é verdadeiramente do bem para a sua vida, para o seu ministério, para o seu negócio, para os seus relacionamentos, e muito mais. Entretanto, para apresentar completamente a mensagem de Jesus Cristo, preciso *advertir* e *ensinar*. Paulo confirma isso quando escreve:

> *Nós O proclamamos,* advertindo e ensinando *a cada um com toda a sabedoria, para que apresentemos todo homem perfeito em Cristo.*
>
> Colossenses 1:28 (grifo do autor)

Você e eu não podemos alcançar a maturidade sem receber advertências e instruções. Vejo isso assim: todas as vezes que você compra um novo aparelho eletrônico, uma ferramenta ou um utensílio, na primeira ou segunda página do manual de instruções você vê as palavras: "ATENÇÃO: Leia Antes de Usar". Em seguida, o fabricante relaciona diversas advertências a respeito do que fazer — ou, mais frequentemente, do que não fazer — com o produto. Essas advertências são dadas para informá-lo de como não causar danos graves a você ou ao produto que você adquiriu. Você terá anos de ótima utilização daquele produto se não transgredir as advertências. Mas se o fabricante não fizesse as advertências, você poderia inadvertidamente fazer algo que causasse dano ou a perda do produto. Então você escreveria um *e-mail* mal educado para a empresa e arrasaria com eles por não o terem advertido adequadamente.

Paulo nos diz que devemos prestar atenção às advertências do Novo Testamento. Se dermos ouvidos a elas, teremos anos de vida de sucesso em harmonia com o nosso Criador. Entretanto, se ignorarmos ou violarmos as advertências, nós também sofreremos de maneira semelhante a Adão e Eva. Então escreveremos postagens em *blogs*, cartas e *e-mails* acerca do quanto a vida é injusta por causa das dificuldades e tristezas com as quais nos deparamos. Porém, Deus afirma claramente:

> *Não deixe de falar as palavras deste Livro da Lei e de meditar nelas de dia e de noite, para que você cumpra fielmente tudo o que nele está escrito. Só então os seus caminhos* prosperarão *e você será* bem-sucedido.
>
> Josué 1:8 (grifo do autor)

Deus garante uma vida bem-sucedida e próspera se obedecermos cuidadosamente ao que está escrito no Seu livro de instruções. Entretanto, esse livro não contém apenas ensinamentos motivadores e consoladores. Ele também contém advertências.

Infelizmente, em nossos dias, os pastores e professores frequentemente evitam essas advertências importantes. Essas partes da Bíblia podem ser interpretadas como negativas, e não queremos que mensagens desanimadoras saiam do púlpito, porque essa abordagem seria pouco atraente e prejudicaria a frequência à igreja ou às conferências. Consequentemente, há muitas situações constrangedoras e desastrosas envolvendo os crentes que poderiam ter sido evitadas se eles tivessem sido ensinados e alertados.

Encorajo-o a gravar essa verdade firmemente em seu coração a partir de agora: não há nada bom para você fora da sabedoria de Deus ou da Sua Palavra, nada mesmo. Se você acredita nisso, vamos prosseguir em nossa busca pela diferença entre o que é do bem e o que é de Deus.

3

O PADRÃO UNIVERSAL DE DEUS

Tudo o que Deus diz é verdade.
— Provérbios 30:5, NTLH

A melhor maneira de nos opormos ao erro
é promovendo um conhecimento sólido da
palavra da verdade...
— Matthew Henry

Neste livro tratarei de três aspectos do conceito de *bom*. O primeiro visa o nosso relacionamento essencial com Deus. O segundo trata do nosso caráter e comportamento, e o terceiro diz respeito aos nossos planos e estratégias. Eles estão intimamente ligados, uma vez que o primeiro é a nossa fundação, o segundo são as colunas e vigas que nos sustentam, e o terceiro é a edificação que representa o nosso modo de viver — nossas crenças, convicções e valores familiares. Se os dois primeiros forem fortes, o nosso trabalho será maximizado e duradouro. Mas se um deles falhar, o trabalho da nossa vida será prejudicado e terá um alcance passageiro.

Lembro-me como se fosse ontem de quando construímos a nossa primeira casa. Todo o processo desde o começo ao fim cativou tanto Lisa quanto a mim. A partir do momento em que a construção teve início, passamos a ir diariamente ao local da construção para verificar o progresso.

A fundação não era muito interessante, consequentemente, passávamos o mínimo de tempo examinando-a. Mas por volta da mesma época, alguns amigos nossos também construíram a sua primeira casa, mas muito melhor. Alguns anos depois de se mudarem, as paredes deles tinham desenvolvido rachaduras enormes que iam do chão até o teto. Uma noite, estávamos jantando com eles e percebemos o problema gritante, então perguntamos o que havia de errado. Evidentemente aborrecidos, eles contaram que a fundação da casa deles fora construída de maneira inadequada. O construtor economizou no material, e as tentativas deles de conseguir uma indenização não tiveram sucesso. Corrigir o problema acabou sendo um processo extremamente caro e prolongado. A experiência deles chamou minha atenção para a importância de uma boa fundação. Embora a colocação da fundação não tenha sido a parte mais empolgante a ser observada durante o processo de construção da nossa casa, ela era totalmente essencial para construir um lar duradouro.

Depois que a fundação da nossa casa foi assentada, erguer a estrutura era o passo seguinte. Essa fase da construção tornou as nossas viagens ao canteiro de obras mais interessantes. As nossas visitas passaram a ser mais longas, já que agora podíamos andar pela casa. Ficamos impactados ao ver os quartos tomando forma, e tivemos um quadro mais realista de como ficaria a casa depois de terminada.

A fase final foi pura empolgação, por isso passávamos mais tempo inspecionando a nossa casa durante essa fase do que em qualquer outra. Após a conclusão da colocação da estrutura e das paredes divisórias de gesso, observamos a instalação dos portais, o acabamento do teto, a colocação dos armários, do assoalho, das prateleiras e finalmente da iluminação. Essa era a nossa primeira casa, e podíamos arrumá-la e decorá-la como desejássemos. Cada dia para nós parecia a manhã de Natal. A cada estágio concluído estávamos mais perto do resultado final.

Eis o ponto que quero provar: se as duas primeiras fases da construção da nossa casa — a fundação e o estabelecimento das colunas e vigas de sustentação — não tivessem sido sólidas, o restante teria sofrido, imediatamente ou ao longo do tempo, como no caso dos nossos amigos.

Da mesma forma, o aspecto final da mensagem deste livro — que é a respeito dos planos e estratégias da nossa vida — será o mais prazeroso de abordar. Ele trata das decisões que tomamos nos negócios, no ministério, nos desafios da vida.

Há escolhas que enfrentamos nessas áreas que parecem boas; entretanto, muitas vezes elas não são o melhor de Deus. Se forem escolhidos, esses caminhos roubarão de nós o nosso potencial máximo. Esta é uma verdade imutável: *"[Ele] não recusa nenhum bem aos que vivem com integridade"* (Sl 84:11). Ele quer o que é bom para você, e o bom que vem de Deus é sempre magnífico.

Falaremos desse assunto mais adiante, mas assim como a nossa construtora se concentrou cuidadosamente nos primeiros passos da construção, neste livro precisamos primeiramente estabelecer a fundação e levantar as vigas e colunas.

A Definição de *Bom*

Vamos observar a palavra *bom*. A palavra hebraica para bom é *tob*. Algumas das definições encontradas no *Complete Word Study Dictionary* (Dicionário completo de estudo de palavras) são: "ser feliz, aceitável, fazer o bem, fazer o certo". A *New International Encyclopedia of Bible Words* (Nova enciclopédia internacional de palavras da Bíblia) vai mais fundo, afirmando que:

> Essa simples palavra significa "bom" no sentido mais amplo possível. Ela inclui o belo, o atraente, o útil, o proveitoso, o desejável, o moralmente correto.
>
> O conceito que liga todos esses usos de "bom" é a avaliação. Para determinar o que é bom, é preciso comparar coisas, qualidades e ações com outras coisas, qualidades e ações...
>
> O relato da Criação introduz *tob* biblicamente, ao declarar como Deus vê cada dia de trabalho e o declara como sendo bom. Deus também avalia. Na verdade, é pelo fato de que Deus compartilhou a Sua imagem e semelhança com a humanidade que os seres humanos têm a capacidade de fazer juízos de valor. Mas o pecado distorceu as percepções da humanidade. Por essa razão, somente Deus é capaz de avaliar perfeitamente. Os escritores do Antigo Testamento estavam convencidos de que Deus era não apenas o doador e a medida do bem, como também só Ele sabe o que é verdadeiramente bom para nós e o que é moralmente correto. Somente porque Deus compartilhou a Sua avaliação do que é bom na Sua Palavra é que nós,

que dependemos Dele, podemos afirmar com confiança que determinada coisa, qualidade ou curso de ação é benéfico.[1]

A palavra-chave é *avaliação*. Adão e Eva optaram por avaliar o que é *bom* e *aceitável* sem considerar o conselho de Deus. Eles fizeram uma avaliação de acordo com um conjunto diferente de padrões: o seu próprio. Essa tem sido a raiz da hostilidade do homem para com o Criador desde então. Ela assume diversas formas, mas se resume sempre a este motivo subjacente: "Sei o que é *certo* para a minha vida e não preciso que ninguém me diga o contrário". Deus, porém, declara: "*Há um caminho* que parece direito *ao homem, mas o seu fim são os caminhos da morte.*" (Pv 16:25, ACF; grifo do autor).

No primeiro capítulo citei essas mesmas palavras, mas a referência bíblica era outra: Provérbios 14:12. Não é por acaso que essa afirmação é repetida. Toda vez que uma afirmação é repetida na Bíblia, a intenção é dar ênfase. Precisamos sempre lembrar que algumas questões são mais significativas do que outras para Deus (ver Mateus 23:23). Quando uma afirmação é repetida, precisamos prestar ainda mais atenção a ela. Nesse caso, essa é uma advertência mais forte.

Deus sabe o quão facilmente a linha entre o bem e o mal pode ser distorcida. Se isso aconteceu no jardim, quão mais fácil seria acontecer hoje? Ele adverte que haverá *caminhos* — padrões de comportamento, processos mentais, crenças, costumes ou até tradições — que parecerão aceitáveis de acordo com a nossa avaliação, mas no fim provarão ser falhos na edificação das nossas vidas, e com o tempo causarão estragos. O resultado pode levar meses ou anos para aparecer ou, às vezes, nem aparecer até o Dia do Juízo. Paulo disse: "*Os pecados de alguns são evidentes, mesmo antes de serem submetidos a julgamento, ao passo que os pecados de outros se manifestam posteriormente*" (1 Tm 5:24). Não sei quanto a você, mas a segunda parte desse versículo me faz tremer. Não que ele me faça ter medo de Deus, mas me deixa aterrorizado diante da ideia de estar longe Dele.

O ponto principal aqui é: eu realmente acredito que a sabedoria de Deus é perfeita e confio Nele para saber o que é melhor para a minha vida? Todo ser humano precisa ter a resposta para essa pergunta bem consolidada em seu coração. E essa convicção fundamental não pode variar de uma questão para outra. Ou a sabedoria de Deus é perfeita em todos os casos, ou ela é imperfeita e será melhor para nós tomar as nossas próprias decisões independentes Dele.

Então, qual é o padrão de bom no qual devemos confiar? O que leva ao caminho da vida? O apóstolo Paulo nos diz:

> *A Bíblia inteira nos foi dada por inspiração de Deus, e é útil para nos ensinar o que é verdadeiro, e para nos fazer compreender o que está errado em nossas vidas; ela nos endireita e nos ajuda a fazer o que é correto.*
>
> 2 Timóteo 3:16 (ABV)

Vamos examinar alguns elementos principais da afirmação de Paulo.

A Bíblia inteira. Não algumas partes dela. Não apenas aqueles trechos com os quais concordamos. Não somente os versículos que se encaixam em nossa maneira de pensar ou crer. É a Bíblia inteira. Seja sincero consigo mesmo: você vê a sabedoria de Deus como certa em algumas áreas, mas ultrapassada ou irrelevante em outros casos?

Eva sabia que Deus era o Criador e desfrutava as riquezas da Sua bondade juntamente com a maravilha da Sua presença. Foram dados a ela um lindo ambiente, paz, harmonia, bem-estar, além de uma abundância de alimentos deliciosos de uma série de árvores. Porém, uma vez convencida de que uma área da sabedoria de Deus não estava certa, Eva começou a seguir um caminho da morte. Se Eva pôde ser influenciada em um ambiente perfeito, qual é a nossa proteção em meio à corrupção? Nenhuma, exceto a Bíblia.

A Bíblia é útil para nos ensinar o que é verdadeiro. Alguma coisa pode ter a aparência de bom e, no entanto, ser exatamente o oposto. Há conceitos, suposições, opiniões, qualidades, formas de raciocínio e padrões de pensamento que parecem bons e certos, porém não são. Em razão desses perigos ocultos, Deus nos deu um manual de instruções para a vida, a fim de que não nos desviemos *involuntariamente* da verdade e comecemos a seguir um caminho da morte. Esse manual é a Bíblia.

Você e eu precisamos nos perguntar e responder honestamente a esta pergunta: eu leio a minha Bíblia de forma consistente? Eu a estudo? Passo tempo buscando a sabedoria de Deus para a minha vida? Ou eu, assim como Eva, presumo que sou fluente na Sua Palavra? Será que eu — enquanto vivo em um planeta corrupto e também combato o tentador — sou melhor do que Eva para compreender a verdade e permanecer no caminho certo?

A Bíblia inteira nos foi dada por inspiração de Deus. Não há exceções ou cláusulas ocultas dentro dessa afirmação; é uma questão de tudo ou nada. Se toda a Bíblia não é inspirada, então temos um manual imperfeito.

A Certeza da Bíblia

Vamos rever alguns dos detalhes sobre a Bíblia. Ela é composta de sessenta e seis livros, foi escrita em vários idiomas ao longo de aproximadamente 1.500 anos por mais de quarenta homens em três continentes (África, Ásia e Europa). Esses escritores humanos tinham históricos, ocupações e perspectivas totalmente diferentes. Eles eram pescadores, pastores, militares, reis, um copeiro real, um médico, um coletor de impostos, um fabricante de tendas, entre outros. Alguns escreveram na prisão, enquanto outros redigiram as suas palavras em um palácio.

Embora os escritos desses homens abranjam muitos tópicos, a unidade encontrada ao longo dos diferentes livros é notável — mas definitivamente não é coincidência. O tema central é este: o estado pecaminoso da humanidade, a consequente separação do seu Criador, a incapacidade do homem de restaurar o relacionamento com Ele, e a resposta divina de um Messias, o Senhor Jesus Cristo. Esse conteúdo está interligado de forma consistente de Gênesis a Apocalipse.

O fato de que os escritores da Bíblia não tenham se reunido (e não pudessem se reunir) para planejar o que iriam escrever nos impressiona. Não havia nenhuma pessoa ou comitê supervisionando e dando a direção ao projeto. O próprio Deus fez isso. Considerando que os textos bíblicos foram escritos durante um período tão extenso, a maioria dos escritores não conhecia pessoalmente um ao outro nem vivia na mesma época. Livros eram acrescentados à coleção existente à medida que eram escritos ao longo dos 1.500 anos. (Pare por um instante e pense em 1.500 anos atrás. Isso foi há tanto tempo que data de antes do Império Britânico. É impressionante!)

Agora, gerações depois, é emocionante pensar que a Bíblia que lemos surgiu como um livro, escrito por homens que não tinham conhecimento explícito da estrutura geral. O papel individual desses homens poderia ser comparado ao de diferentes pessoas de diferentes gerações e culturas escrevendo capítulos de um romance, sem que nenhum deles tivesse um roteiro geral ou sequer um enredo a ser seguido. A incrível coerência desse livro prova a sua origem divina. Como uma sinfonia, cada parte individual da Bíblia contribui para a harmonia geral que é orquestrada por um único Deus.

Esse conhecimento por si só é uma evidência esmagadora da inspiração divina da Bíblia. Mas vamos nos aprofundar um pouco mais nesse entendimento e falar sobre a precisão desses diferentes escritores.

As profecias prevendo a chegada do Messias foram escritas em vários livros do Antigo Testamento ao longo de centenas de anos, em alguns casos no decorrer de mais de mil anos antes do nascimento de Jesus. A maioria dos estudiosos da Bíblia concorda que existem mais de trezentas dessas profecias no Antigo Testamento. Quando Jesus Cristo veio ao mundo Ele declarou ao Seu Pai: *"Então Eu disse: — Estou aqui, ó Deus; venho fazer a Tua vontade, assim como está escrito a Meu respeito no Livro da Lei"* (Hb 10:7, NTLH). E ao povo Jesus declarou: *"São as Escrituras que testemunham a Meu respeito"* (Jo 5:39).

O cumprimento de todas essas palavras proféticas por Jesus é uma evidência inegável da inspiração divina da Bíblia. Uma refutação comum a essa conclusão é a afirmação de que é possível encontrar outras figuras históricas que se encaixariam nas profecias do Messias. Isso é verdade; certos indivíduos poderiam cumprir uma, duas ou até algumas profecias. Entretanto, encontrar uma pessoa que cumpra todas elas é praticamente impossível.

Deixe-me ilustrar isso. As páginas a seguir serão de natureza mais técnica e científica, mas eu lhes garanto que esta informação é importante e é prazeroso refletir a respeito dela.

A Precisão da Bíblia

Em meados de 1900, um professor de ciências chamado Peter Stoner publicou um livro intitulado *Science Speaks* (A Ciência Fala). Nesse livro, ele discute as profecias de Cristo à luz da ciência da probabilidade. Com relação às descobertas feitas por Stoner, H. Harold Hartzler, PhD, escreveu no prefácio do livro:

> O manuscrito de *Science Speaks* foi cuidadosamente revisto por um comitê dos membros da American Scientific Affiliation (Associação Científica Americana) e pelo Conselho Executivo do mesmo grupo e foi considerado, em geral, confiável e preciso com relação ao material científico apresentado. A análise matemática incluída é fundamentada em princípios de probabilidade que são completamente sólidos, e o professor Stoner aplicou esses princípios de uma maneira adequada e convincente.[2]

Stoner não realizou esse estudo sozinho, mas extraiu as suas conclusões das contribuições de mais de seiscentos alunos de ciências de doze turmas diferentes. Ele avaliou cuidadosamente suas conclusões e depois editou algumas partes para tornar os dados deles mais conservadores. A avaliação inicial dos alunos incluiu as seguintes oito profecias acerca de Jesus Cristo:

1. Cristo deve nascer em Belém (profetizado em Miqueias 5:2; cumprido em Mateus 2:1-7; João 7:42; Lucas 2:4-7).

2. Cristo deve ser precedido por um mensageiro (profetizado em Isaías 40:3; e Malaquias 3:1; cumprido em Mateus 3:1-3; 11:10; João 1:23; Lucas 1:13-17).

3. Cristo deve entrar em Jerusalém montado em um jumentinho (profetizado em Zacarias 9:9; cumprido em Lucas 19:28-37; Mateus 21:1-11).

4. Cristo deve ser traído por um amigo (profetizado em Salmos 41:9 e 55:12-14; cumprido em Mateus 10:4; 26:47-50; João 13:21-27).

5. Cristo deve ser vendido por trinta moedas de prata (profetizado em Zacarias 11:12; cumprido em Mateus 26:15; 27:3).

6. O dinheiro pelo qual Cristo é vendido deve ser lançado *"ao oleiro"* na Casa de Deus (profetizado em Zacarias 11:13; cumprido em Mateus 27:5-7).

7. Cristo deve ficar em silêncio diante de Seus acusadores (profetizado em Isaías 53:7; cumprido em Mateus 27:12; Marcos 14:60-61; 15:3-5).

8. Cristo deve ser executado por crucificação como um ladrão (profetizado em Salmos 22:16; Zacarias 12:10 e Isaías 53:5, 12; cumprido em Lucas 23:33; João 20:25; Mateus 27:38; Marcos 15:24-27).

Antes de continuar, deixe-me fazer uma ilustração simples de como funciona a ciência da probabilidade. Imagine que peguemos nove bolas de tênis amarelas e uma bola de tênis branca, as coloquemos em um balde de vinte litros e sacudamos para misturar todas elas. Depois vendamos um homem e pedimos a ele para pegar uma bola do balde. As chances de que ele pegue a bola branca seriam de uma em dez. Isso é probabilidade simples.

Seguindo esse raciocínio, Peter Stone afirmou o seguinte com relação às oito profecias enumeradas aqui:

... Constatamos que a chance de qualquer homem ter vivido até o tempo presente e ter cumprido todas as oito profecias é de 1 em 100.000.000.000.000.000.[3]

Essa estatística é descomunal, mas a menos que você seja um matemático ou cientista, é difícil compreendê-la. Stoner a ilustra com um exemplo brilhante, que irei parafrasear aqui. Se fosse possível conseguirmos 100.000.000.000.000.000 de moedas de prata, teríamos um problema: como armazená-las. Não existe um depósito ou prédio grande o suficiente em todo o mundo. O volume seria tão enorme que essas moedas cobririam todo o Estado do Texas em uma altura de sessenta centímetros. Essa é uma quantidade gigantesca de moedas.

Suponhamos que conseguíssemos reunir todas essas moedas. Agora vamos marcar uma dessas moedas de prata, depois sacudir todas elas e redistribuí-las sobre o Estado do Texas. Agora, cobrimos os olhos de um homem, o colocamos em um helicóptero e o fazemos sobrevoar o estado, esperando que ele dê a ordem para descer. Uma vez no chão, ele pode sair do helicóptero ainda com os olhos vendados e escolher uma moeda. A chance de ele escolher a moeda marcada em todo o Estado do Texas é a mesma chance de um homem, desde o tempo dos profetas até agora, cumprir as oito profecias messiânicas.

Stoner escreveu:

> Isso significa que apenas o cumprimento dessas oito profecias prova que Deus inspirou a escritura dessas profecias com uma exatidão tal que falta apenas uma chance em 100.000.000.000.000.000 para ser absoluta.[4]

É atordoante refletir sobre essas probabilidades. Entretanto, Stoner não para nas oito iniciais. Ele segue em frente considerando mais oito profecias do Antigo Testamento (dezesseis ao todo) prevendo a vida de Jesus. Ele afirma:

> A chance de um homem cumprir todas as dezesseis é de 1 em 10^{45}.[5]
> O que é este número? Seria um 1 com 45 zeros depois dele. Ou:
> 1.000.000.000.000.000.000.000.000.000.000.000.000.000.000.000

Stoner ilustra essa probabilidade, e novamente irei parafraseá-lo. Se pegássemos esse número e o transformássemos em moedas de prata, a Terra seria pequena demais para armazená-las. Teríamos de combinar as moedas em uma bola sólida. Essa bola ou esfera teria um diâmetro sessenta vezes maior que a distância da Terra até o sol — ou seja, 8,8 bilhões de quilômetros!

Deixe-me ajudá-lo a entender o quanto essa esfera seria grande. Costumo voar para outros países para ensinar a Palavra de Deus. É impressionante que possamos voar sem escalas até o outro lado do planeta em apenas vinte e quatro horas. Os apóstolos teriam amado os nossos dias! Entretanto, se quiséssemos voar ao redor da nossa esfera de moedas de prata em um avião a jato, não poderíamos fazer isso, porque nenhuma pessoa conhecida da nossa era viveu por tempo suficiente para fazê-lo. Levaria mais de quatrocentos anos para voar sem paradas ao redor desse globo formado por moedas de prata! Se começássemos o nosso voo no dia em que os peregrinos desembarcaram na cidade de Plymouth, Massachusetts, em 1620, d.C., ainda não teríamos terminado de circular esse globo de moedas de prata.

Também precisamos ter em mente que este não é como o exemplo anterior: moedas de prata com a profundidade de 60 centímetros cobrindo o Estado do Texas. Este globo *inteiro* é composto de moedas de prata.

Imagine marcar uma dessas moedas de prata e agitá-la dentro do enorme globo, depois tapar os olhos de um homem e dizer-lhe para escolher qualquer moeda. Qual seria a probabilidade de ele escolher a moeda marcada? Agora você tem uma ideia das chances de uma pessoa cumprir apenas dezesseis dessas profecias escritas sobre Jesus centenas de anos antes do Seu nascimento.

Mas ainda há mais! Novamente, Stoner não parou nas dezesseis profecias cumpridas, mas abriu o leque para quarenta e oito profecias. Isso é realmente mais do que incrível, mas procure compreender o que ele escreveu em seguida:

> A fim de estender esta consideração para além de todos os limites da compreensão humana, vamos considerar quarenta e oito profecias, similares em sua chance humana de cumprimento às oito que consideramos originalmente, usando um número muito mais conservador. Aplicando o mesmo princípio de probabilidade usado até agora, constatamos que a chance de algum homem ter cumprido todas as quarenta e oito profecias era de 1 entre 10^{157}.[6]

Isso é o número 1 com 157 zeros depois dele. Seria um desperdício de espaço escrever esse número. Stoner mais uma vez nos ajuda a compreender esse número com outra ilustração. Desta vez, a moeda de prata é grande demais. Temos de recorrer a um objeto menor.

O elétron é praticamente o menor objeto que conhecemos. Os elétrons são tão pequenos que se os colocarmos lado a lado em uma linha de três centímetros, seriam necessários mais de dezenove milhões de anos para contá-los na velocidade de 250 por minuto. Isso é muito pequeno. Não se esqueça, estamos falando de uma única linha com apenas três centímetros de comprimento. Não quero sobrecarregar você com o tempo que levaria para contar três centímetros quadrados, e com certeza nem três centímetros cúbicos de elétrons. Seria um número inconcebivelmente maior.

Tendo isso em mente, vamos perguntar como seria uma grande bola contendo 10^{157} elétrons. Para simplificar, seria uma bola com um raio maior que a distância até o ponto mais distante que a humanidade já visualizou no espaço sideral, que é de treze bilhões de anos luz de distância. (Um ano luz é a distância que a luz viaja em um ano, a uma velocidade de 300 mil quilômetros por segundo, não por hora.) Se tivéssemos uma bola de elétrons cujo raio fosse treze bilhões de anos luz, ainda não teríamos 10^{157} elétrons. Na verdade, estaríamos longe disso.

A probabilidade de um homem ser vendado, depois ser solto naquele globo de elétrons e escolher o elétron certo marcado, é a mesma chance que qualquer homem da História poderia ter de cumprir apenas quarenta e oito das profecias a respeito de Cristo escritas pelos diversos escritores do Antigo Testamento.

Você gostaria que eu expandisse a nossa discussão para a totalidade das mais de trezentas profecias? Você provavelmente está pensando: *Por favor, não!* Espero que você esteja pensando isso, porque é praticamente impossível ilustrá-lo de uma maneira que a nossa mente finita possa captar.

Portanto, deixe-me resumir. Temos mais de trezentas profecias escritas por homens diferentes, em idiomas distintos, originários de diversos países, escritas ao longo de centenas de anos, e todas cumpridas em um Homem! Como alguém poderia negar que o verdadeiro Autor da Bíblia é o próprio Deus? Estas palavras dos lábios Dele ganham um significado maior?

Cada palavra que Deus falou é verdadeira.

Provérbios 30:5 (ABV)

Ele é Aquele que declara: "... *estou vigiando para que a Minha palavra se cumpra*" (Jr 1:12). Por esse exato motivo, "*não ficou sem cumprimento nem uma de todas as boas promessas que Ele fez*" (1 Rs 8:56).

A Palavra de Deus é mais confiável que o sol que nasce a cada manhã, o que Jesus afirma dizendo: "*Os Céus e Terra passarão, mas as Minhas palavras jamais passarão*" (Mt 24:35). O nosso Criador deixou Suas impressões digitais inquestionáveis para nós sabermos que Ele é Deus e a Sua vontade é revelada na Bíblia.

Preste Atenção

Quero reiterar as palavras do apóstolo Paulo em 2 Timóteo 3:16: "*A Bíblia inteira nos foi dada por inspiração de Deus... para nos ensinar o que é verdadeiro [bom]*" (ABV). Essa não é uma ideia complexa; na verdade, ela é muito simples. A Bíblia é a Palavra de Deus e é confiável como o padrão universal para avaliar e determinar o que é verdadeiramente bom. Se você acha que a sua sabedoria ou a de um amigo, a de um especialista ou a da sociedade, é mais benéfica do que a sabedoria de Deus, por favor, reconsidere. Pois a Bíblia declara:

> *Deus olha lá dos Céus para os filhos dos homens, para ver se há alguém que tenha entendimento, alguém que busque a Deus. Todos se desviaram, igualmente se corromperam; não há ninguém que faça o* bem, *não há nem um sequer.*
> Salmos 53:2-3 (grifo do autor)

Como tratamos neste capítulo, Deus providenciou evidências inegáveis da validade da Bíblia. Nesses versículos, o salmista enfatiza como qualquer sabedoria contrária à Sua Palavra, ainda que pareça boa, é na verdade corrupta e prejudicial ao nosso bem-estar.

Vamos examinar as palavras que cercam a declaração de Paulo a Timóteo:

> *Mas você deve continuar a crer nas coisas que lhe foram ensinadas. Você sabe que elas são* verdadeiras... *as Sagradas Escrituras lhe foram ensinadas quando você ainda era bem pequeno... A Bíblia inteira nos foi dada por inspiração de Deus, e é útil para nos ensinar o que é* verdadeiro, *e para nos fazer compreender o que está errado em nossas vidas; ela nos endireita e nos ajuda a fazer o que é correto. Ela é o meio que Deus utiliza para nos fazer bem preparados em todos os pontos...*
> 2 Timóteo 3:14-17 (ABV, grifos do autor)

Precisamos permanecer fiéis às coisas que nos foram ensinadas. Paulo não está se referindo às opiniões dos homens, à psicologia, à sociologia ou a qualquer sabedoria própria do sistema deste mundo; ele está se referindo à Bíblia. O apóstolo incentiva o seu filho espiritual a permanecer fiel a ela. Ele enfatiza a importância de mantê-la diante do seu coração. Como o mundo em que vivemos seria diferente se Adão e Eva simplesmente tivessem feito isso.

Considere o seguinte cenário hipotético. Você está enfrentando uma jornada que requer que você caminhe por um enorme campo minado. Não apenas existem dispositivos explosivos ocultos, mas também poços de areia movediça, armadilhas mortais, plantas venenosas e sumidouros.

Antes de começar, você recebe um mapa que revela a localização de cada mina terrestre e cada sumidouro, assim como pistas para identificar armadilhas, areia movediça e plantas venenosas. Como você lidaria com esse mapa? Você o enfiaria na mochila com as suas barras energéticas e sua garrafa de água, mas devido aos desafios da viagem, deixaria de lê-lo? Você o consultaria somente quando fosse conveniente? Você o encararia como uma leitura casual? Daria uma olhada nele no começo e depois o enfiaria na mochila, confiante de que poderia se lembrar de todas as informações? Algumas dessas atitudes descreveriam o seu comportamento? Nesse caso, você provavelmente sairia do campo gravemente ferido ou em um saco para cadáver.

Permita-me dizer o óbvio. Uma pessoa sábia leria cuidadosamente o mapa, o estudaria, refletiria sobre a informação e depois o guardaria de maneira que pudesse ter fácil acesso a ele. Ela o consultaria com frequência durante a jornada, escolhendo cautelosamente o seu caminho de acordo com o que aprendeu. Se você se deparasse com uma jornada assim, não faria o mesmo?

O fato é que todos nós enfrentamos uma jornada como essa todos os dias, e o nosso mapa é a Bíblia. Com essa verdade em mente, observe o conselho de Deus nas Escrituras. Vou relacionar alguns versículos. Por favor, não passe direto por eles, mas leia cada palavra com atenção. Eles se destinam a nos encorajar e a nos advertir sobre como lidar com o "mapa das Escrituras" durante a nossa jornada através do campo minado mortal deste mundo. À medida que você os lê, observe especialmente as palavras *cuidado* e *atenta bem*.

Por isso, tenham o cuidado de fazer tudo como o Senhor, o seu Deus, lhes ordenou; não se desviem, nem para a direita, nem para a esquerda.

Deuteronômio 5:32 (grifo do autor)

Devemos obedecer não *algumas*, mas a *todas* as ordens de Deus. Precisamos dar ouvidos e seguir cada detalhe das Suas instruções. Ele nos ama profundamente e não quer que sejamos gravemente feridos ou mortos em nossa jornada. Mais uma vez:

... ouça cada ordem com muita atenção, e tenha o cuidado de ser obediente em tudo. Assim tudo irá bem...

Deuteronômio 6:3 (ABV, grifo do autor)

Quando ouvimos e obedecemos cuidadosamente, então tudo vai bem para nós. O próprio Deus garante essa promessa! Observamos as mesmas instruções em Deuteronômio 8:1; 12:28, 32 e 28:13. Se você ler cada uma delas, descobrirá que se dermos ouvidos às ordens de Deus, desfrutaremos de vidas plenas, o nosso trabalho se multiplicará em eficácia e estaremos sempre em posições de influência na sociedade, nunca por baixo ou atrás. Você está captando o quanto é importante ler, ouvir e obedecer cuidadosamente às Suas palavras?

Você pode retrucar: "Mas John, estas instruções foram dadas na época da Lei; estes são requisitos do Antigo Testamento. Estamos sob a nova aliança da graça. Jesus não nos libertou desse cativeiro cansativo?" Jesus nos libertou da Lei, sim, mas não da advertência contínua de darmos ouvidos à Palavra de Deus. Ela permanece sendo crucial para nós. Observe estas instruções do Novo Testamento:

Moisés, por exemplo, disse há muito tempo: "O Senhor Deus levantará entre vocês um Profeta, que se parecerá comigo! Prestem atenção com cuidado a tudo quanto Ele disser a vocês".

Atos 3:22 (ABV, grifo do autor)

Mais uma vez, somos instruídos a ouvir com *cuidado* tudo — não a maioria das coisas — que Jesus diz. Ouça o apóstolo Tiago:

> *Aquele, porém, que* atenta bem *para a lei perfeita da liberdade, e nisso persevera, não sendo ouvinte esquecido, mas fazedor da obra, este tal será bem-aventurado no seu feito.*
>
> Tiago 1:25 (ACF, grifo do autor)

Também somos instruídos em outras passagens:

> *Conserve* bem *a brilhante capacidade que Deus lhe concedeu e que você recebeu como um dom do Espírito Santo que mora em você.*
>
> 2 Timóteo 1:14 (ABV, grifo do autor)

> *Por isso é preciso que* prestemos maior atenção *ao que temos ouvido, para que jamais nos desviemos.*
>
> Hebreus 2:1 (grifo do autor)

Ser levado pela correnteza da vida normalmente não acontece em resultado de uma escolha consciente, mas inconscientemente. Quando eu era menino e pescava no lago, às vezes minha impaciência em começar a pescaria fazia com que eu não ancorasse o barco antes. Eu ficava ocupado pescando e quando olhava para o alto trinta minutos depois, já não reconhecia mais a margem. Sem perceber, eu havia sido levado pela correnteza.

Nós nos desviamos da verdade quando não estamos bem atentos a ela. Isso ocorre quando não lemos, não ouvimos, não refletimos e não obedecemos à Palavra de Deus. Aquilo que não mantemos em foco diante de nós, com o tempo desaparece. Depois disso, nos desviamos facilmente, e a vontade de Deus é substituída pela influência das pessoas que nos cercam e pelas vozes da sociedade. Então, abraçamos o que parece bom de acordo com a nossa própria avaliação influenciada.

No capítulo anterior, estabelecemos uma importante verdade: não existe nada de bom para nós fora da vontade de Deus. Você concorda que a vontade de Deus é revelada na Bíblia? Nesse caso, é hora de construir a nossa fundação.

4

A FUNDAÇÃO

... o justo construiu sua vida sobre uma base bem firme.
— Provérbios 10:25 (ABV)

Se você crê no que gosta no Evangelho e rejeita o que não gosta, não é no Evangelho que você crê, mas em si mesmo.
— S. Agostinho de Hipona

Quero reiterar os três aspectos da mensagem deste livro: o primeiro fala da nossa fundação, o segundo trata das colunas e vigas que nos sustentam, e o terceiro é a edificação que representa o nosso modo de viver. Esses aspectos serão o foco das nossas discussões durante o restante deste livro.

A fundação é essencial para um relacionamento correto com Deus. Se você é crente há muito tempo, sugiro firmemente que não pule o debate resumido que vem a seguir. Ele não apenas será benéfico para reforçar sua fundação, como também ajudará aqueles a quem você lidera ou a quem influencia a terem um relacionamento com o nosso Criador.

Somos ensinados que:

Como está escrito: "Não há nenhum justo, nem um sequer, não há que entenda... todos se desviaram, tornaram-se juntamente inúteis; não há ninguém que faça o bem, não há nem um sequer".

Romanos 3:10-12 (grifo do autor)

Não há ninguém que faça o bem, não há nem um sequer. Além de Jesus, não há um ser humano que já tenha vivido ou que viverá que tenha feito ou faça o bem de acordo com a avaliação de Deus. A razão para isso é que todo ser humano nasceu escravo. Sim, você nasceu escravo, e eu também. "Escravo do quê?" talvez você pergunte. Do pecado. Paulo escreve àqueles que foram libertos: *"... vocês, que antes eram escravos do pecado..."* (Rm 6:17, NTLH).

Adão e Eva morreram no instante em que desobedeceram a Deus. Deus os alertou a respeito desse destino antes que eles comessem o fruto proibido. Entretanto, isso aconteceu anos antes de eles experimentarem a morte física.

Esse fato levanta a questão: como Adão e Eva morreram no dia em que comeram o fruto? A morte ocorreu na natureza íntima deles — no espírito deles. Eles foram separados de Deus, o Doador da vida, e agora tinham atributos inerentes contrários aos Dele. Consequentemente, os seus descendentes nasceriam com essas mesmas qualidades inatas, que seriam transmitidas de geração em geração até o dia de hoje. Gênesis 5:3 confirma essa realidade: *"Aos 130 anos, Adão teve um filho semelhante a ele, física e espiritualmente"* (A Mensagem).

A humanidade agora era incapaz de verdadeiramente conhecer ou praticar o bem; a bússola moral interna dos homens havia sido comprometida. Subsequentemente, somente a influência de Deus na Terra conduziria os seres humanos na direção do que é verdadeiramente bom e reto, pois o homem agora era governado pelo pecado. Sem a direção divina, o bem e o mal estavam distorcidos. O novo senhor e principal influenciador da humanidade agora era aquele que havia possuído a serpente, satanás, o rei da desobediência.

A Terra havia sido dada à humanidade por Deus. Ele os colocara no comando, mas eles entregaram a sua autoridade a satanás. Milhares de anos depois, o diabo levou Jesus a uma alta montanha, apontou para o mundo e declarou com ousadia: *"Eu Te darei toda a autoridade sobre eles e todo o seu esplendor, porque me foram dados e posso dá-los a quem eu quiser"* (Lc 4:6). Satanás podia dizer algo assim porque esse governo fora entregue a ele no jardim.

Deus não podia vir à Terra na forma de divindade para nos resgatar porque ela fora dada aos humanos. A humanidade abdicara da autoridade, portanto somente um ser humano poderia tomá-la de volta. Deus arquitetou um plano muito antes da transgressão de Adão, pois Ele previu a escolha dele antes do início dos tempos. Ele preparou uma estratégia de vir como um Homem a comprar a liberdade da humanidade de volta do cativeiro. Deus enviou o Seu Filho, Jesus Cristo, nascido de uma mulher, o que O tornava 100% homem, mas concebido pelo Espírito Santo de Deus, tornando-O 100% Deus. Portanto, Jesus estava livre da maldição do cativeiro sob o qual eu e você nascemos.

Jesus viveu uma vida perfeita na Terra. Ele nunca cometeu um ato de desobediência. Como o único ser humano inocente que já viveu, Ele entregou a Sua vida pela libertação da humanidade. Na Cruz Ele assumiu o julgamento no lugar de todo homem e mulher que já tinham vivido, que viviam ou que viveriam no futuro. Ele derramou o Seu sangue real como pagamento para nos libertar da escravidão.

Ele morreu e foi enterrado. Porque Ele vivera uma vida perfeita diante de Deus, o Espírito de Deus O ressuscitou dos mortos três dias depois. Ele agora está sentado à destra do Deus Todo-Poderoso, que emitiu o seguinte decreto:

> *Se você confessar com a sua boca que Jesus é Senhor e crer em seu coração que Deus o ressuscitou dentre os mortos, será salvo. Pois com o coração se crê para justiça, e com a boca se confessa para salvação.*
>
> Romanos 10:9-10

No instante em que recebemos Jesus Cristo como nosso Senhor, um milagre impressionante ocorre. Nossa natureza de pecado morre instantaneamente e uma pessoa totalmente nova nasce, criada à própria imagem de Jesus. Esse novo nascimento pertence ao nosso espírito (o nosso verdadeiro ser), e não ao nosso corpo físico. O nosso corpo físico ainda é corrupto e um dia morrerá. A nova vida vem inteiramente por intermédio do dom da graça de Deus, e de modo algum está ligada a qualquer bom comportamento, nem é merecida por qualquer obra que tenhamos feito. Ponto final.

É importante ressaltar que o versículo de Romanos citado aqui afirma que você precisa confessar o *Senhor* Jesus, não o *Salvador* Jesus. Aqui está uma falha fundamental predominante na igreja ocidental. A palavra *Senhor* é a palavra grega *kurios*, que significa "dono, mestre, supremo em autoridade".

Confessar Jesus meramente como Salvador não traz libertação ou nova vida. Entendo que essa é uma afirmação forte, que vai contra os apelos que geralmente costumamos fazer aos perdidos, mas ela é fiel à Bíblia.

A palavra *salvador* aparece cerca de cinquenta vezes na Bíblia. A palavra *senhor* ocorre mais de sete mil vezes. Onde você acha que Deus coloca a ênfase? *Senhor* declara a *posição* que Ele ocupa em nossa vida, ao passo que *Salvador* descreve a *obra* que Ele fez por nós. Não podemos partilhar do benefício da Sua *obra* se não entrarmos debaixo da *posição* que Ele ocupa como Senhor e Rei.

Nascemos escravos. Resumindo, o pecado nos possuía. Entretanto, fomos criados com o livre-arbítrio; portanto precisamos tomar uma decisão firme e declarar que estamos mudando de senhor. A salvação foi dada para todo ser humano, mas, como indivíduos, temos de escolher aceitá-la nos termos de Deus.

O Campo de Prisioneiros na Ilha

Vou usar uma história fictícia para explicar essa verdade.

Em certa ilha, você e toda a sua família estão presos no campo de prisioneiros de um senhor maligno. Essa terra foi dada originalmente ao seu avô por um rei muito bondoso de um país distante. Entretanto, o seu avô cometeu um enorme erro: ele não a protegeu. Esse senhor maligno e sua tropa de rebeldes vieram secretamente e tomaram a ilha, tornando o seu avô e todos os descendentes dele escravos. O senhor maligno e as suas tropas então construíram campos de prisioneiros e colocaram toda a sua família atrás das grades.

O modo de vida na ilha, que assumiu progressivamente a natureza do senhor maligno e de seus camaradas, degradou-se até atingir a corrupção e a depravação total. Consequentemente, o rei bondoso condenou a ilha. Entretanto, devido ao amor do rei por sua família, antes de aniquilar a ilha, ele veio e lutou contra o exército do senhor maligno e o derrotou.

O rei então abriu todas as portas da prisão e declarou: "Todos os prisioneiros agora estão livres. Qualquer um de vocês pode sair dos campos de prisioneiros *se* renunciarem ao governo do senhor maligno e declararem a sua lealdade a mim".

Devido à bondade do rei, a liberdade pela qual a sua família ansiava chegou. Entretanto, o rei bom não obrigará ninguém a segui-lo. Cada prisioneiro precisa tomar uma atitude. (Se o rei exigisse essa subordinação, em vez de dar uma escolha a cada pessoa, isso seria simplesmente outra forma de tirania.) Se você decidir abraçar a liberdade, isso requer que você saia de sua cela, siga o rei até o navio dele, veleje de volta ao país dele, torne-se um de seus súditos e viva segundo as leis do seu grande país. A oportunidade está colocada diante de você, mas você precisa concordar com os termos dele.

O rei bom é visto como o *salvador* da sua família. Entretanto, para se beneficiar da sua obra de salvação, cada membro da família precisa concordar em se submeter a ele de todo coração, o que inclui se submeter às leis do seu reino. *Nenhum dos prisioneiros da sua família pode meramente aceitar a salvação do rei e sair da ilha, sem se submeter ao seu senhorio.*

Se escolher não seguir o bom monarca, você simplesmente ficará onde está. Entretanto, quando o rei parte, os seus navios de batalha estão ancorados bem ao longo da costa, prontos para bombardear e aniquilar a ilha condenada. Aqueles da sua família que escolherem não se submeter ao *senhorio* do bom rei sofrerão o mesmo destino do senhor maligno e de suas tropas, embora o rei tenha batalhado para libertar todos vocês e tenha escancarado as portas da prisão.

Ouça-me, caro leitor. Deus não criou o inferno para você ou para qualquer ser humano. Ele o criou para satanás e suas tropas angelicais. Jesus dirá no Dia do Juízo àqueles que não se entregaram à Sua soberania:

"Malditos, apartem-se de Mim para o fogo eterno, preparado
para o diabo e os seus anjos."

Mateus 25:41 (grifo do autor)

O inferno é um lugar muito real. Jesus falava com mais frequência sobre
ele do que a respeito do Céu. Ele não considerava como falta de compaixão
a menção de sua descrição — o tormento envolvido, assim como o fato de
que ele era interminável. Ele é o lar eterno dos mortos que rejeitam o Seu
governo de amor.

De acordo com Jesus, esse lugar de punição e de angústia atormentadora
não havia sido preparado para os seres humanos, mas infelizmente, por
causa de sua desobediência, o nosso pai Adão nos incluiu no julgamento
condenatório. Agora, o destino de satanás é o nosso destino a não ser que
mudemos de senhor. Embora Jesus tenha resgatado toda a humanidade da
ira de Deus, muitos serão julgados com satanás, porque eles ainda possuirão
a sua natureza. Na essência, eles escolheram ficar na ilha.

Você pode perguntar: "Por que Deus não poderia simplesmente ser
misericordioso e permitir que as pessoas entrassem no Seu Reino do jeito
que elas estão?" Aqueles que não se entregam ao senhorio de Jesus ainda
possuem uma natureza espiritual corrupta e maligna. Quando eles deixam
esta Terra, essa natureza passa a ser deles para sempre. Se eles fossem auto-
rizados a entrar no Reino eterno de Deus, poluiriam e fariam mal a muitas
pessoas inocentes.

Foi exatamente por esse motivo que Deus enviou Adão e Eva para longe
da árvore da vida no jardim:

> *Então disse o SENHOR Deus: "Agora o homem se tornou como
> um de Nós, conhecendo o bem e o mal. Não se deve, pois, per-
> mitir que ele tome também do fruto da árvore da vida e o coma,
> e viva para sempre". Por isso o SENHOR Deus o mandou embora
> do jardim do Éden...*

Gênesis 3:22-23

O amor de Deus nos protegeu de mantermos permanentemente uma
natureza morta.

Senhorio

Pelo fato de a igreja ocidental ter enfatizado a obra que Jesus fez por nós como Salvador em vez de enfatizar a Sua posição como Senhor, a falta de submissão à Sua posição de autoridade gera uma falha significativa na nossa fundação. Observe as palavras de Paulo:

> *Portanto, já que vocês aceitaram Cristo Jesus como* Senhor, *vivam unidos com Ele. Estejam enraizados Nele,* construam a sua vida sobre Ele...
>
> Colossenses 2:6-7 (NTLH; grifos do autor)

Paulo não afirma: já que vocês aceitaram Cristo Jesus como seu *Salvador*. Nossas vidas precisam estar submissas e edificadas sobre a posição de senhorio de Jesus, não sobre a Sua obra como Salvador. Outra maneira de dizer isso é que nós nos submetemos a Ele como o nosso Rei supremo e único, e então nos beneficiamos da Sua salvação. Em termos práticos, significa que cumprimos fielmente Sua Palavra, Sua sabedoria, Seu conselho, Suas diretrizes, Sua correção e Sua instrução, quer vejamos a razão para isso quer não. Não nos alimentamos mais da árvore da nossa própria avaliação do que é certo ou errado. Vivemos Nele; a vida Dele passa a ser a nossa vida.

Pense sobre isto: ao longo de três décadas do meu casamento com Lisa, recebi o benefício de morar com uma grande *chef* de cozinha. Lisa é brilhante em criar refeições *gourmet*. Alguns amigos perguntaram-lhe se ela ensinaria às esposas deles a fazer molho *pesto*, molhos para salada e outras delícias da culinária.

Algumas vezes me referi a Lisa como "minha pequena *chef gourmet*". Devo tê-la chamado assim uma dúzia de vezes ou mais ao longo do nosso casamento, porém nos últimos trinta anos eu me referi a ela milhares de vezes mais adequadamente como minha esposa. Por quê? Porque isso declara a *posição* que ela ocupa em minha vida. O outro título traduz um *benefício* que recebi por ela ser minha esposa.

Só porque Lisa cozinha para mim, isso não significa que eu pertenço a ela. Quando eu era solteiro, em um de meus aniversários, ela cozinhou uma refeição incrível para mim. Isso não nos deu um relacionamento duradouro.

Foi a aliança que fiz de abrir mão de todas as outras garotas e entregar o meu coração unicamente a ela como marido que consolidou o nosso relacionamento de casamento.

É assim em nosso relacionamento com Jesus. Para receber a Sua obra de salvação, precisamos nos submeter ao Seu senhorio, à Sua posse e ao Seu Reinado. Entregamos as nossas vidas completamente porque confiamos na Sua liderança perfeita, no Seu caráter perfeito e no Seu amor perfeito, e confiamos que Ele sabe o que é melhor. Embora Jesus deseje intensamente a nossa libertação e nos ame perfeitamente, Ele é o Rei de todos os reis e o Senhor de todos os senhores e não entrará em nossas vidas como o segundo depois de nada nem de ninguém.

Inúmeras vezes nas igrejas dos Estados Unidos e de outros países ocidentais testemunhei pastores fazerem o convite da salvação aos perdidos sem mencionar o senhorio de Cristo. "Tudo que você precisa fazer é confessar Jesus como Salvador e você será um filho de Deus", disseram os pastores. Ou "Por que você não faz de Jesus o seu Salvador hoje?" ou "Vamos fazer apenas esta oração: Jesus, entra no meu coração e salva-me hoje. Obrigado por me tornar um filho de Deus. Amém". Todos os apelos deles para as pessoas se juntarem à família de Deus são feitos sem uma única palavra sobre abandonar o sistema do mundo e os seus próprios caminhos independentes a fim de seguir o Senhor.

Essa mensagem parece boa e está correlacionada com passagens isoladas do Novo Testamento. Entretanto, ela está alinhada com a instrução geral do Novo Testamento? Ela é a sabedoria de Deus? Ou reduzimos e editamos a verdadeira mensagem da salvação para apresentar uma mensagem que soe bem, que desperte os desejos dos perdidos? Estamos nos alimentando da árvore da nossa própria avaliação?

Negue a Si Mesmo

Vamos ver a mensagem do Mestre. Jesus deixou claro às multidões:

> *"Se alguém quiser acompanhar-Me, negue-se a si mesmo, tome a sua cruz e siga-Me. Pois quem quiser salvar a sua vida, a perderá; mas quem perder a sua vida por Minha causa e pelo evangelho, a salvará".*
>
> Marcos 8:34-35 (grifo do autor)

Precisamos negar a nós mesmos se quisermos seguir a Jesus. O que isso significa? Resumindo, que você não pode servir a dois senhores, pois você só pode ser leal a um considerando que cada um requer uma ação ou reação diferente. Quando a nossa carne, que ainda não está redimida, deseja uma coisa e a Palavra de Deus nos direciona em um caminho diferente, se ainda não escolhemos seguir a Jesus como nosso Senhor supremo, então podemos facilmente escolher o nosso caminho independente, mesmo confiando Nele e confessando-O como nosso Salvador. Será possível que estejamos enganados e abraçando essa crença?

Talvez seja por isso que Jesus tenha dito: *"Por que vocês Me chamam 'Senhor, Senhor' e não fazem o que Eu digo?"* (Lc 6:46). Em outras palavras, *Senhor* torna-se um título vazio e insignificante. Se realmente não somos sinceros quando dizemos *Senhor*, Jesus preferiria que O chamássemos de "grande Mestre". Pelo menos assim podemos nos beneficiar dos Seus ensinamentos e não ser enganados pensando que pertencemos a Ele, quando na verdade talvez não pertençamos.

De acordo com o versículo destacado anteriormente e muitas outras passagens do Novo Testamento, negar o nosso eu não é uma questão opcional se queremos seguir a Cristo para "fora da ilha" deste mundo condenado. É algo obrigatório para sermos salvos da ira que está por vir. Descobri que esse é um conceito difícil para os ocidentais captarem. Creio que o motivo é porque somos um povo que está tentando entender os *princípios do Reino* com base em uma *mentalidade democrática*. A democracia tem funcionado nos Estados Unidos e em outros países ocidentais, mas se quisermos nos relacionar com Deus com uma mentalidade democrática, não estaremos ligados a Ele. Ele é um Rei, um Rei de verdade, e não um monarca representativo como a rainha da Inglaterra.

A *democracia* é definida como "governo pelo povo; uma forma de governo na qual o poder supremo é investido ao povo e é exercido diretamente por ele ou por seus agentes eleitos". Essa é a mentalidade com a qual fomos criados nos Estados Unidos e em outros países ocidentais. Ela está programada em nosso modo de pensar e em nosso raciocínio mais íntimos. Subsequentemente, se não gostamos de alguma coisa, acreditamos que podemos desafiá-la ou mudá-la porque temos direitos pessoais "inalienáveis" e liberdade de expressão para anunciar os nossos pontos de vista.

Deixe-me enfatizar novamente. Essa forma de governo tem dado bons resultados para os Estados Unidos, como também para muitos outros países, porque se trata de um sistema projetado para pessoas mortais que vivem em uma sociedade pluralista. Mas essas ideias não podem ser transferidas para o Reino de Deus. Embora a seguinte afirmação possa fazer com que nós, ocidentais, estremeçamos, Deus é um ditador! Felizmente, Ele é um ditador benevolente, mas Ele tem a palavra final em todos os aspectos da vida. Se transportarmos a nossa mentalidade democrática para a nossa caminhada com Deus, não teremos nada mais do que um relacionamento de faz de conta.

A vida é diferente sob o governo de um verdadeiro Monarca. *Senhor* e *rei* são sinônimos no sentido de que contêm o significado de *supremo em autoridade*. Se quisermos realmente seguir a Deus, simplesmente não podemos usar o raciocínio democrático na maneira como respondemos à Sua liderança. Não é diferente de quando Eva e Adão escolheram a árvore do conhecimento do bem e do mal. O problema é que nós, seres humanos, ainda estamos no banco do motorista e decidimos o que achamos que é melhor para as nossas vidas.

Tome a Sua Cruz

Em seguida, Jesus declarou que devemos tomar a nossa cruz. O que isso significa? Não pode significar *negar a nós mesmos*, afinal não faria sentido Jesus se repetir desnecessariamente. Encontramos a chave na carta de Paulo aos Gálatas, onde ele afirma:

> Fui crucificado *com Cristo. Assim, já não sou eu quem vive, mas Cristo vive em mim. A vida que agora vivo no corpo, vivo-a pela fé no Filho de Deus, que me amou e Se entregou por mim.*
> Gálatas 2:20 (grifo do autor)

Paulo não estava falando de uma crucificação física, pois ele não estaria vivo para escrever essa carta. Ele está se referindo à sua decisão de seguir o Senhor anos antes. Paulo havia tomado a sua cruz. O segredo das implicações dessa decisão está nas suas palavras: "*Já não sou eu quem vive, mas Cristo vive em mim".* Essa deveria ser a declaração de todo verdadeiro filho de Deus. Não somos mais independentes, alimentando-nos da árvore da nossa avaliação do que é bom ou mau. Não, agora vivemos Nele, a nossa própria vida é extraída Dele. Dependemos da provisão da Cruz: somos livres do cativeiro para que agora possamos viver uma vida obediente revestida de poder por Deus.

A Cruz oferece um modo de vida completamente novo. Como Paulo declara em uma carta diferente: *"... assim como Cristo foi ressuscitado dos mortos mediante a glória do Pai, também nós vivamos uma vida nova"* (Rm 6:4; grifos do autor). Essa nova vida nos dá a capacidade de nos afastarmos do que anteriormente não podíamos. A tirania do pecado sobre nós está quebrada, mas precisamos escolher viver isso. Escolhemos nos entregar completamente à Sua vontade.

Paulo continua a explicar isso de forma prática: "Os que pertencem *a Cristo Jesus* crucificaram *a carne, com as suas paixões e os seus desejos"* (Gl 5:24; grifos do autor). E novamente: *"Quanto a mim, que eu jamais me glorie, a não ser na Cruz de nosso Senhor Jesus Cristo, por meio da qual o mundo foi* crucificado *para mim, e eu para o mundo"* (Gl 6:14; grifo do autor). A Cruz nos reveste de poder para andarmos livres da carne pecaminosa e das fortes influências do sistema deste mundo.

Quando eu era jovem, antes de conhecer a Jesus, havia padrões de comportamento em minha vida que eu não conseguia abandonar. Eu lamentava o meu comportamento ofensivo, orgulhoso e lascivo que era recorrente, mas quanto mais tentava me libertar, mais frustrado eu ficava. Estava desesperadamente preso e sujeito ao domínio do pecado. Entretanto, quando fui crucificado com Cristo, pude começar a viver livre.

> *Pois sabemos que a nossa velha natureza pecadora já foi morta com Cristo na Cruz a fim de que o nosso eu pecador fosse morto e assim não sejamos mais escravos do pecado. Pois que morre fica livre do poder do pecado.*
> Romanos 6:6-7 (NTLH)

Espero que você não esteja pulando esta parte! Absorva as palavras profundamente, pois elas são muito reais e têm o poder de libertá-lo. A verdade fica ainda mais empolgante. Abraçar a Cruz faz mais do que apenas nos libertar do pecado, capacitando-nos a viver em obediência a Deus. Fomos ensinados que: *"Pois a mensagem da Cruz é loucura para os que estão perecendo, mas para nós, que estamos sendo salvos, é o poder de Deus"* (1 Co 1:18). O que anteriormente era impossível fazer na nossa própria capacidade, podemos fazer agora: andar nos caminhos de Deus. Agora podemos imitar a Deus. Agora podemos seguir a Jesus.

Resumindo, é impossível seguir a Jesus sem negar a nós mesmos (abrindo mão dos nossos próprios caminhos e abraçando a Sua suprema autoridade) e tomando a nossa cruz (incorporando o seu revestimento de poder para nos afastarmos do pecado e do sistema deste mundo). A vida que agora vivemos é pela fé na Sua capacidade de trabalhar em nós e por nosso intermédio. Nós extraímos Dele. Que pacote maravilhoso da salvação Deus nos deu!

Uma Advertência Solene

Jesus advertiu que depois da Sua partida um evangelho seria proclamado e amplamente aceito que ofereceria salvação fora do senhorio. Os apóstolos foram mais específicos e afirmaram que isso aconteceria mais próximo ao tempo da volta de Jesus — isto é, nos nossos dias. Essa mensagem herética e disseminada reduziria *Senhor* meramente a um título em vez de uma posição que Ele ocupa na vida das pessoas. As pessoas O chamariam de Senhor, mas não negariam a si mesmas, não tomariam a sua cruz e não O seguiriam. Leia atentamente as palavras de Jesus:

> *Nem todo aquele que Me diz: "Senhor, Senhor", entrará no Reino dos Céus, mas apenas aquele que faz a vontade de Meu Pai que está nos Céus.*
>
> Mateus 7:21

Jesus indicou que essas pessoas O declarariam como Senhor — não Maomé, Joseph Smith, Buda, Krishna, Confúcio ou qualquer falso profeta da nossa era. Essas pessoas chamariam Jesus Cristo de seu Senhor e diriam isso com paixão.

Por que Jesus usou a palavra *Senhor* duas vezes nesse versículo? Entendemos que quando uma palavra ou expressão é repetida na Bíblia isso não é acidental. O escritor quer dar ênfase. Entretanto, em casos como este, a duplicação não é apenas para dar ênfase, mas para demonstrar intensidade de emoção. Por exemplo, no Antigo Testamento, quando chegaram ao rei Davi as notícias da execução de seu filho pelo exército de Joabe, a reação dele foi intensamente emocional: *"Tendo o rei coberto o rosto,* exclamava em alta voz: *Meu filho Absalão, Absalão, meu filho, meu filho!"* (2 Sm 19:4, ARA; grifo do autor). Não creio que Davi tenha realmente dito *"meu filho"* duas vezes. Em vez disso, o autor repetiu as palavras duas vezes para que o leitor entendesse o quanto o clamor de Davi estava carregado de dor.

O mesmo padrão aparece no livro de Apocalipse: *"Ouvi uma águia que voava pelo meio do Céu e dizia em alta voz: 'Ai, ai, ai dos que habitam na Terra'"* (Ap 8:13). Outras traduções afirmam que o anjo estava "clamando em alta voz". Mais uma vez, o escritor repete a palavra *ai* para enfatizar uma grande intensidade de emoção.

Do mesmo modo, o Senhor está comunicando os fortes sentimentos dessas pessoas por Ele. Elas não estão meramente em concordância com o ensinamento de que Jesus Cristo é o Filho de Deus. Elas estão emocional-mente envolvidas e apaixonadas em sua crença. Estamos falando de pessoas que são entusiasmadas por serem cristãs, muito provavelmente aquelas que se emocionam quando falam da sua fé e choram durante um culto na igreja.

Elas não apenas sentem amor profundo pela causa de Cristo, como também estão envolvidas no Seu serviço.

> *"Posso até ver a cena: no Juízo Final, milhares vindo em Minha direção e se justificando: 'Senhor, nós pregamos a Mensagem, expulsamos demônios, e todos diziam que nossos projetos eram patrocinados por Deus...'"*
>
> Mateus 7:22 (*A Mensagem*)

Usei a Bíblia *A Mensagem* aqui porque ela transmite melhor o fato de que essas pessoas não estavam à margem da obra. Elas estavam dire-tamente envolvidas na obra de suas igrejas ou as sustentavam. Elas também falavam de forma convincente sobre o Evangelho: *"Nós pregamos a Men-sagem"*. Elas faziam parte daqueles que transformavam a vida de outros para melhor.

Essa versão da Bíblia parafraseada usa a palavra *milhares*. Entretanto, a maioria das traduções usa a palavra *muitos*. A palavra grega é *polus*, definida como "muito em número, quantidade, volume".[7] Com frequência, essa palavra é usada no sentido de "a maioria". Seja como for, Jesus não está se referindo a um pequeno grupo de pessoas, mas a um vasto grupo — na verdade, muito possivelmente à maioria do número geral.

Portanto, vamos resumir: Jesus está falando de pessoas que acreditam nos ensinamentos dos evangelhos. Elas O chamam de Senhor, estão emocionalmente envolvidas, proclamam a mensagem e são ativas no serviço cristão. Nós as identificaríamos facilmente como verdadeiros cristãos. Então, qual é o fator que as separa? Em que elas diferem dos crentes autênticos? Jesus nos diz:

> *"Então, lhes direi explicitamente: nunca vos conheci. Apartai-vos de Mim, os que praticais a iniquidade."*
>
> Mateus 7:23 (ARA)

A afirmação-chave é *"praticais a iniquidade"*, que é a tradução da palavra grega *anomia*. O *Greek–English Lexicon of the New Testament* (Dicionário grego-inglês do novo testamento) de Thayer a define como "o estado de [estar] sem lei, por causa da ignorância dela ou por transgredi-la". A *Encyclopedia of Bible Words* (Enciclopédia de palavras bíblicas) acrescenta uma nova percepção afirmando que *anomia* pode refletir "ações que estão... em violação ativa dos princípios morais inatos ou divinos". Resumindo, uma pessoa sem lei não se submete à autoridade da Palavra de Deus.

Esses homens e mulheres não tropeçam *de vez em quando*; ao contrário, eles ignoram, negligenciam ou desobedecem à Palavra de Deus habitualmente. Se fossem verdadeiramente salvos pela graça, não apenas desprezariam a ideia de pecar, como também escolheriam afastar-se do pecado repetitivo. Eles crucificariam a sua carne com as suas paixões e desejos e buscariam o caráter e a frutificação que vêm de Deus.

É interessante observar que Jesus um dia lhes declarará: *"Nunca vos conheci"*. A palavra *conheci* é a palavra grega *ginosko*, que significa "conhecer intimamente". Essas pessoas nunca tiveram um verdadeiro relacionamento com Jesus. Embora O chamassem de Senhor e Mestre, era apenas um título, pois elas não faziam o que Ele dizia. A evidência de que alguém tem verdadeiramente um relacionamento com Jesus é o fato de que ele obedece à Sua Palavra:

> Sabemos que O conhecemos, se obedecemos aos Seus manda-
> mentos. Aquele que diz: "Eu O conheço", mas não obedece aos
> Seus mandamentos, é mentiroso, e a verdade não está nele.
>
> 1 João 2:3-4

Isso também é o que Tiago diz quando escreve: "*Mostre-me a sua fé sem obras, e eu lhe mostrarei a minha fé pelas obras*" (Tg 2:18). E essas afirmações também estão alinhadas perfeitamente com a maneira como Jesus iniciou todo esse discurso: "*Vocês [os] reconhecerão... pelas coisas que eles fazem*" (Mt 7:20, NTLH). Os atos de que Jesus fala não são o serviço cristão, proclamar a mensagem ou frequentar a igreja, porque aqueles que foram recusados no Céu têm essas qualidades.

Tim Keller se referiu a essas palavras de Jesus quando disse:

> Ora, isso é dizer algo muito incisivo. Essas pessoas têm uma fé intelectualmente estimulante e emocionalmente gratificante, e elas têm uma fé socialmente redentora. Todos nós queremos isso. Queremos ser estimulados intelectualmente, queremos estar envolvidos emocionalmente e queremos ser socialmente úteis. É possível querer estímulo intelectual, querer gratificação emocional e utilidade social, mas não querer Deus... porque se você realmente tem Deus em sua vida, precisa abrir mão da sua própria vontade, e isso mostra a diferença entre alguém que realmente está tentando usar Deus e alguém que está tentando servir a Deus.[8]

Usar Deus é buscá-Lo pelo que nós podemos receber Dele, ainda que seja apenas conseguir entrar no Céu. Servir a Deus é ser motivado inteiramente pelo nosso amor por Ele. E se nós O amamos, guardaremos as Suas palavras.

Hoje em dia, a maioria das pessoas consideraria alguém que chama Jesus de Senhor, que acredita nos Seus ensinamentos, que está envolvido emocionalmente e que é ativo no serviço cristão como um filho de Deus.

Porém vimos claramente pelas palavras de Jesus que essas qualidades não são os fatores decisivos para identificar um verdadeiro crente.

Deixe-me dizer isso de outro modo. Você certamente achará essas qualidades em um verdadeiro crente; na verdade, uma pessoa não pode ser um verdadeiro crente sem elas. Entretanto, possuir essas qualidades não significa que alguém é um genuíno filho de Deus. O fator decisivo é este: ele negou a si mesmo e tomou a sua cruz, e ele O está seguindo? Ou seja, *ele é obediente às Suas palavras?*

Essa discussão foi o tema de encerramento de Jesus no Seu famoso Sermão do Monte. Para fazer o fechamento de Suas palavras assustadoras, Ele concluiu dizendo:

> *Portanto, quem ouve estas Minhas palavras e as pratica é como um homem prudente que construiu a sua casa sobre a rocha. Caiu a chuva, transbordaram os rios, sopraram os ventos e deram contra aquela casa, e ela não caiu, porque tinha seus alicerces na rocha. Mas quem ouve estas Minhas palavras e não as pratica é como um insensato que construiu a sua casa sobre a areia. Caiu a chuva, transbordaram os rios, sopraram os ventos e deram contra aquela casa, e ela caiu. E foi grande a sua queda.*
>
> Mateus 7:24-27

Essa parábola relaciona-se com a advertência de Jesus sobre os muitos que terão a sua entrada no Céu negada, porque Ele liga uns aos outros quando diz "portanto".

Se você examinar os dois grupos de pessoas identificados nessa parábola, perceberá que tudo se resume a uma ligeira diferença. Ambos ouvem as Suas palavras, mas o primeiro grupo "as pratica". O segundo grupo "não as pratica". Ambas as casas são feitas do mesmo material — os mesmos ensinamentos. Ambas parecem idênticas na adoração e no serviço. A diferença crucial é a fundação. Uma casa foi fundada sobre o senhorio de Jesus Cristo. A outra permaneceu ligada a uma avaliação do que era determinado como sendo *bom* e *mau* — a mesma "árvore" da filosofia para a qual Adão e Eva se voltaram.

É preocupante pensar que a mesma tolice ainda se repete, desde o jardim até os dias de hoje. Ela assume uma forma diferente, mas tem a mesma raiz. Mais uma vez, tudo se resume a isto: *nós pensamos que sabemos o que é melhor acerca da maneira como vivemos ou acreditamos que Deus sabe o que é melhor?*

5

DESEJAR É O BASTANTE?

*Agora, completem a obra, para que a
forte disposição de realizá-la seja
igualada pelo zelo em concluí-la...*
— 2 Coríntios 8:11

A regra de ouro para entender espiritualmente não é o intelecto, mas a obediência.
— Oswald Chambers

Considere isto: um jovem está namorando uma jovem. Ela é atraente, saudável, organizada, uma cozinheira de mão cheia e ótima com crianças
e — o que é melhor — tem uma personalidade adorável. Ele está apaixonado
e decide que é com ela que deseja passar o restante de sua vida. Ele cria
um momento especial, ajoelha-se, abre uma caixa pequena que revela um
brilhante anel de diamantes e faz o pedido.

Para a satisfação do rapaz, a jovem dá um enorme sorriso, solta um
grito de alegria, vai às lágrimas e depois de se acalmar um pouco, responde
entusiasmada:

— Sim! Sim! Sim! Não acredito nisso! Estou chocada e maravilhada!
Este é o dia mais feliz da minha vida! Eu amo tanto você! Sim, vou me casar
com você!

Eles se abraçam em felicidade absoluta. Com as emoções ainda em
polvorosa, ela olha nos olhos dele e promete apaixonadamente:

— Teremos uma vida maravilhosa. Serei a melhor esposa, criarei um lindo lar, vou mantê-lo impecável, vou preparar refeições deliciosas para você e as crianças, vou me manter em forma, me vestir sempre na moda e farei amor com você a qualquer hora que você desejar.

O jovem pensa: *Uau! Incrível! Devo ser o cara mais sortudo desta Terra!*

Então ela faz mais uma afirmação que chama sua atenção:

— É claro que existem outros garotos de quem eu ainda gosto, então talvez eu os namore de vez em quando.

Perplexo, o jovem gagueja:

— Isso não vai dar certo!

— Por que não, querido?

Ele está chocado. O momento especial foi arruinado. O êxtase se foi. A mente dele está em polvorosa. *Será que ela está brincando? Mas por que brincar com algo assim, principalmente depois que acabei de pedir a mão dela?*

Depois de um silêncio constrangedor, que parece uma eternidade, ela procura recuperar a atmosfera oferecendo entusiasmadamente um compromisso:

— Tudo bem, e se eu passar apenas um dia por ano com os meus outros namorados? Eu me dedicarei exclusivamente a você 364 dias no ano. Apenas me dê um dia com eles.

O jovem não consegue acreditar no que está ouvindo. Agora ficou óbvio que ela não está brincando, ela está falando sério. Então ele responde novamente:

— Não, isso também não vai funcionar!

Ela está desconcertada, mas por amá-lo tanto, faz uma proposta ainda melhor.

— Tudo bem, e que tal quatro horas por ano? Dê-me apenas quatro horas a cada ano para passar com meus outros namorados.

— Não! — diz o jovem, desta vez ainda com mais firmeza.

Mais uma vez, ela retruca.

— E que tal vinte minutos por ano? Apenas uns momentos rápidos na cama com outro namorado!

— Não!

Na esperança de encontrar uma solução, ela implora:

— Querido, eu realmente amo você; na verdade, sou louca por você. Eu o amo mais do que a qualquer homem. Mas tenho essa necessidade. Eu simplesmente tenho de estar com outros caras. Eu simplesmente não consigo ser mulher de um homem só. *Desejo* sinceramente ser leal a você, e sei que a coisa certa é me afastar de todos os outros relacionamentos, mas vamos ser realistas. Há muitos caras incríveis por aí, e eu amo ter a atenção deles. Por que eu deveria abrir mão disso? Por que não posso ter as duas coisas?

O jovem está tão decepcionado desta vez que nem responde; apenas abaixa a cabeça. Depois de mais alguns momentos de constrangimento, ela afirma suavemente:

— Eu preciso ser sincera; acho que você está pedindo demais. Quero desfrutar de uma vida plena.

O jovem já ouviu o bastante.

— Isto é um absurdo. Não vamos nos casar. Na verdade, o meu namoro com você terminou.

Eles seguem caminhos separados.

Vamos analisar a situação. Esse jovem namora uma mulher maravilhosa com uma personalidade incrível. Ela é fantástica em todos os aspectos da vida doméstica, o ama, está disposta a servir e quer dar o seu melhor a ele. Ela está em êxtase diante da ideia de se casar com ele. Tudo parece se encaixar muito bem. Tudo que ele precisa fazer é dar a ela vinte minutos por ano com outro sujeito! Por que ele não está concordando com os termos dela?

É claro que a resposta é óbvia: ela não está dando a ele todo o seu coração e toda a sua vida. Ela sabe que essa seria a coisa certa a fazer e de certa forma deseja fazê-lo; mas a realidade é que ela está ligada demais aos outros homens. Uma coisa é *desejar*, outra coisa é realmente *fazer*.

Nenhum homem saudável se casaria com uma garota assim, então por que nós acreditaríamos que Jesus está vindo para uma noiva que age do mesmo modo? Vamos observar novamente as palavras Dele:

> *Então Ele chamou a multidão e os discípulos e disse: Se alguém quiser acompanhar-Me, negue-se a si mesmo, tome a sua cruz e siga-Me. Pois quem quiser salvar a sua vida, a perderá; mas quem perder a sua vida por minha causa e pelo evangelho, a salvará.*
>
> Marcos 8:34-35 (grifo do autor)

Observe que apenas *querer* ou *desejar* salvar a nossa vida nos custará tudo. Jesus não disse: "Quem *desejar* perder a sua vida por Minha causa a salvará". Apenas *desejar* perder a sua vida não basta. Não é diferente da nossa garota na história do pedido de casamento.

Para entrar em um relacionamento de aliança com a Pessoa mais maravilhosa do universo, você precisa se entregar a Ele inteiramente, o que certamente inclui todos os aspectos da Sua liderança. É interessante que a Bíblia compare o nosso relacionamento com Deus com o relacionamento de uma mulher com o seu marido. Paulo escreve:

> *Como dizem as Escrituras Sagradas: "É por isso que o homem deixa o seu pai e a sua mãe para se unir com a sua esposa, e os dois se tornam uma só pessoa". Há uma verdade imensa revelada nessa passagem das Escrituras, e eu entendo que ela está falando a respeito de Cristo e da Igreja.*
>
> Efésios 5:31-32 (NTLH)

Embora Paulo tenha usado essas palavras para instruir um marido e uma mulher em seu relacionamento de casamento, ele também deixou claro que isso está escrito verdadeiramente para ilustrar o nosso relacionamento com Jesus. Nenhum homem se casaria com uma mulher que tivesse apenas o *desejo* de se entregar inteiramente a ele, mas não o fizesse de fato. Você acha que nós podemos fazer o mesmo com Jesus? Então talvez seja por isso que Tiago escreve:

> *Adúlteros, vocês não sabem que a amizade com o mundo é inimizade com Deus? Quem quer ser amigo do mundo faz-se inimigo de Deus.*
>
> Tiago 4:4

Mais uma vez, ele estava enfatizando fortemente esse ponto, pois o declarou duas vezes. Essa não é uma questão trivial; é uma parte essencial de um verdadeiro relacionamento com Deus.

Um adúltero é alguém que tem uma aliança com uma pessoa, no entanto, viola a aliança ao procurar ter um relacionamento com outro. Essa pessoa não é dedicada ao acordo de aliança do relacionamento.

A aliança que fazemos de seguir Jesus é a de negar o nosso eu e nos afastarmos do sistema deste mundo que nos cerca. Não podemos fazer nada menos do que dar a Ele a nossa lealdade e obediência completas. Isso significa que abraçamos a Sua vontade e os Seus desejos acima dos nossos. Em troca, por entregarmos a Ele as nossas vidas, nós, por nossa vez, recebemos a vida Dele. Isso é como um casamento saudável entre um homem e uma mulher.

Eu Ainda Quero a Minha Vida

Existem muitos que receberiam com alegria os benefícios da salvação, desde que pudessem manter a vida deles também. É interessante que a maioria das pessoas entende que para seguir a Deus terá de haver uma renúncia, mas elas não estão prontas para pagar o preço. Elas não estão sendo honestas com Deus ou consigo mesmas.

Certa vez, tive um vizinho (vou dar a ele o nome de Kevin) que era uma dessas pessoas. Ele era um lutador de MMA, um astro desse esporte. Ele e sua família viviam a três casas de nós. Quando eles se mudaram para o nosso bairro, a esposa dele o avisou para ficar longe de nós. "Eles são fanáticos por Jesus", ela disse.

Alguns meses depois, enquanto estava sofrendo de um ataque intenso de pânico, a mulher desabou nos braços de Lisa, chorando. Esse incidente abriu a porta para Lisa compartilhar Jesus com ela, e a esposa do lutador foi gloriosamente salva. Pouco depois, os dois filhos do casal entregaram suas vidas a Jesus também.

Nossas famílias continuaram a se aproximar, e Kevin e eu nos tornamos bons amigos. Passávamos muito tempo juntos. Saíamos com frequência e, muitas vezes, jogávamos basquete, hóquei de rua e golfe com os nossos filhos.

Certa noite, Deus me mostrou alguns eventos que em breve ocorreriam na vida de Kevin. Era tarde, cerca de 10 horas da noite, mas eu me senti impelido a falar com ele. Quando ele atendeu à porta, compartilhei com ele três coisas que aconteceriam em sua vida dentro de nove meses.

Como era de se esperar, todas as três aconteceram. Pensei: *Com certeza, agora Kevin entregará sua vida a Jesus Cristo*. Mas ainda não houve nenhuma mudança.

Alguns meses depois, Deus me mostrou outro evento que ocorreria na vida de Kevin. Falei novamente com ele a respeito disso. Desta vez, fui um pouco mais fundo. "Kevin, você testemunhou que Deus previu três coisas que agora aconteceram em sua vida. Você pode perceber que Ele está estendendo a mão para você. Por que você não está entregando a sua vida a Jesus?"

Kevin tinha 1,95 m de altura, pesava 110 quilos e tinha apenas 4% de gordura corporal. Visualmente, ele era intimidador. Ele olhou para baixo, para mim, e disse: "Porque sei que há um preço a pagar. Sei que você precisa entregar a sua vida a Jesus e se submeter a Ele, e não estou disposto a abrir mão do meu estilo de vida".

Então ele disse: "John, há um lutador muito conhecido na nossa organização. Ele diz que é um cristão nascido de novo, e ele já falou a respeito de Deus no mesmo programa de tevê no qual você foi entrevistado. Mas eu sei que ele está usando drogas e tem uma vida sexual desregrada. Vamos lá, cara, em que ele é diferente de mim? Eu simplesmente me recuso a ser um hipócrita como ele. Eu prefiro desfrutar a minha vida sob os holofotes da fama e seus benefícios a usar uma máscara".

Fiquei arrasado com o relato de Kevin, porém a história dele não é um caso isolado. Existem inúmeras pessoas que frequentam a igreja, chamam Jesus de seu Salvador e declaram que são filhas de Deus, mas não entregaram as suas vidas ao Seu senhorio. Será que elas verdadeiramente são salvas?

É possível dar à luz convertidos nos nossos círculos cristãos que não sejam filhos de Deus? Jesus afirmou aos líderes do Seu tempo: *"Vocês... percorrem terra e mar para fazer um convertido e, quando conseguem, vocês o tornam duas vezes mais filho do inferno do que vocês"* (Mt 23:15). Não estou dizendo que os nossos líderes da igreja ocidental sejam filhos do inferno. Entretanto, o que estou perguntando é que tipo de convertidos nós estamos produzindo?

A consequência de não chamarmos os perdidos a perderem suas vidas é um convertido que encontrou um estilo de vida melhorado e a promessa de uma vida depois desta. Depois que ele recita a conhecida "oração do pecador", a consciência do novo convertido é aplacada. Teoricamente, ele ou ela agora não está mais distante de Deus. Esses convertidos passam a pertencer a uma comunidade de crentes e compartilham de um vínculo em comum. Estando agora do lado do que aparentemente é *bom*, eles se preocupam — e até, às vezes, participam nesse cuidado — com as vítimas da injustiça social, os pobres e os necessitados. Acrescente a isso os benefícios de ouvir técnicas de motivação e a promessa do Céu, e você tem um pacote atraente do qual a maioria das pessoas gostaria de fazer parte.

Mas será que esses convertidos são verdadeiramente salvos ou estão enganados, tornando assim mais difícil para eles ouvirem a verdade real? Poderia ser essa a mensagem que produz os seguidores enganados mencionados em Mateus 7 que ouvirão Jesus declarar: *"Nunca os conheci. Afastem-se de Mim"*?

Nossa Mensagem É a Mesma Dele?

É assim que Jesus alcança os perdidos? Vamos voltar à história do jovem governante rico que geralmente é chamado de "o jovem rico".

Há alguns anos eu estava falando em uma conferência de uns duzentos pastores que supervisionam algumas das maiores igrejas dos Estados Unidos. Perguntei àquele grupo: "Vamos imaginar a abordagem do jovem rico a Jesus. Vocês podem vê-lo saindo da sua carruagem Rolls-Royce, usando uma capa Armani e um Rolex no pulso? Vários assistentes particulares o seguem enquanto ele passeia por ali e se aproxima de Jesus. Com um tom calmo, reservado e levemente arrogante, ele pergunta: "Bom Mestre, o que devo fazer para ser salvo?"

"Vocês acham que a cena hoje seria essa?" perguntei aos pastores. Infelizmente, a maioria deles ergueu a mão em concordância.

"Não é assim que a Bíblia relata que aconteceu!" eu disse. Então, li como está realmente registrado:

> *Quando Jesus ia saindo, um homem* correu em Sua direção e se pôs de joelhos diante Dele *e Lhe perguntou: "Bom mestre, que farei para herdar a vida eterna?"*
> Marcos 10:17 (grifos do autor)

Diante da multidão de pessoas, aquele homem veio *correndo* até Jesus e *se ajoelhou diante Dele* e implorou para saber o que precisava fazer para ser salvo. Não havia nenhuma arrogância nesse sujeito.

Achei melhor ilustrar como isso aconteceu. Pedi a um dos líderes presentes para ficar de pé do outro lado da grande plataforma. Então, corri para ele a toda velocidade, e quando estava a apenas alguns passos dele, caí de joelhos, agarrei a barra de sua camisa e supliquei em voz alta e apaixonada: "O que preciso fazer para ser salvo? O que devo fazer para herdar a vida eterna?"

Até hoje, quer na minha vida pessoal quer no meu ministério, nunca uma pessoa rica ou pobre correu até mim, caiu de joelhos e clamou: "O que devo fazer para ser salvo?" Sem dúvida, o jovem rico era tanto apaixonado quanto sincero!

Então Jesus lhe disse: *"Por que você Me chama bom? Ninguém é bom, a não ser Um, que é Deus"* (Mc 10:18).

Como já afirmei, o homem esperava produzir uma resposta favorável honrando Jesus com o título de *"Bom Mestre"*. Porém Jesus não permitiu que esse elogio cegasse o Seu discernimento. A salvação não poderia ser "reduzida" à avaliação do homem rico do que era bom e mau.

No entanto, esse homem realmente tinha uma boa medida de integridade. Ele não chamou Jesus de Senhor ou Rei. Ele sabia que para chamar Jesus de Senhor, ele precisaria fazer exatamente o que Jesus lhe pedia para fazer! Quantas pessoas hoje possuem tanto caráter assim? Elas podem chamar Jesus de Senhor e confessar que creem na Bíblia. Porém, avaliarão as suas escolhas na vida por meio do seu próprio conhecimento do que é bom e mau em vez de seguirem cuidadosamente o que o Senhor lhes pede na Bíblia. Elas sorriem e dizem *amém* ao ensino bíblico, mas se ele não é conveniente, elas simplesmente o bloqueiam como se ele não se aplicasse à sua vida. Elas ouvem, mas não praticam em suas vidas o que o Espírito diz. Muitas vezes acreditam que a mensagem serve para outros, que consideram estar em condição "pior" do que elas.

Ouça como Jesus se dirigiu a esse homem que desejava apaixonadamente a vida eterna:

Você conhece os mandamentos: "Não matarás, não adulterarás, não furtarás, não darás falso testemunho, não enganarás ninguém, honra teu pai e tua mãe".

E ele declarou: "Mestre, a tudo isso tenho obedecido desde a minha adolescência".

Marcos 10:19-20

Jesus citou os últimos seis dos Dez Mandamentos, os quais tratam dos relacionamentos humanos. O homem rico respondeu ansiosamente que ele havia guardado todos eles durante toda a sua vida. Creio que ele realmente tenha feito isso. A partir desses padrões podemos perceber que ele era um homem bom, honesto e correto. Ele estava contando com essas boas características de caráter, esperando que elas fossem o bastante para conceder-lhe o favor de Deus.

Entretanto, Jesus deliberadamente omitiu os quatro primeiros mandamentos. Eles dizem respeito ao relacionamento do homem com Deus, sendo o primeiro deles não ter outros deuses ou ídolos além do Deus Todo-Poderoso. Em outras palavras, nada em nossas vidas deve vir antes do nosso afeto, amor, compromisso e submissão a Ele. Aquele jovem não havia cumprido esses mandamentos nem estava disposto a fazer isso naquele momento. Jesus estava prestes a expor algo em sua vida que com o tempo o impediria de terminar bem.

Jesus olhou para ele e o amou. "Falta-lhe uma coisa", disse Ele. "Vá, venda tudo o que você possui e dê o dinheiro aos pobres, e você terá um tesouro no Céu. Depois, venha e siga-Me."

Marcos 10:21 (grifo do autor)

Observe que Jesus o amou! Mas como Ele demonstrou o Seu amor por aquele jovem rico? Jesus alertou aquele homem que buscava. Ele sabia que inevitavelmente chegaria o dia em que o dinheiro daquele homem o influenciaria a se afastar da obediência à autoridade (senhorio) de Jesus. Ele estava mais preocupado com a permanência do jovem no caminho, não apenas que ele começasse bem.

Para aquele homem o obstáculo era o seu dinheiro. Para outros poderia ser uma namorada ou um namorado, os esportes, as compras, os negócios, a filosofia, a educação, o vício em comida ou a preferência sexual. Na verdade, a pedra de tropeço pode ser qualquer coisa à qual dedicamos os nossos afetos e a nossa força mais do que a Jesus.

Jesus amou o jovem ampliando a mensagem para acomodar o seu outro amor? Ele tornou a verdade mais fácil para não ofendê-lo? Por que Jesus simplesmente não o fez repetir a oração do pecador, esperando que ele abandonasse o seu amor ao dinheiro mais tarde? Afinal, aquele jovem era um candidato excelente que demonstrava grande interesse em ser salvo. Tudo que Jesus tinha de fazer era atraí-lo para a rede e Ele teria tido um cristão proeminente, rico e dedicado ao serviço!

Mas Jesus verdadeiramente amou aquele homem. Ele deu a ele a verdade — uma palavra muito forte — e correu o risco de perder aquele homem entusiasmado e poderoso. Jesus olhou nos olhos dele e disse que lhe faltava uma coisa, e não era paixão, mas a disposição de coração e mente de obedecer ao Rei dos reis custasse o que custasse.

Creio que aquele homem olhou para Jesus apenas como Salvador, e nesse caso a obediência era opcional. Se de acordo com a avaliação dele o conselho de Jesus fosse *bom*, ele lhe daria ouvidos. Entretanto, se ele concluísse que o conselho de Jesus *não era bom*, ele poderia ir embora.

Você pode imaginar dizer a uma pessoa que está buscando avidamente que lhe falta algo e que isso a impedirá de alcançar a vida eterna? Entretanto, se realmente ama alguém, você precisa ser verdadeiro, ainda que saiba que isso significa rejeição.

Muitos cristãos e pastores bajulam os seus ouvintes por medo de serem rejeitados por eles. Anseiam por aceitação. Honestamente, eu costumava ser assim. Todos os que eu conhecia gostavam de mim porque eu sempre dizia a eles o que queriam ouvir. Eu detestava o confronto e a rejeição e queria que todos ficassem felizes. Então Deus expôs os meus motivos inseguros e egoístas. Ele revelou o foco do meu amor: era eu mesmo, e não as pessoas a quem eu falava.

É muito melhor dizer a verdade do que comprometer a verdade e fazer com que alguém acredite em uma mentira. É muito melhor as pessoas ouvirem a verdade agora do que acreditarem que podem manter outros ídolos em suas vidas — e então um dia, quando for tarde demais, ouvirem em choque o Senhor dizer: *"Afastem-se de Mim; nunca os conheci, vocês que foram enganados!"*

Agora observe a reação do homem que buscava apaixonadamente à mensagem de Jesus para ele:

Diante disso ele ficou abatido *e afastou-se* triste, *porque tinha muitas riquezas. Jesus olhou ao redor e disse aos Seus discípulos:* "Como é difícil aos ricos entrar no Reino de Deus!"

Marcos 10:22-23 (grifos do autor)

Aquele homem que estava tão ávido afastou-se cheio de tristeza!

"Oh, Jesus, como Você pôde fazer isso? O homem veio entusiasmado e depois de ouvi-Lo falar, ele partiu triste! Você não sabe que deveria trazer uma mensagem positiva aos que O buscam? As Suas conversas ou discursos deveriam levantar as pessoas e fazer com que elas se sentissem bem, e não entristecê-las! Pastor Jesus, a frequência à Sua igreja cairá se o Senhor continuar tratando os homens e mulheres sedentos desse jeito, principalmente os ricos e influentes. Vá atrás dele e suavize a mensagem; com certeza ele abraçará toda a verdade depois de algum tempo!"

É isso que Jesus poderia ouvir hoje da Sua equipe de liderança ou dos membros da diretoria na igreja ocidental! Jesus seria repreendido e pediriam a Sua demissão.

Como Ele ousa ofender esse grande ofertante em potencial que com um estalar de dedos poderia assinar um cheque capaz de financiar todos os programas assistenciais da igreja por um ano! Ele poderia ser a pessoa que pagaria os vários milhões de dólares de dívidas do prédio da igreja. O Pastor Jesus simplesmente não entende a dinâmica de se construir um ministério grande e eficaz. Talvez Ele até tenha esquecido como influenciar as pessoas positivamente. Ele deveria diminuir o tom das Suas palavras e ensinar mensagens motivacionais — dar palestras encorajadoras que edificam a autoestima.

Isso soa como o que poderia acontecer na igreja ocidental? Caímos na armadilha de fazer praticamente qualquer coisa para conseguir um convertido e criar uma multidão de seguidores. Empregamos técnicas de acomodação para aumentar a frequência à igreja, ganhar seguidores no *Twitter*, aumentar a nossa base de fãs no *Facebook* ou fazer com que as pessoas leiam os nossos *blogs*. Isso não é nada mais do que comunicar para Deus que a nossa sabedoria é mais sábia que a Dele. Mais uma vez, é escolher o que é *do bem* e não o que vem *de Deus*.

É verdade: os convites para as pessoas escolherem a Cristo são necessários, mas eles devem se fundamentar na verdade. Precisamos entender que Deus não nos chamou para ampliar a mensagem do Novo Testamento, tornando-a mais fácil para as pessoas que ainda querem viver independentemente dos Seus caminhos para serem salvas. A salvação não está na árvore do conhecimento do que avaliamos como bom e mau. Ela só pode ser encontrada na árvore da vida, de acordo com a Sua Palavra. Outros amores e ídolos devem ser abandonados, assim como a garota que diz "sim" a uma proposta de casamento precisa dizer adeus a um relacionamento com outros homens. Jesus precisa ser recebido como Senhor, não apenas como Salvador. Essa é a árvore da vida!

Agora observe o que Jesus fez depois que aquele homem rico foi embora:

> *Jesus olhou ao redor e disse aos Seus discípulos: "Como é difícil aos ricos entrar no Reino de Deus!" Os discípulos ficaram admirados com essas palavras. Mas Jesus repetiu: Filhos, como é difícil entrar no Reino de Deus!*
>
> Marcos 10:23-24

Um dia, eu estava refletindo a respeito dessa passagem, e o Espírito Santo direcionou a minha atenção para um ponto importante. Visualizei aquele homem rico, respeitado em sua comunidade, lentamente afastando-se de Jesus, triste, com a cabeça baixa e com um olhar de abatimento no rosto. Percebi que o Senhor não correu atrás dele, não o agarrou pelos ombros e disse: *"Espere um instante, Meu amigo. Deixe-Me lembrá-lo da sabedoria de Salomão. Ele escreveu em Provérbios 19:17: 'Quem trata bem os pobres empresta ao Senhor, e Ele o recompensará!' Eu lhe disse para vender o que você tem e dá-lo aos pobres, mas lembre-se, de acordo com Provérbios, tudo que você der aos pobres, o Senhor lhe recompensará. Ele não apenas lhe restituirá; Ele lhe dará cem vezes mais do que você deu!"*

Aquele homem rico muito provavelmente era um bom homem de negócios. Portanto, se Jesus tivesse em mente ganhá-lo naquele dia, ele poderia ter se animado e respondido: "É mesmo?"

Então Jesus poderia ter dito: *"Sim! Você consegue ver agora que Eu estou apenas querendo posicionar você para uma bênção maior, uma colheita de finanças? Você será o homem mais rico da nação e não apenas desta comunidade".* A essa altura o homem teria ficado bem mais inclinado a seguir a Jesus.

É verdade que a Palavra de Deus nos diz que quando damos, recebemos de volta, assim como uma semente devolve ao agricultor muito mais do que ele semeou. Essa verdade foi confirmada imediatamente depois que o homem se afastou, pois Pedro — em parte protestando, em parte questionando — disparou:

> ... *"Nós deixamos tudo para seguir-Te". Respondeu Jesus: "Digo-lhes a verdade: Ninguém que tenha deixado casa, irmãos, irmãs, mãe, pai, filhos, ou campos, por causa de Mim e do Evangelho, deixará de receber cem vezes mais, já no tempo presente, casas, irmãos, irmãs, mães, filhos e campos, e com eles perseguição; e, na era futura, a vida eterna".*
>
> Marcos 10:28-30

A essa altura, Jesus olhou para aqueles que já haviam abandonado tudo para segui-Lo e disse: *"Vocês receberão cem vezes mais do que abriram mão agora nesta vida — casas e terras, com perseguições — e na era por vir, a vida eterna".*

Por que Jesus não disse essas palavras ou as palavras de Salomão em Provérbios ao jovem rico que queria tão avidamente a vida eterna? Por que pareceu que ele estava retendo essa informação? A resposta é simples: Jesus nunca usou as bênçãos, os benefícios, as recompensas ou as vantagens do Reino para seduzir as pessoas a segui-Lo. Quando Ele chamou Pedro, Tiago, João e os outros, foi simplesmente dizendo *"Sigam-Me"*. Não foi "Sigam-Me e Eu lhes darei bênçãos, paz, prosperidade, uma vida melhor e muito mais". Não foi "Sigam-Me pelo que eu posso fazer por vocês". Foi *"Sigam-Me por quem Eu sou. Eu sou Jesus Cristo, o seu Criador, o Senhor e o Rei do universo".*

Se o dinheiro tivesse sido a motivação de Pedro, Tiago, João e André para seguirem a Jesus, eles nunca teriam deixado o negócio deles. O dia em que deixaram seu negócio havia sido um dos dias mais lucrativos de sua carreira de pescadores. Graças a Jesus, eles tiveram um carregamento de dois barcos cheios de peixes! Eles não estavam cientes da promessa de "cem vezes mais". Aquela era a primeira vez que eles ouviam falar nisso. O que eles sabiam era que Jesus tinha as palavras de vida, por isso eles deixaram tudo. O dinheiro não foi o fator decisivo.

Deus nunca exigiu que uma pessoa fosse perfeita para seguir Jesus. Ele só pede a disposição e o compromisso de obedecer a Ele! Aquele jovem rico provavelmente tinha características muito mais refinadas do que Pedro. Entretanto, Pedro estava disposto a fazer qualquer coisa que o Senhor lhe pedisse. Isso ainda é o que Jesus quer dizer quando Ele nos chama a abandonar tudo para segui-Lo.

O Meu Plano *versus* O Plano Dele

Quando recebi Jesus Cristo como Senhor, em 1979, Deus imediatamente começou a tratar comigo acerca do ministério. Eu estava estudando Engenharia Mecânica na Universidade de Purdue, onde estava na lista dos alunos com as melhores notas, havia iniciado na equipe de tênis da faculdade e tinha planos de frequentar a Universidade de Harvard para fazer o meu MBA. Meus planos pessoais eram casar-me com uma garota incrível e eventualmente entrar para o mercado de vendas ou para a administração. Eu não queria nada com o ministério. Todos os pastores que eu havia conhecido eram homens que eu pensava que não podiam fazer mais nada na vida. Moravam em casas malcheirosas e seus filhos eram esquisitos. Eu crescera em uma cidade de três mil pessoas, e esse era o modelo limitado que eu tinha do ministério. Nunca conhecera ou passara tempo com um bom pastor, dos quais desde então aprendi que existem muitos.

Mas, naquela época, o Espírito de Deus veio sobre mim durante um culto da igreja e disse:

— *John, Eu o chamei para o Meu ministério. O que você vai fazer sobre isso?*

Pensei: *minha família vai me deserdar; todos eles são católicos. Vou acabar como todos os outros pastores, vivendo em pobreza e sujeira.* Mas obedecer a Deus era primordial para mim, então inclinei a cabeça e orei:

— Sim, Senhor. Eu Te obedecerei e pregarei seja qual for o preço! Eu irei para onde Tu me mandares e direi o que Tu me disseres para dizer.

A realidade dessa decisão não tem sido nada como eu presumi, mas Deus não me mostrou isso de imediato. Ele só queria saber se eu abandonaria tudo para segui-Lo.

Se você estudar os ministérios de Pedro, Paulo e dos outros discípulos no livro de Atos e nas epístolas, verá que as mensagens deles estavam alinhadas exatamente com o que Jesus pregou ao jovem rico! Hoje, nós nos desviamos desse caminho. Essa é a razão principal do estado espiritual decadente dos Estados Unidos. Esse é o motivo pelo qual muitos pensam que pertencem a Jesus quando na verdade não pertencem. Temos de retornar ao senhorio de Jesus para termos um fundamento saudável. Ainda estamos comendo da árvore errada. O que entendemos como *bom* está nos roubando o que é melhor para as nossas vidas.

Perdemos muitas das grandes bênçãos que Deus quer para nós porque substituímos a mensagem bíblica exata por uma mensagem negociável. Vamos ser honestos, se esse jovem rico viesse a muitas das nossas igrejas modernas hoje, ele teria sido "salvo" e não demoraria muito para ser considerado um membro estimado e talvez lhe pedissem para fazer parte da diretoria da igreja.

Com frequência, a igreja de hoje tem oferecido uma boa mensagem de salvação à parte do senhorio de Jesus. Em nome da intenção de não enganar as pessoas, em nome de muitos que do contrário poderiam ouvir "*afastem-se de Mim*", em nome da força da igreja e em nome de andarmos verdadeiramente nas bênçãos de Deus, precisamos abandonar a nossa mensagem inadequada do *bom* Evangelho e voltar à árvore da vida — a mensagem bíblica da salvação.

6

NOSSO GPS INTERNO

Olhando para o alvo, para onde Deus nos chama...
— FILIPENSES 3:14 (A MENSAGEM)

Apaixonar-se por Deus é o maior de todos os romances: buscá-Lo, a maior de todas as aventuras; encontrá-Lo, a maior de todas as realizações humanas.
— S. AGOSTINHO DE HIPONA

Nossa fundação é o senhorio de Jesus Cristo. Todos os aspectos da nossa vida devem estar construídos sobre essa firme fundação. Se for assim, eles durarão. Se não, eles se desgastarão e passarão com o tempo.

A fase seguinte da construção de uma casa são as colunas e vigas que nos sustentam, e cada aspecto dessa fase é construído sobre a fundação. Essa parte do processo de construção sustenta tudo em conjunto. O piso, as paredes, o teto, os armários, a iluminação, as sancas e molduras, as janelas, as banheiras e todos os demais materiais de acabamento precisam de uma estrutura forte para durar. Com uma fundação sólida e uma estrutura forte de vigas e colunas, podemos construir uma casa resistente e bem-sucedida: a *vida*.

Seu GPS Interno

Para apresentar este segundo aspecto de uma vida de fé que floresça, vamos deixar de lado a ilustração da construção e passar a usar uma analogia diferente.

Vamos começar com uma pergunta. Qual é o seu objetivo fundamental? Em outras palavras, que desejo supera todos os outros desejos? Você pode ser sincero? Se for, você não terminará em um lugar onde não deseja estar.

Veja isso da seguinte forma: se o GPS do seu celular está programado para o aeroporto, mas você quer ir para o *shopping*, você vai lamentar e ficar frustrado quando o seu GPS anunciar "Você chegou ao seu destino", quando você se aproximar do terminal do aeroporto e vir placas com os nomes de companhias aéreas em lugar de lojas de departamentos.

Incrédulo, você protestará: "O que aconteceu? Como vim parar aqui?" É muito simples. O seu GPS o levou para onde ele estava programado para ir.

O apóstolo Paulo declarou qual era a programação do GPS dele: "Prossigo *para o alvo, a fim de ganhar o prêmio do chamado celestial...*" (Fp 3:14; grifo do autor). Ele sabia o que estava buscando e o GPS dele estava programado. Ainda que se deparasse com resistência, obstáculos ou forte adversidade, Paulo *prosseguiria* em meio a tudo isso e não se desviaria para um destino final alternativo.

Para que o seu GPS interno está programado? É para ter muitos amigos? É para ser popular? É para desfrutar de determinado estilo de vida? É para ser o melhor na sua área de trabalho? É para ter saúde e felicidade?

Você pode responder: "Gostaria de ter todas essas coisas". A maioria de nós deseja essas coisas, mas que desejo único supera todos os outros? É importante fazer essa distinção, porque no fim será ela que determinará o seu destino. Virá um tempo na sua jornada em que a estrada fará uma bifurcação e você terá de escolher um caminho ou o outro.

E então, qual é o seu destino final? Se o seu objetivo fundamental é ser moralmente puro, ético, uma boa pessoa, saudável e financeiramente seguro, então você pode acabar no mesmo lugar que o jovem rico se encontrava: possuindo todas essas características, mas ainda assim tendo falta do que é mais importante.

Se o seu objetivo fundamental é ter muitos amigos, então você pode se encontrar como Arão, o irmão de Moisés: no sopé da montanha com muita atividade social — sendo até mesmo o centro das atenções e ajudando a sua comunidade — mas ao mesmo tempo desviando-se do coração de Deus. O bezerro de ouro que você construiu pode aplacar os seus amigos e conhecidos, mas você descobrirá com tristeza no fim que ele desviou tanto a eles quanto a você do que era melhor.

Se a sua paixão é ser um palestrante, um artista ou um líder conhecido, ou simplesmente ter determinado número de seguidores no *Twitter* ou no *Facebook*, você pode alcançar esse *status* até mesmo entre a comunidade de crentes, mas acabar como um homem chamado Uzias de Israel, que era a pessoa mais conhecida da nação, porém morreu em isolamento (ver 2 Crônicas 26).

A programação do seu GPS interno pode ser mais nobre e bondoso. Você pode estabelecer o seu alvo em ofertar generosamente aos pobres e necessitados. Esse objetivo é atraente para muitos em nossos dias, e deveria ser. As pessoas iluminam-se quando relatamos os esforços que o ministério *Messenger International* emprega para ajudar os pobres, os necessitados e as vítimas de injustiça social. Mas Paulo escreve à igreja de Corinto e afirma que ele poderia dar tudo o que possuísse aos pobres e ainda assim se encontrar em falta (ver 1 Coríntios 13:3).

Você pode se esforçar para ser o ofertante mais generoso de sua comunidade — um objetivo honroso. Entretanto, um homem chamado Ananias e sua mulher, Safira, eram membros que tinham uma boa posição na igreja de Jerusalém. Certo dia, eles deram de oferta uma grande parte do resultado da venda de um valioso lote de terra. Eles queriam demonstrar o seu compromisso de construir a casa de Deus. Ananias e Safira esperavam receber elogios, mas, em vez disso, caíram em juízo (ver Atos 5). O fim deles foi trágico.

Houve um tempo em que eu me considerava nobre e temente a Deus. Todos os dias, durante um período de dezoito meses, eu me levantava às 5 horas da manhã e orava até às 7 horas da manhã. Uma boa parte desse tempo era consumido com pedidos do tipo: "Senhor, usa-me para levar multidões à salvação, para pregar a Palavra de Deus poderosamente, para levar nações ao Teu Reino, para curar enfermos e libertar pessoas". Eu pedia persistente e apaixonadamente essas coisas, manhã após manhã.

Meses se passaram e um dia Deus falou ao meu coração: *"Filho, as suas orações não estão atingindo o alvo"*.

Fiquei perplexo! O que poderia ser melhor, mais nobre e mais agradável ao meu Criador do aquilo que eu estava pedindo? Perguntei-me se entendera mal o que havia sido dito ao meu coração. Como esses maravilhosos objetivos espirituais poderiam não estar atingindo o alvo?

Imediatamente, ouvi novamente o Espírito de Deus dizer: *"Judas deixou tudo o que tinha para Me seguir. Ele era da elite dos doze. Ele pregou o Reino de Deus. Curou enfermos, ofertou aos pobres e libertou pessoas. Judas está no inferno"*.

Tremi, chocado e atônito. Percebi que Judas alcançou tudo aquilo pelo qual eu estava clamando, mas ele estava perdido para sempre. Talvez se ele tivesse examinado o seu GPS interno mais cuidadosamente, o seu fim não tivesse sido tão desastroso.

Entendi que eu podia estar inconscientemente na mesma categoria de Judas. Perguntei ardentemente: "Qual deve ser o meu alvo?"

Outro Jovem Rico

Desta vez Deus me mostrou outro jovem rico — não aquele que foi correndo até Jesus, mas aquele que foi criado como príncipe no Egito, que, naquela época, era a nação mais poderosa da Terra. Seu nome era Moisés.

Pense sobre a vida de Moisés. Ele foi criado sem falta de dinheiro, de comida, de roupas, de bens materiais ou de educação. Sua posição era altamente cobiçada, pois ele tinha o melhor de tudo. Ninguém no mundo possuía nada que ele não pudesse ter. Moisés usava as roupas do estilista da última moda, podia comprar a qualquer hora com um orçamento ilimitado, e provavelmente tinha todos os "brinquedos" disponíveis naquela época. Ele possuía a carruagem que hoje seria uma Maserati, um Lamborghini ou uma Ferrari, com todos os modelos de motos Harley-Davidson. E se ele não quisesse dirigir, havia um motorista de limusine à sua disposição a qualquer hora.

Moisés nunca teve de esfregar um vaso sanitário, de lavar uma banheira, de cortar a grama, de limpar um carro, de arrumar um quarto, de lavar louças, de lavar roupa ou fazer qualquer tarefa doméstica porque ele tinha servos e atendentes para todos esses serviços.

Ele tinha *chefs* de cozinha reais que corriam para realizar qualquer coisa que o seu paladar desejasse. As melhores comidas da Terra estavam à disposição dele para serem desfrutadas.

O trabalho dele era divertido. Se quisesse, ele podia liderar tropas, projetar prédios ou planejar grandes festas. Se quisesse se divertir, ele desfrutava de um dia de competição e uma noite da melhor diversão. Ele podia preencher os seus dias como desejasse.

Ele também era o solteiro mais cobiçado da Terra. Ele podia namorar e se casar com qualquer garota que chamasse a sua atenção — e até solicitar encontrar-se com mulheres de outras nações. Na verdade, se Moisés desejasse, ele podia formar um harém de esposas e concubinas.

Se Moisés quisesse ser generoso, ele podia dar presentes incríveis. Ele podia convocar o serviço secreto, a polícia ou os soldados para proteger os seus amigos. Ele podia ajudar os pobres ou negligenciá-los. Podia influenciar o entretenimento de seu país solicitando a presença dos melhores artistas e atores para encantá-lo. Nada era negado a ele, exceto o trono do rei. Para a maioria das pessoas, sua vida pareceria uma almejada utopia; no entanto, ele não estava satisfeito. Lemos que:

Pela fé, Moisés, já adulto, recusou os privilégios da casa real egípcia. Preferiu a vida dura com o povo de Deus, em vez de se entregar à vida fácil...
Hebreus 11:24-25 (*A Mensagem*)

Moisés preferiu se afastar daquilo que a nação mais influente da Terra podia oferecer. Por que ele abandonaria esse estilo de vida? Ele não conseguia encontrar contentamento em servir a Deus enquanto ainda vivia no palácio de Faraó? Não. O GPS interno de Moisés ditava que o seu verdadeiro desejo não podia ser alcançado onde ele residia atualmente, pois o escritor de Hebreus escreve a respeito dele:

Ele achou que era muito melhor sofrer o desprezo por causa do Messias do que possuir todos os tesouros do Egito. É que ele tinha os olhos fixos na recompensa futura.
Hebreus 11:26, NTLH (grifo do autor)

Que recompensa? Quando faço essa pergunta às audiências, a maioria das pessoas responde que era a Terra Prometida. Mas se é assim, então devemos perguntar o que uma terra de leite e mel tinha a oferecer que a terra fértil do Egito não tinha? Naquela época, o Egito era rico em recursos naturais e na agricultura. A Terra Prometida seria tão melhor assim? Moisés poderia construir uma casa melhor nessa nova terra que o palácio no qual ele já residia? Creio que podemos responder *não* com confiança a essas perguntas.

Então, qual era a recompensa que Moisés buscava? Ele não sabia exatamente no dia em que saiu da casa real, mas sabia que havia mais, muito mais, na verdade. Ele estava a caminho e mais tarde descobriria o que exatamente estava buscando.

Pense nisso deste modo: você ama o clima quente e a praia, e detesta a neve e o frio. Estamos no meio do inverno e você atualmente reside em Vermont. Está vinte graus abaixo de zero e você anseia por aquilo que tanto ama. Então você começa a dirigir para o sul na Interestadual 95, rumo ao calor. Você não sabe exatamente para onde está indo, mas sabe que é muito melhor que congelar na neve. Na metade da viagem, em um posto de gasolina, você nota um folheto com uma foto de Palm Beach, na Flórida. Você sorri e diz a si mesmo: "É isso aí!" Imediatamente, você digita o endereço que está no folheto no seu GPS. Agora você está se dirigindo à praia específica dos seus sonhos.

Isso é semelhante ao que aconteceu com Moisés. Ele saiu do palácio sabendo que havia mais, porém não encontrou a sua recompensa até quarenta anos depois, no interior do deserto em um arbusto onde se encontrou com Deus e teve uma experiência com a Sua presença. Quando isso aconteceu, o GPS interno de Moisés foi firmemente ajustado. A presença de Deus era a sua recompensa, e a prova dessa recompensa viria mais tarde, depois que ele tivesse tirado Israel do Egito.

Recusando a Oferta de Deus

Para Moisés, os tempos eram difíceis e cheios de estresse. O deserto árido pelo qual ele e o povo de Israel viajavam estava cheio de grandes desafios que com frequência só podiam ser aliviados por meio da intervenção divina, a qual muitas vezes parecia demorar. Para piorar as coisas, seu nível nacional de aprovação estava mais em baixa do que nunca. Em meio a esses tempos de turbulência, Deus falou com Moisés:

> *Saia deste lugar, com o povo que você tirou do Egito, e vá para a terra que prometi com juramento a Abraão, a Isaque e a Jacó, dizendo: Eu a darei a seus descendentes. Mandarei à sua frente um anjo e expulsarei os cananeus, os amorreus, os hititas, os ferezeus, os heveus e os jebuseus. Vão para a terra onde há leite e mel com fartura. Mas Eu não irei com vocês...*
> Êxodo 33:1-3 (grifo do autor)

Pense nas circunstâncias que Moisés e o povo enfrentavam todos os dias. Eles não tinham uma variedade de condições — não tinham vales belíssimos, ribeiros, florestas e árvores frutíferas, fontes de água fresca, solo fértil ou pastos para alimentar o gado. Já fazia muito tempo desde que eles haviam visto algum mercado, um *shopping* ou roupas novas. A dieta deles é sempre a mesma: um pão estranho que aparece no chão seis dias por semana e de tempos em tempos codornizes como carne. Para se identificar com eles, tente comer exatamente o mesmo pão, e nada mais, por alguns meses. Você entenderá.

A vida tem sido dura. O cativeiro no Egito era terrível, mas perambular pelo deserto não parece nada melhor. Entretanto, o povo tem uma esperança: a sua própria terra, a terra da promessa — Canaã. Deus lhes havia dito por anos que ela é uma terra rica e fértil, uma terra que flui com abundância. Tudo que eles conheciam era dedicar a sua força e os seus melhores esforços para construir cidades para os egípcios e receber sobras indesejáveis. Logo eles teriam a capacidade de construir lindas casas, vilarejos e cidades próprias — uma nova cultura exclusiva às suas origens, deixando uma herança extraordinária para ser passada para os seus filhos e para os filhos de seus filhos.

Agora Deus instruiu o líder deles, Moisés, a levá-los até essa Terra Prometida. Ele declarou que haveria um anjo poderoso escolhido para guiá-los e protegê-los. Esse anjo guerreiro expulsaria todo e qualquer inimigo. Entretanto, havia um detalhe: o próprio Deus não iria com eles.

Você pode imaginar ouvir essas palavras? O que você e seus ancestrais esperaram por séculos agora está sendo oferecido pelo próprio Deus. Quatrocentos e trinta anos destituídos de um lar, em dificuldades, apenas sobrevivendo e com falta de tudo, agora chegam ao fim com essa oferta. Sem dúvida Moisés aceitará, descerá correndo da montanha e anunciará a grandiosa notícia diante da assembleia nacional. O povo finalmente o enaltecerá como um grande líder e o seu nível de aprovação será o mais alto de todos os tempos. Todos eles celebrarão e iniciarão a jornada rumo à tão esperada promessa.

É exatamente assim que as coisas teriam ocorrido se o *bom* "aceitável" fosse o objetivo em foco. Entretanto, observe a resposta de Moisés à oferta de Deus:

> *"Se a Tua presença não vai comigo, não nos faças subir deste lugar".*
>
> Êxodo 33:15, ARA (grifo do autor)

Como lembrete, onde era *este lugar?* Era o lugar da falta, da adversidade e da dificuldade — *o deserto.* Moisés deu uma resposta que causaria perplexidade e até faria cair o queixo da maioria das pessoas. Em essência, ele declarou: "Se eu tiver de escolher entre a Tua presença e a Tua bênção, ficarei com a Tua presença — ainda que seja em um lugar de falta e dificuldade — em vez de ter a Tua bênção em um ambiente maravilhoso".

Moisés estava delirando? Será que o sol do deserto havia distorcido o seu senso de julgamento? Não. O GPS interno dele estava programado para o que era melhor. Ele o estava direcionando a fazer a melhor escolha, mesmo quando Deus estava lhe oferecendo uma *boa* escolha, uma escolha que o bom senso e as circunstâncias desconfortáveis teriam ditado que ele aceitasse.

O objetivo visado por Moisés — a sua recompensa — era conhecer Deus intimamente. Você nunca pode *conhecer* alguém verdadeiramente a não ser que passe tempo com ele ou na sua presença. Você pode *conhecer a respeito de* alguém na ausência dele ou da sua presença, mas se não passar tempo na presença de uma pessoa, você não pode conhecê-la verdadeira e intimamente. Essa era a maior recompensa de Moisés. Para ele nada tinha maior valor, nada podia dissuadi-lo, nem mesmo uma boa oferta do próprio Deus. Você pode imaginar o prazer que isso proporcionou a Deus?

Você pode questionar: "Por que Deus ficaria satisfeito quando a Sua oferta foi recusada?" Responderei a isso com uma ilustração extraída da minha própria vida.

Lisa e eu estávamos fazendo uma viagem e tínhamos alguns dias livres juntos. Havia um incrível campo de golfe próximo. Amo jogar golfe e experimentar ótimos campos. Alguns amigos me convidaram para jogar naquele campo, mas eu só tinha alguns dias para estar com Lisa.

Minha incrível esposa disse sinceramente:

— John, vá jogar.

Respondi:

— Não, querida, prefiro passar esse tempo com você.

Aqueles poucos dias acabaram sendo maravilhosos. O prazer de Lisa por eu a ter escolhido em vez do golfe definiu essa qualidade, porque ela sabe o quanto eu amo o golfe e passar tempo com os meus amigos. Lisa fez a oferta, ela foi sincera e não teria mudado de ideia se eu tivesse aceitado. Entretanto, no fundo de seu coração, ela secretamente esperava que eu a escolhesse e não ao golfe.

Esse é o mesmo princípio revelado com Moisés. Deus lhe fez uma oferta, uma oferta que o Senhor estava disposto a apoiar. Ele enviaria um anjo que levaria Moisés e o povo em segurança até a terra da promessa. Entretanto, aquela viagem seria sem a presença de Deus. Creio que Deus fez a oferta sincera com o desejo não pronunciado de que Moisés preferisse a Ele acima do alívio imediato do deserto e de uma vida mais fácil em uma terra rica e bela.

Moisés declarou duas coisas ao recusar a oferta de Deus. Primeiro e antes de tudo, ele deixou claro que aquele tempo na presença de Deus era mais valioso que o tempo desfrutando a Sua bênção, mas longe da Sua presença. Segundo, ficou evidente que Moisés acreditava na integridade perfeita de Deus. Embora a entrada na Terra Prometida ficasse em compasso de espera, Moisés sabia que Deus finalmente levaria Israel para lá. Ele sabia que Deus cumpriria a Sua Palavra. Se o GPS interno de Moisés não tivesse sido programado corretamente, diante daquelas circunstâncias, ele certamente teria feito uma escolha diferente.

Programando o GPS

O que originalmente estimulou Moisés a programar o seu GPS interno dessa maneira quando todos os outros israelitas eram tão diferentes em suas motivações? Uma breve olhada nas escolhas anteriores e nos padrões de comportamento revela a resposta.

Uma pergunta que faço periodicamente a uma audiência é: "Para que destino Moisés se dirigia quando conduziu Israel para fora do Egito?"

Todas as vezes, a maioria responde: "A Terra Prometida".

Isso está correto? Repetidamente, quando Moisés comparecia diante de Faraó, ele dizia estas palavras de Deus ao rei do Egito: "*Deixe ir o meu povo, para prestar-me culto* no deserto" (Êx 7:16; grifo do autor; ver também Êxodo 5:1; 8:1, 20; 9:1, 13; 10:3). Por sete vezes, quando disse a Faraó para onde Israel iria, Moisés associou a adoração ao deserto. Nenhuma vez a Terra Prometida é mencionada.

O objetivo de Moisés era conduzir o povo para encontrar e adorar a Deus no deserto do Sinai. Por que ele iria querer tirá-los do Egito direto para a *Terra Prometida* antes de primeiramente levá-los ao *Deus da Promessa*? Isso teria promovido as promessas acima da presença de Deus e encorajado uma programação incorreta do GPS.

Infelizmente, os pastores e mestres dos nossos dias têm promovido a opção das promessas. Lembro-me de que nos anos 80 e 90 eu ouvia muito mais sobre o que Jesus faria por nós em vez de ouvir a respeito de quem Ele é. Esse tipo de ensinamento produziu discípulos que programaram o seu GPS interno para as bênçãos de Deus e não para a Sua presença. Isso não é diferente de uma mulher se casar com um homem pela sua riqueza. Ela pode amá-lo, mas faz isso pelos motivos errados.

Vejo um contraste incrível entre Israel e Moisés. Se você considerar a vida do Israel no Egito, eles eram duramente abusados, para dizer o mínimo. Eles viviam em favelas, comiam comida mofada e usavam roupas surradas. Sua vida inteira era passada construindo a herança de outros. Eles tinham cicatrizes nas costas dos chicotes do feitor e seus filhos eram mortos pelos militares de Faraó.

Israel foi milagrosamente liberto do cativeiro egípcio, mas depois de apenas um curto espaço de tempo na expedição no deserto, eles reclamavam sem parar e afirmavam o seu desejo de voltar ao Egito. Faziam comentários do tipo: *"Não seria melhor voltar para o Egito?"* (Nm 14:3), e *"Antes ser escravos dos egípcios do que morrer no deserto!"* (Êx 14:12).

Agora considere o estilo de vida egípcio confortável e esbanjador de Moisés, como descrevi anteriormente. Ele também deixou o Egito e de modo semelhante ficou sob as mesmas condições duras do deserto, porém nem por uma vez reclamou ou falou em voltar para o Egito! Por quê? A resposta é simples. Moisés teve um encontro com a presença de Deus na sarça ardente. Ele foi privilegiado em ouvir a Palavra de Deus diretamente do Criador. Israel teve uma oportunidade similar, mas recuou. Deixe-me explicar.

"Eu os Trouxe para Junto de Mim"

Uma vez fora do Egito, Moisés levou a nação até o monte Sinai, o mesmo local onde ele se encontrara com Deus na sarça. Quando eles chegaram, Deus instruiu Moisés para dizer ao povo:

> *Vocês viram o que fiz ao Egito e como os transportei sobre asas de águias* e os trouxe para junto de Mim.
> Êxodo 19:4 (grifos do autor)

Veja as palavras Dele: *"Eu os trouxe para junto de Mim"*. Reflita nessa declaração. É incrível quando você pensa em seu verdadeiro significado. Deus, o Criador do universo, deixou claro que o principal propósito de tirar Israel do cativeiro egípcio era levar todos eles para Ele. O Senhor estava em busca de um relacionamento pessoal e íntimo com eles.

Precisamos nos lembrar de que Deus é relacional e tem o coração de um Pai. Ele sempre tem e sempre terá esse coração Ele ansiava por conhecer os Seus filhos como um pai ou mãe anseia por desenvolver um relacionamento com o seu filho recém-nascido.

Deus se revelou a Moisés na sarça. Ele deu a Moisés o privilégio de experimentar a Sua presença. Aquela única experiência havia criado tamanho apetite em Moisés que ele nunca teve qualquer interesse em voltar ao Egito, por melhor que tivesse sido o seu estilo de vida ali. Esse encontro o influenciou significativamente e programou definitivamente o seu GPS interno.

Moisés queria que Israel experimentasse o que ele havia experimentado, mas o que é impressionante é que Deus também desejava isso. Ele já passara um tempo com Moisés na sarça, então Moisés podia apresentar Deus ao povo e o povo a Deus.

Pense nisso deste modo: existem três pessoas, chamadas Jordan, Abigail e Susan. Se Jordan e Abigail se encontraram e Jordan e Susan se conhecem, Jordan é aquele que apresentará Abigail a Susan. Moisés encontrara e passara tempo com Deus. Ele também havia passado tempo com Israel. Portanto, ele seria aquele que poderia facilitar o encontro entre Deus e o povo. Deus disse a Moisés para preparar a apresentação com esta mensagem:

> *"... vocês são especiais: um reino de sacerdotes e uma nação santa. Quero que você diga isso ao povo de Israel".*
>
> Êxodo 19:5-6 (*A Mensagem*)

Todos eles eram especiais para Deus, e Ele desejava que todos eles fossem sacerdotes — pessoas que poderiam se aproximar Dele diretamente em nome deles mesmos ou de outros. Em essência, Deus estava oferecendo a eles uma amizade íntima. Que privilégio! Então Deus disse:

> *"Vá ao encontro do povo. Nos próximos dias, prepare o povo para se encontrar com o Eterno, que é santo. Eles precisam lavar suas roupas, para que estejam preparados no terceiro dia, pois o Eterno descerá sobre o monte Sinai no terceiro dia, e Sua presença será conhecida por todo o povo".*
>
> Êxodo 19:10-11 (*A Mensagem*, grifo do autor)

Deus realmente desceu sobre a montanha no terceiro dia, mas a reação do povo foi de partir o coração. Eles recuaram em vez de se aproximarem Dele. Eles clamaram a Moisés: *"Fala tu mesmo conosco, e ouviremos. Mas que Deus não fale conosco, para que não morramos"* (Êx 20:19).

O povo de Israel não conseguiu lidar com a presença de Deus *porque eles ainda tinham o Egito no coração*. Eles ainda amavam os seus próprios interesses acima dos Dele. Conhecê-Lo intimamente não era uma prioridade. A Sua presença manifesta simplesmente expôs a programação do GPS interno deles, e eles não estavam dispostos a mudá-la.

Veja novamente as instruções de Deus, que incluíam uma ordem para que eles lavassem as suas vestes. Qual é o sentido disso? Deus é paranoico com higiene pessoal? Para encontrar a resposta, precisamos nos lembrar de que muitas vezes, no Antigo Testamento, os atos externos queriam transmitir realidades espirituais. A imundície do Egito ainda estava entranhada nas vestes do povo. Ela precisava ser removida antes que o povo pudesse entrar na presença santa de Deus.

O Egito simbolizava o sistema caído deste mundo. As pessoas deste mundo viviam para os desejos da carne, a gratificação dos olhos e para o *status*, a reputação e a proeminência — "*a soberba da vida*" (ver 1 João 2:16, ACF). Conhecer a Deus não era o foco. Em vez disso, "Como posso me beneficiar?" era a ênfase.

Deus Não Está Procurando por Caçadores de Fortunas

Muitas vezes, quando viajo, observo um homem rico e mais velho com uma mulher de aparência estonteante e que é aproximadamente quinze a vinte e cinco anos mais jovem do que ele. Com muita frequência, o homem está fora de forma e poderia ser confundido com o pai dela. Por que ela está vivendo com ele ou está casada com ele?

Em raros casos, os dois estão verdadeiramente apaixonados. Entretanto, o mais comum é que não se trata disso — a mulher é o que conhecemos como uma "caçadora de fortunas". Essa é uma gíria ou um termo depreciativo usado para uma jovem que não está interessada em um homem por quem ele é, mas pelo estilo de vida que ele pode oferecer. Ela quer ter acesso à riqueza e à influência dele. Entretanto, isso não é unilateral, pois o interesse principal do homem não é ela, mas o que ela pode fazer pela personalidade egocêntrica dele. Ele quer projetar uma imagem de ainda ser jovem e estar "em dia" e, é claro, de desfrutar de uma vida sexual incrível.

Resumindo, cada um busca egoistamente o que o outro pode oferecer em vez de se importar genuinamente com a outra pessoa. Em algum nível, cada um sabe o que o outro está fazendo, mas tolera isso para continuar a satisfazer a própria luxúria e orgulho. Um relacionamento duradouro não é o fator motivador; em vez disso, é a gratificação egocêntrica.

Recentemente, minha esposa e eu estávamos em uma loja de móveis e de acessórios para o lar. Além da vendedora, o único outro casal na loja era um homem idoso e uma jovem. Em princípio pensei que fossem pai e filha, mas ouvindo a conversa deles com a vendedora, descobri que não se tratava disso. Era um casal fazendo compras para a casa que haviam acabado de adquirir.

Estivemos na loja com eles por mais de vinte minutos, o que me deu bastante tempo para observá-los. Minha atenção foi capturada pela interação tensa e superficial entre eles. Era óbvio que eles tinham pouco em comum e possuíam interesses completamente diferentes. A ausência de amor e alegria em suas vidas era evidente. Ela mal podia olhar nos olhos dele e tinha um semblante contrariado. Ela estava usando roupas extremamente justas e muita maquiagem. Ele se comportava como um jovem descolado e agia como um esbanjador. Ele deixava claro pela maneira como falava com a vendedora que dinheiro não era problema para ele.

Ver aquele casal me fez perceber o quanto o meu relacionamento com Lisa é especial. Eu me importo muito com ela, e isso não se baseia na sua aparência física, embora ela seja linda. Lisa se importa muito comigo. Somos os melhores amigos um do outro e amamos passar tempo juntos. Senti pena do casal na loja por causa da óbvia falta de amor no relacionamento deles. Não digo isso para julgá-los; minha esperança é que eles cresçam em amor um pelo outro e desfrutem a companhia um do outro. Entretanto, não é o que normalmente acontece, porque o relacionamento está alicerçado no fundamento errado.

O povo de Israel carregava esse tipo de imundície relacional do Egito, e Deus não desejava algo superficial. Ele deseja relacionamentos autênticos e não "caçadores de fortunas". A motivação do mundo, que ainda estava entranhada no coração dos israelitas, não é capaz de produzir relacionamentos genuínos, uma vez que os seus motivos são egocêntricos. Israel só podia conhecer a Deus se eles se purificassem dessa imundície.

Entretanto, Israel não conseguiu se livrar dos seus desejos como Moisés o fez. A paixão dele era por um relacionamento genuíno com Deus. Israel queria benefícios de Deus. Simples assim.

E Hoje?

Agora estamos no tempo do Novo Testamento, e será que alguma coisa mudou? Alguém pode carregar a imundície do mundo em seu coração e ainda ter um relacionamento genuíno com Deus? A graça de Jesus Cristo pode erradicar a necessidade de nos purificarmos da imundície do mundo? Um conjunto de passagens bíblicas raramente enfatizadas hoje em dia dá testemunho disso:

> *Como disse Deus: "Habitarei com eles e entre eles andarei; serei o seu Deus, e eles serão o Meu povo". Portanto, "saiam do meio deles e separem-se", diz o Senhor. "Não toquem em coisas impuras, e Eu os receberei e lhes serei Pai, e vocês serão Meus filhos e Minhas filhas", diz o Senhor Todo-Poderoso.*
> *Amados, visto que temos essas promessas, purifiquemo-nos de tudo o que contamina o corpo e o espírito, aperfeiçoando a santidade no temor de Deus.*
>
> 2 Coríntios 6:16–7:1

Há muito a extrair desses poucos versículos. Primeiro, observe as palavras *"como disse Deus"*. Quando Deus afirmou essas palavras pela primeira vez e qual era o contexto? Paulo está citando a declaração do Senhor a Moisés no monte da Sua presença:

> *Eu Me mudarei para lá e habitarei com os israelitas. Serei o Deus deles. E eles saberão que Eu sou o Eterno, que os tirou da terra do Egito para que pudesse habitar com eles.*
>
> Êxodo 29:45-46 (*A Mensagem*)

Deus repetiu o que dissera em Êxodo 19: o Seu desejo de um relacionamento autêntico. Essa era a Sua busca, mas Israel não foi recíproco no mesmo desejo. Apenas alguns indivíduos, como Moisés, Davi, Daniel, Isaías e um punhado de outros, podiam ter um relacionamento íntimo com Ele, porque eles optaram por se livrar das motivações de autogratificação do mundo. Agora, Paulo usa essas mesmas exatas palavras para se dirigir a nós, aqueles que foram lavados pelo sangue de Jesus Cristo e salvos pela graça de Deus.

Mais uma vez nos é dito: *"Habitarei com eles e entre eles andarei. Serei o seu Deus, e eles serão o Meu povo... Não toquem em coisas impuras do mundo, e Eu os receberei"*. Essas palavras não são diferentes do que Deus falou a Israel, mas agora Ele está expressando-as a um novo povo: *nós*. O Seu desejo por intimidade não mudou, mas isso não pode acontecer se ainda tivermos a imundície do mundo em nossas vestes. Ele nos recebe em um relacionamento de intimidade, mas isso não é incondicional. Mais uma vez, Ele torna conhecido o Seu desprezo por um relacionamento com "caçadores de fortunas".

Deus não está cego para os nossos motivos internos. Ele nos diz para nos purificarmos de toda imundície, não apenas da carne, mas também do coração e do espírito. Ele sabe se temos a imundície do Egito em nossas vestes (viver para a autogratificação) ou se, como Moisés, buscamos os desejos Dele acima dos nossos. Portanto, assim como Moisés instruiu Israel a purificar as suas vestes para encontrar Deus e ter um relacionamento íntimo com Ele, também o apóstolo Paulo nos diz: *"Purifiquemo-nos de tudo o que contamina o corpo e o espírito, aperfeiçoando a santidade no temor de Deus"*. Purificar-nos da imundície do sistema deste mundo garante que o nosso GPS interno não estará comprometido nem escolherá o que é bom em vez do que é melhor.

Para manter a programação mais benéfica do nosso GPS interno — rumo a um relacionamento íntimo com Deus — parece que a palavra *santidade* é o fator-chave. Nos capítulos seguintes vamos desvendar essa realidade empolgante.

7

ELE TEM ZELO POR NÓS

*"Com quem vocês vão Me comparar? Quem se
assemelha a Mim?", pergunta o Santo. Ergam os
olhos e olhem para as alturas. Quem criou as
estrelas?... A todas chama pelo nome. Tão grande
é o Seu poder e tão imensa a Sua força,
que nenhuma delas deixa de comparecer!*
— ISAÍAS 40:25-26

*O seu Senhor tem muitos ciúmes do seu amor,
ó crente. Ele escolheu você? Ele não pode
suportar que você escolha outro.*
— CHARLES SPURGEON

Não há nada mais gratificante e benéfico do que estar na presença de Deus. Reflita nisto por um instante: não é apenas estar na companhia de um atleta extraordinário, de um cientista de renome, de um artista famoso, de uma celebridade popular ou de um líder mundial poderoso, mas do Criador de tudo que é visível e invisível. Ele é Aquele que imaginou e trouxe à existência um universo tão vasto que as mentes humanas não podem compreender a sua amplidão, no entanto, ele é tão detalhado, que pequenos e complexos átomos são os elementos fundamentais de toda vida e matéria física. Esses átomos são tão diminutos que, como mencionado em um capítulo anterior, seriam necessários bilhões deles para formar uma linha de três centímetros. Até mesmo depois de uma pesquisa extensa, os cientistas ainda não os compreendem completamente.

Não existe absolutamente nenhuma sabedoria, conhecimento ou entendimento benéfico de qualquer espécie fora de Deus. Não há nada que Ele precise aprender, porque Ele verdadeiramente sabe tudo — até o fim desde o começo. Poderosos seres angelicais estão diante Dele continuamente, cobrindo as suas faces e clamando em assombro diante da revelação progressiva de Quem Ele é. Não é de admirar que os homens e mulheres mais sábios das gerações passadas tenham perseguido o privilégio de desfrutar da Sua companhia.

É incrível que qualquer ser humano possa estar na presença de um Ser como esse. O que é ainda mais impressionante é que Ele deseja a nossa presença ainda mais do que nós desejamos a Dele. O apóstolo Tiago afirma:

> Ou supondes que em vão afirma a Escritura: É com ciúme que por nós anseia o Espírito, que Ele fez habitar em nós?
> Tiago 4:5 (ARA, grifo do autor)

O verbo *ansiar* significa ter uma aspiração ou desejo intenso por alguma coisa. Quando penso nessa Pessoa magnífica ansiando por mim, concordo com o que Davi disse: *"Como são preciosos para mim os Teus pensamentos, ó Deus! Como é grande a soma deles! Se eu os contasse, seriam mais do que os grãos de areia"* (Sl 139:17-18). Davi estava falando dos pensamentos de Deus com relação a você e a mim como pessoas, e não para todo o Seu povo coletivamente. Os pensamentos Dele sobre você excedem todos os grãos de areia deste planeta! Pense em toda a areia de cada praia, deserto, campo de golfe e parque infantil. Isso é muita areia — e muitos pensamentos.

Permita-me colocar isso em perspectiva. Sou profundamente apaixonado por minha esposa. Estamos casados há mais de trinta anos. Tive muitos pensamentos afetuosos a respeito dela — inúmeros, na verdade. Entretanto, se eu pudesse contar cada pensamento que tive nas últimas três décadas, não encheria sequer uma caixa de sapatos de areia, pois os cientistas calculam que há uma média de 63 bilhões de grãos de areia em um metro cúbico de praia!

Vamos analisar isso um pouco mais. Você já encontrou uma pessoa exagerada? Talvez um pescador. Você sabe como é. Ele declara: "Peguei um peixe deste tamanho!" — enquanto abre os braços para ilustrar o tamanho do monstro que fisgou. Mas se você tivesse realmente visto o peixe, saberia que ele é significativamente menor.

Ou que tal o cara que tira estatísticas do nada, enfeitando um número para defender o seu ponto de vista. Ele anuncia ousadamente: "Noventa e nove por cento de todos os homens não gostam de filmes melosos". Ele nunca viu nenhuma pesquisa ou estatística oficial, mas exagera para justificar o seu desdém por esse gênero de filme.

E quanto à pessoa que diz: "Estou orando por você", porém a verdade é que ela pode ter orado uma vez — e isso sem muito entusiasmo. Estou supondo que todos exageram aqui e ali, mas vamos ser sinceros: um exagero é uma mentira. Mas eis uma verdade incrível: Deus não pode mentir! (Ver Números 23:19 e Tito 1:2). Se Deus mentisse, Ele teria de se submeter ao "pai da mentira", que é satanás — e isso nunca acontecerá.

Se Deus afirma que os Seus pensamentos a seu respeito excedem em número todos os grãos de areia deste planeta, você pode apostar nisso.

Você consegue compreender o quanto Ele pensa em você? Considere a sua própria vida com relação aos seus pensamentos. Você pensa excessivamente em alguém de quem não deseja estar perto ou com quem não deseja estar? Ele também não! O Espírito de Deus que habita em nós *anseia* — anela e deseja a nossa companhia ardentemente. Resumindo, Deus quer conhecer você intimamente, como um amigo muito íntimo.

Os Ciúmes de Deus

Vamos observar novamente as palavras de Tiago: "*Ou supondes que em vão afirma a Escritura: É com* ciúme *que por nós anseia o Espírito...?*" A palavra-chave é *ciúme*. Qual é o sentido aqui? Permita-me ilustrar. Minha esposa seria íntima de mim — compartilharia os seus segredos, os seus anseios e os desejos do seu coração — se eu estivesse buscando um relacionamento com outra mulher? De modo algum! Se olharmos esse versículo no contexto, as palavras que vêm imediatamente antes dessa declaração dizem:

> *Adúlteros, vocês não sabem que a amizade com o mundo é inimizade com Deus?*
>
> Tiago 4:4

A essência disto é: "Você está buscando ter amizade com o mundo? Nesse caso, você é um adúltero!"

Tiago estava escrevendo apenas para cristãos, pois quinze vezes neste livro ele diz *"meus irmãos"*. A declaração do apóstolo está claramente voltada para aqueles que têm um relacionamento com Deus, que receberam Cristo Jesus em suas vidas. Eis a verdade: cometemos adultério contra Deus quando cortejamos o mundo.

Continuando com a minha ilustração, se eu fosse buscar um relacionamento com outra mulher, Lisa não apenas não iria querer compartilhar a sua intimidade comigo como também ficaria furiosa e com ciúmes — e com razão. Eu assumi o compromisso de ser dela e somente dela. Teria quebrado a minha promessa e ainda por cima mentido.

Tiago inicia essa afirmação com: *"Ou supondes que em vão afirma a Escritura...".* Na verdade, ele estava se referindo a muitas passagens da Bíblia, e não a apenas uma. Deus declara repetidamente acerca de Si mesmo:

> *"... Eu, o Senhor, o teu Deus, sou Deus zeloso..."*
>
> Êxodo 20:5

> *"Nunca adore nenhum outro deus, porque o Senhor, cujo nome é Zeloso, é de fato Deus zeloso."*
>
> Êxodo 34:14

> *"Com o Eterno não se brinca — Ele é como fogo consumidor, um Deus zeloso."*
>
> Deuteronômio 4:24 (*A Mensagem*)

Existem muitos outros versículos referindo-se aos ciúmes (ou zelo) de Deus. O ponto principal é este: todos eles tratam do nosso relacionamento com Ele.

Antes de prosseguir, permita-me esclarecer: Deus não está dizendo que Ele tem ciúmes *de você*, Ele tem zelo *por você*. Há uma enorme diferença.

Ele deseja o seu sucesso. Ele quer que você seja grande, Ele tem prazer que você tenha abundância, e a vontade Dele é que você seja produtivo (ver Josué 1:8; Provérbios 4:8; Mateus 25:29; e João 15:8). Os ciúmes Dele se referem unicamente ao Seu desejo de estar próximo de você. Ele não está disposto a compartilhá-lo com outro amor, o que representa principalmente o mundo. Tiago estava simplesmente lembrando aos crentes como Deus vê a infidelidade. Se cometermos adultério contra Ele, a Sua ira arderá em ciúmes. Isso não é uma coisa banal.

Mas a ira não é a única emoção causada pela infidelidade em um relacionamento de aliança. Com muita frequência tenho ouvido cônjuges de coração partido me contarem a respeito do choque, da decepção, da confusão, da dor e da indignação que surgem dentro deles. Eles foram definitivamente abandonados e traídos por aqueles a quem entregaram as suas vidas, e essa gama de sentimentos os atinge nos pontos mais profundos de suas almas. Já ouvi esposas em total confusão clamarem: "Por que meu marido faria isto quando dei filhos a ele e lhe dei os melhores anos da minha vida?"

Você pode imaginar como Deus se sente? Você pode imaginar as emoções que explodem através da Sua alma quando somos infiéis? Paulo escreve: "*O zelo que tenho por vocês é um zelo que vem de Deus*" (2 Co 11:2).

Paulo, falando em nome de Deus, reflete os sentimentos de Deus por nós quando buscamos alguém ou alguma coisa em Seu lugar. Jeremias faz o mesmo: "*A tristeza tomou conta de mim; o meu coração desfalece*" (Jr 8:18). Precisamos lembrar que fomos criados à Sua imagem, portanto, assim como nós sentimos, Deus sente!

Deus tem ciúmes porque entregou a Sua vida por nós. Ele sacrificou tudo para tornar possível um relacionamento duradouro. O Seu coração e a Sua alma ficam profundamente irados e tristes quando somos infiéis a Ele. Observe as Suas palavras:

> *Mas o meu povo já há muitos anos se esqueceu de Mim... Como você planeja bem para conquistar os seus amantes! Você seria capaz de ensinar isso à prostituta mais experiente... Apesar de tudo isso ainda diz: "Eu sou inocente; não fiz nada para deixar Deus zangado..."*
>
> Jeremias 2:32, 33-35 (ABV)

Com muita frequência, não temos consciência de que estamos cometendo adultério contra Ele, muito menos da gravidade da nossa infidelidade. É preciso que a verdade abra os nossos olhos. Nossos corações ficam insensíveis ao Seu coração partido e à Sua alma sofredora. Deus pergunta: *"Ficarão eles envergonhados da sua conduta detestável? Não, eles não sentem vergonha alguma, nem mesmo sabem corar"* (Jr 6:15)! Assim como Jeremias e outros tiveram de apontar as infidelidades de Israel, Paulo e Tiago fizeram o mesmo no Novo Testamento.

O Mundo

Continuando a destrinchar a declaração crucial de Tiago, as palavras gregas para *amigo* e *amizade* são *philos* e *philia*, respectivamente. Algumas das palavras usadas para definir *philos* são "afeto, amigável, associar-se"; e *philia* é definida como "um amigo" ou "fazer amizade". W. E. Vines afirma em seu dicionário abrangente: "Envolve a ideia de amar assim como ser amado". Pense nisso à luz das palavras de Jesus:

> *"Se vocês pertencessem ao mundo, ele os amaria como se fossem dele. Todavia, vocês não são do mundo, mas Eu os escolhi, tirando-os do mundo; por isso o mundo os odeia".*
>
> João 15:19 (grifos do autor)

Você não pertence mais ao mundo, embora tenha pertencido a ele um dia. Agora você pertence a Deus. A antiga pessoa que vivia no seu corpo morreu no instante em que você se entregou a Jesus. Uma criatura totalmente nova surgiu. Você renasceu como alguém que está em um relacionamento de aliança com Deus.

Jesus afirmou que a verdadeira marca de alguém que pertence a Ele é ser odiado pelo mundo. Pergunte sinceramente a si mesmo: "Sou odiado pelo mundo?" Os cristãos que você conhece são odiados pelo mundo? Se somos, então como podemos viver, agir e ser frutíferos no mundo? Como podemos alcançar o mundo? Não influenciaríamos os perdidos com mais eficácia se o mundo nos amasse? Essas perguntas difíceis precisam ser feitas, e trataremos delas nos capítulos seguintes.

O apóstolo João aborda o lado oposto da afirmação de Jesus. Ele nos ordena ousadamente: *"Não amem o mundo nem o que nele há. Se alguém ama o mundo, o amor do Pai não está nele"* (1 Jo 2:15).

Jesus, Tiago e João, todos usaram uma linguagem forte com relação a uma pessoa que tem um relacionamento com Deus e que está ligada ao mundo e vice-versa. Eles ligaram os conceitos de *amizade, amor ao mundo* e *o mundo nos amar* a termos como *adultério, ódio, inimizade* e *o amor de Deus não estar em nós.* Antes de continuar a comentar essas declarações confrontadoras e o que a amizade com o mundo significa, devemos primeiramente estabelecer o que é o mundo.

A palavra grega para *mundo* é *kosmos*. Ela é definida como "o mundo presente, a ordem atual das coisas em oposição ao Reino de Cristo e, por conseguinte, sempre com a ideia de transitoriedade, desvalorização e... desejos irregulares".[9] Vamos discutir cada um desses termos.

Transitório, a palavra raiz de *transitoriedade*, significa "não duradouro, durável ou permanente". Se fôssemos recuar para observar a nossa sociedade ao longo do tempo, veríamos que ela está em constante mudança. A mudança, em sua maior parte, é boa; significa progresso, desenvolvimento e crescimento. Entretanto, a mudança moral com frequência se desvia para longe do que é autenticamente bom para Deus.

Em nossa sociedade, *o que é moralmente aceitável e comum hoje frequentemente era incomum e visto como moral e socialmente errado ontem.* Para ilustrar, vamos ver uma tendência óbvia. Veja um filme típico classificado como "Livre". As multidões fazem fila em frente ao cinema para o lançamento. No entanto, na maioria dos casos, esse filme estará cheio de imoralidade. Ele retratará fornicação, homossexualismo ou adultério livremente. Muitas vezes, incluirá indecência, roubo, assassinato e até feitiçaria. E não são os personagens "maus" da história que seguem esses padrões de comportamento, mas os heróis e seus companheiros. Com frequência, o diálogo está cheio de palavras profanas, inclusive de frases em que o nome de Deus é usado em vão.

Passamos a simplesmente aceitar, e até a esperar isso, em muitos filmes. Entretanto, se esse mesmo filme fosse mostrado nos cinemas nos anos 50, as plateias em geral teriam ficado horrorizadas! Os norte-americanos teriam ficado enfurecidos com a linguagem suja, a nudez e a exibição de imoralidade escancarada. O clamor nacional teria sido: "Por que este filme retrata duas pessoas não casadas vivendo juntas — e até mostrando-as juntas na cama — como algo aceitável? Por que isto é retratado como um estilo de vida normal? Inacreditável! Vergonhoso! Escandaloso!" Então o público em geral teria boicotado o filme.

E, então, o que aconteceu? Deus introduziu um novo padrão do que é normal, aceitável e bom? As linhas dos limites mudaram? Ficamos mais maduros? Será que éramos rígidos demais nos anos 50? Isso é progresso?

Se olharmos as estatísticas da vida real, descobriremos que a mudança drástica nos filmes é apenas um reflexo dos padrões morais em mutação da sociedade. Um estudo recente mostrou que o número de mulheres jovens vivendo com os seus namorados mais do que triplicou desde 1982.[10] O *US News & World Report* relatou que entre os anos de 2006 e 2010, quase metade das mulheres (48%) entre a idade de quinze anos e quarenta e quatro anos viviam com um parceiro antes de se casarem, um salto de 11% desde 2002 e de 41% desde 1995.[11] Eu poderia continuar apresentando essas estatísticas com relação à nossa cultura *transitória*, mas esse não é o meu foco aqui.

O mundo também promove a *desvalorização*. Há desenvolvimentos e mudanças que ocorrem em nossa sociedade que são valiosos. Os avanços que experimentamos na ciência, na tecnologia, nas comunicações, na medicina, e assim por diante, são úteis à humanidade aumentando a nossa capacidade de ser produtivos. Isso está alinhado com a primeira ordem de Deus de "*sejam férteis e multipliquem-se*" (Gn 1:22).

Entretanto, as nossas mudanças morais agregam valor? Ou elas se fundamentam na ganância, na luxúria ou no *status*? Aperfeiçoamos a criação de uma criança sujeitando-a a ser criada por duas mulheres ou por dois homens que declaram viver um casamento? Esse arranjo é melhor para a criança do que uma mãe cuidadosa e um pai masculino, ou essa mudança foi feita para satisfazer *desejos irregulares* (a última característica da nossa definição de *kosmos*?)

Um homem e uma mulher que decidem viver juntos em vez de se comprometerem em casamento, estão promovendo a segurança para os filhos, ou esse arranjo busca satisfazer os desejos egocêntricos dos pais e a falta de compromisso dos mesmos? Manipular a verdade e usar técnicas enganosas para aumentar as vendas beneficia o cliente ou satisfaz a ganância do vendedor? A maconha recreativa legalizada melhora a atividade cerebral? Os estudos científicos publicados não relatam geralmente a diminuição das células cerebrais resultante do uso dessa droga? Algum desses *desejos irregulares* comuns nos aproxima mais do nosso Criador?

A Bíblia nos diz que o curso do mundo é determinado por espíritos rebeldes que operam ardilosamente por meio dos cidadãos da nossa geração (ver Efésios 2:2). Resumindo, o *kosmos* é a cultura que é criada por mentes obscurecidas. O apóstolo João não deixa dúvida quando escreve: "... *o mundo todo está sob o poder do maligno*" (1 Jo 5:19). O mundo se desvia progressivamente cada vez mais do coração e da autoridade de Deus. Em sua maior parte, a sua aparência não é claramente contrária ou má; as suas mudanças são mascaradas de *progresso* ou *bem*. Mas a triste verdade é que o mundo seduz os seus habitantes a se afastarem do coração do seu Criador.

A *New International Encyclopedia of Bible Words* (Nova enciclopédia internacional de palavras da Bíblia) aprofunda ainda mais a nossa definição: "Seguir os padrões do mundo não é uma questão de se envolver nessas práticas que alguns questionam. É adotar impensadamente as perspectivas, os valores e as atitudes da nossa cultura, sem submetê-los ao julgamento da Palavra de Deus".[12] Resumindo, com o mundanismo, somos a fonte para estabelecer o padrão do que é considerado bem e mal. As perspectivas, os valores e as atitudes que definem as normas estão enraizados na satisfação da carne, na gratificação dos olhos e no anseio por *status*, reputação e proeminência:

> *Não amem o mundo nem o que nele há. Se alguém ama o mundo, o amor do Pai não está nele. Pois tudo o que há no mundo — a cobiça da carne, a cobiça dos olhos e a ostentação dos bens — não provém do Pai, mas do mundo.*
>
> 1 João 2:15-16 (grifo do autor)

Observe as palavras "*tudo o que há no mundo*". Isso resume como detectar a influência do mundo — ou, em concordância com as palavras de Tiago, como visualizar os adúlteros que procuram por você.

Por favor, ouça-me, caro seguidor de Cristo: *o mundo está procurando por você*. O convite do mundo para um relacionamento é com muita frequência acompanhado de uma fala sedutora, de uma lógica sedutora, de oportunidades sedutoras, de um poder sedutor, de uma notoriedade sedutora e — invariavelmente — promessas de ganho e/ou prazer pessoal. Isso não é diferente da abordagem sedutora da serpente para com Eva. Não é diferente de uma mulher adúltera que cobiça o homem do seu desejo. Ela faz parecer que tudo se resume a ele, quando na verdade, tudo se resume à teia dela. Essa teia aprisiona secretamente a vítima que é o seu alvo para que ela possa realizar o seu desejo nele.

A teia do mundo prende veladamente as suas vítimas — aqueles que professam o Cristianismo — para que ele possa realizar o seu desejo de atrair os crentes para longe da presença, da vida e das bênçãos de Deus. O escritor de Provérbios declarou abertamente que o mundo é o caminho mais curto para a morte, a estrada que conduz ao inferno. O escritor adverte que *muitos homens e mulheres fortes foram mortos pelo seu poder de sedução* (ver Provérbios 7:21-27).

O Que o Mundo Não É

No que se refere a definir o mundo, foi dada muita ênfase à forma e pouca à motivação. O meu coração se entristeceu quando ouvi a respeito dos processos mentais de crentes sinceros que foram criados no *legalismo* ou que estão atualmente aprisionados nele. O legalismo é abordado com frequência e muitas vezes usado de forma imprecisa, portanto, antes de continuar, vamos defini-lo. O dicionário define *legalismo* como uma "adesão restrita... à prescrição da lei, principalmente ao pé da letra e não segundo o espírito". É definido ainda como "o julgamento da conduta em termos de adesão às leis precisas".

Muitos de nós ouvimos as histórias terríveis que acompanham essa forma sem vida de Cristianismo. Pastores fazem afirmações enfáticas dos púlpitos, declarando regulamentos e regras a serem observados e obedecidos estritamente. Rotulam as mulheres de mundanas se elas usarem calças, roupas da moda, joias, maquiagem, *piercings* ou cabelos curtos, modelados ou coloridos. Os homens não escapam dos seus sermões também: as modas da época são examinadas de perto, juntamente com os *piercings* e o comprimento do cabelo.

E a coisa não para por aí. A condenação é administrada quando são vistos em festas com pecadores. Aqueles que frequentam cinemas ou outros eventos de entretenimento são criticados. Os amigos que não pertencem aos círculos aceitáveis recebem olhares reprovadores, e qualquer tentativa de alcançar os perdidos de forma criativa em geral é rotulada como apostasia ou desvio da fé. Incluídos na lista do que não se pode fazer estão dançar, frequentar certas funções sociais, todas as formas de música secular, o uso de televisão, o uso de técnicas para alterar o ambiente como luzes ou máquinas de fumaça na igreja — e essa é apenas uma curta lista dos regulamentos exigidos para "seguir a Jesus e ficar livre do mundo".

Enumerei apenas alguns dos alvos óbvios dos legalistas; entretanto, há formas mais sutis de legalismo que são igualmente perigosas. São critérios impostos — e muitas vezes impostos pela própria pessoa a si mesma — aos quais as pessoas seguem estritamente a fim de ganhar a salvação, crescer espiritualmente ou julgar as aparências externas dos outros. Uma amostra delas inclui orar por longas horas, jejuar ou ler partes prescritas da Bíblia diariamente. É claro que essas práticas trazem benefícios por si só, mas não devem ser seguidas com a intenção de alcançar um tipo de superioridade espiritual. Pode ser que tenhamos dificuldade para aceitar o perdão, de modo que sucumbimos ao impulso de nos punirmos de alguma forma para compensar o mal que fizemos. Isso tira o foco do sangue de Jesus e o coloca de volta em nossas obras.

O legalismo pode se manifestar quando acreditamos que temos mais acesso a Deus porque servimos diligentemente no ministério ou na igreja. Ou acreditamos que as nossas orações são ouvidas rapidamente porque não cometemos nenhum pecado importante ultimamente. A mentalidade não expressa é a de que podemos encher a nossa conta no banco espiritual com um bom comportamento, boas ações e boas obras. O legalismo não permite que uma pessoa descanse ou desfrute a vida devido à pressão de estar constantemente ocupada "servindo a Deus", seja na administração da igreja como voluntário seja dando recursos aos pobres. O amor não é a motivação, mas sim querer alcançar o favor de Deus.

Um exemplo clássico desse tipo de legalismo é o fariseu que julgou o conhecido pecador da cidade comparando o seu próprio estilo de vida ao do coletor de impostos (equivalente a um membro da máfia nos dias de hoje). O fariseu agradeceu a Deus superficialmente pelo seu próprio bom comportamento: ele não pecava, não enganava as pessoas como o homem da máfia o fazia, não cometia adultério, jejuava e orava regularmente, e ofertava generosamente à sinagoga. Ironicamente, no mesmo instante em que o líder espiritual gabava-se do seu comportamento e apontava as imperfeições do líder do sindicato, aquele pecador notório estava nos fundos da sinagoga, clamando a Deus por misericórdia. Jesus disse que aquele foi o homem que foi justificado, e não o líder "perfeito" que cumpria as regras.

Esse tipo de legalismo está fortemente enraizado no espírito deste mundo, uma vez que ele foca no *status*, no orgulho e na autogratificação que sentimos quando seguimos as regras estabelecidas por nós mesmos sobre os outros. O legalismo se desvia da dependência na capacidade de Deus em nossas vidas, uma vez que volta o seu foco para nós mesmos. Ele também nos rouba a alegria que acompanha a presença de Deus.

Um amigo meu que era um homem de negócios é muito eficaz em alcançar pessoas. Ele foi criado no legalismo, mas foi liberto dele. Ele me disse uma vez: "John, eu achava que qualquer coisa que fosse divertida ou trouxesse riso ou alegria fosse deste mundo, e era vista como algo estritamente proibido". Seu pastor e seus líderes focavam na aparência externa da pessoa e não na disposição interna do coração. Sua igreja tinha pouca influência sobre qualquer pessoa fora do grupo deles. Infelizmente, os líderes dessa igreja não ouviram realmente as palavras de Paulo: "*Pois o Reino de Deus não é comida nem bebida, mas justiça, paz e alegria no Espírito Santo*" (Rm 14:17; grifo do autor).

Há grande e duradoura alegria quando estamos no Espírito. A alegria atrai os perdidos, uma vez que o mundo não a possui. Jesus atraía todos os que eram sinceros, até os mais notórios pecadores da sociedade. Qualquer pessoa que queira conquistar a salvação ou crescer em Cristo por meio de ensinamentos ou crenças legalistas não tem a verdadeira alegria. Eles vivem em um mundo muito pequeno porque aqueles que não pensam exatamente como eles são eliminados.

Seria bom se os líderes daquele homem de negócios tivessem meditado mais nas palavras de Paulo em outra carta:

> *Já que vocês morreram com Cristo para os princípios elementares deste mundo, por que, como se ainda pertencessem a ele, vocês*

se submetem a regras: "Não manuseie!", "Não prove!", "Não toque!"? Todas essas coisas estão destinadas a perecer pelo uso, pois se baseiam em mandamentos e ensinos humanos. Essas regras têm, de fato, aparência de sabedoria, com sua pretensa religiosidade, falsa humildade e severidade com o corpo, mas não têm valor algum para refrear os impulsos da carne.

Colossenses 2:20-23 (grifo do autor)

É interessante observar que Paulo atribuía as regras legalistas da devoção, da abnegação e da disciplina severa para com o corpo aos poderes deste mundo. Não que a licenciosidade, a imoralidade sexual, o assassinato, o roubo, a embriaguez e assim por diante não sejam pecaminosos. São apenas uma forma diferente de mundanismo. Aqueles que estão presos pelo legalismo muitas vezes não percebem que o mundo do qual pregam tão fortemente que devemos nos afastar é o mesmo sistema que os mantém cativos.

A chave para a afirmação de Paulo encontra-se nas palavras *"refrear os impulsos da carne"*. O legalismo não limpa o coração da pessoa — e o coração é o alvo do mundo, o qual as forças deste mundo querem infectar. É por isso que nos é ensinado: *"... guarde o seu coração, pois dele depende toda a sua vida"* (Pv 4:23).

Jesus afirma: *"O homem bom do seu bom tesouro tira coisas boas, e o homem mau do seu mau tesouro tira coisas más"* (Mt 12:35). Tudo se resume ao que armazenamos interiormente e vemos como valioso. Limpe o coração e a vida exterior se encaixa perfeitamente, em alinhamento perfeito com o que Deus considera bom.

Resumindo, o domínio do mundo não é externo, mas interno. Ele se limita aos desejos, intenções e motivações do coração e da mente. Esse é o campo de batalha, é ali que a teia é trançada. É ali que a amizade ou o adultério com o mundo tem início e eventualmente é consumada. E isso pode acontecer tão facilmente com uma pessoa que raramente frequenta a igreja quanto com uma que nunca perde um culto e está ativamente envolvida no ministério.

Com uma percepção melhor do que o mundo é e não é, vamos voltar a nossa atenção para a *amizade*. Como entramos em um relacionamento de amizade com o mundo? Como cometemos adultério com ele? Esse será o nosso foco no capítulo seguinte.

8

AMIZADE

... Deus... nos tornou Seus amigos por
meio da morte do Seu Filho...
— Romanos 5:10

Tudo a que o seu coração se agarra e em
que confia, esse é realmente o seu Deus.
— Martinho Lutero

Amigos. Todos nós os temos e os valorizamos. Quando eu era menino, dois de meus amigos mais próximos eram Danny e Glenn. Eu passava a maior parte do meu tempo livre com eles. Nós jogávamos bola, andávamos de bicicleta, explorávamos lugares, inventávamos brincadeiras, íamos à cidade ou apenas ficávamos sentados conversando. Nossas conversas giravam em torno do que era importante para nós: outros amigos, garotas, a escola, eventos sociais, atletismo, planos para as nossas carreiras e muitos outros tópicos. Em sua maior parte, a nossa amizade era saudável. Encorajávamos uns aos outros a sermos melhores, mais fortes e mais sábios e a atingir o nosso potencial. Protegíamos uns aos outros, fazíamos favores uns aos outros e nos ajudávamos em situações difíceis. Resumindo, eles eram as pessoas favoritas com quem eu queria estar.

E você? Pense nos seus amigos nos anos que se passaram. Pergunte a si mesmo quais são os elementos-chave de uma amizade. Estou certo de que você concordaria que desfrutar algum tempo juntos, identificando-se e entendendo um ao outro e compartilhando de interesses comuns são importantes. Amor, confiança, respeito, humor e atração mútua também são essenciais. Existem com certeza mais componentes, dependendo do indivíduo, entretanto, para todos nós o aspecto mais importante é que gostamos de estar juntos.

A Bíblia fala positivamente das amizades. Um de meus versículos favoritos é: "*Assim como os cremes e os perfumes geram prazer para os sentidos, a doce amizade refresca a alma*" (Pv 27:9, *A Mensagem*). Não fomos criados para fazer voos solo; o companheirismo nos revigora. Esse foi o principal elemento que faltava na Criação original de Deus. Ele declarou: "*Não é bom que o homem esteja só*" (Gn 2:18). Fomos criados à Sua imagem, o que inclui desejar e desfrutar a amizade.

Mas há outro lado. Jesus, Tiago e João falaram *desfavoravelmente* de uma amizade em particular. Observe novamente as palavras do apóstolo: "*Adúlteros, vocês não sabem que a amizade com o mundo é inimizade com Deus? Quem quer ser amigo do mundo faz-se inimigo de Deus*" (Tg 4:4). O tom dele não é apenas *desfavorável*, mas direto, duro e forte! Portanto, precisamos perguntar: quais são os indícios de que entramos em um relacionamento com o mundo?

O Caso Clássico

No capítulo anterior, aprendemos que a palavra *philia* é definida como "ser um amigo" ou "fazer amizade" e transmite a ideia de "amar, assim como ser amado". A *Encyclopedia of Bible Words* (Enciclopédia de palavras bíblicas) afirma ainda: "No mundo grego a ideia de amizade era bem desenvolvida. *Philia*... era usada no sentido amplo de 'familiaridade', assim como no sentido mais íntimo de um vínculo pessoal e profundo de afeto verdadeiro". Essencialmente, essa palavra que Tiago usa se aplica a um sentido amplo de amizade. Todos nós sabemos que existem três níveis de relacionamentos, e a amizade de que Tiago fala inclui todos eles. Subsequentemente, a amizade em seu sentido amplo está diretamente ligada à infidelidade.

Cometer adultério contra Deus não é muito diferente de um cenário típico de infidelidade de um homem casado, portanto, vamos rever os passos de um caso amoroso comum. Em muitos casos, o marido e a sua amante não acabam na cama juntos no primeiro encontro. Há um cortejo envolvido; ele pode ser intencional ou não intencional.

Isso começa com um simples encontro no qual eles se tornam *familiares*. Isso pode acontecer por meio da mídia social ou pessoalmente. Uma centelha é iniciada pela familiaridade. Muitas vezes, o interesse é alimentado em resultado da intimidade não realizada com o seu cônjuge. Em casos menos frequentes, ele é unicamente movido pelo seu desejo de mais conexão física e emocional. As interações iniciais parecem inofensivas, mas a cada contato, o interesse de ambas as partes aumenta. Finalmente, eles trocam os números de seus celulares e seus endereços de *e-mail*.

A atração continua a intensificar-se à medida que o homem interage com a mulher por meio de mensagens de texto, *e-mails*, telefonemas ou simplesmente "esbarrando" um com o outro. Isso aprofunda o nível da conversa deles. Eles anseiam um pelo outro, mas nenhum dos dois admite isso. A atração não expressa aumenta a excitação do relacionamento em desenvolvimento. Eles já ultrapassaram em muito o nível apropriado de amizade.

Por fim, são feitos planos de levar as coisas um passo além — tomar café, almoçar ou se encontrarem em um lugar reservado. Geralmente, é nessa altura que os sentimentos deles um pelo outro extravasam.

Ela agora está constantemente na mente dele, e ele anseia por estar com ela. Ele sonha e planeja como eles podem escapar sem que a esposa dele e seus amigos saibam. O coração dele não anseia mais pela sua esposa, mas por essa mulher. Na companhia de sua esposa, ele na verdade não está presente, pois seus pensamentos e sua imaginação estão com a sua amante. É só uma questão de tempo até que eles acabem na cama juntos.

Onde tudo começou? Tudo começou com pensamentos e conversas impróprios na fase do conhecimento. Em que ponto isso se transformou em adultério? Foi quando eles trocaram telefones ou se encontraram sozinhos? Ou foi quando ele a tocou pela primeira vez? No primeiro beijo? Ou ocorreu quando eles se despiram e fizeram sexo?

Tudo aconteceu na verdade antes de qualquer desses passos. Jesus deixa isso claro quando afirma enfaticamente: "*Mas não pensem que terão preservado a sua virtude simplesmente porque não foram para a cama.*

De fato, o coração pode ser corrompido pelo desejo ardente ainda mais rapidamente que o corpo" (Mt 5:28, *A Mensagem*). O coração é onde vivemos; as ações externas simplesmente o seguem. O adultério começou quando os afetos do homem oscilaram em direção à mulher — em algum momento na fase do *conhecimento*.

Amizade com o Mundo

O mundo nos seduz a nos afastarmos do nosso "primeiro amor" de forma semelhante. Ele começa despertando o nosso interesse. O cartão de visita pode ser o humor, o prazer, o conforto, a excitação, a intriga, o sucesso ou qualquer coisa que seja sedutora. Em nada diferente do exemplo que acabo de dar, a fase do conhecimento pode acontecer por meio da mídia ou pessoalmente. Com frequência, ocorre devido à falta de realização em nosso relacionamento com Deus. Perdemos a empolgação da Sua amizade. Nossos momentos de comunhão com Ele são áridos e maçantes. Nossa necessidade de companheirismo nos atrai para outro lugar.

A atração do mundo aumenta com o tempo que investimos nele. Não demorará muito e os nossos pensamentos e emoções estarão presos nele. Se examinarmos as palavras de Paulo a duas igrejas diferentes, descobriremos uma advertência que, se for ouvida, nos protegerá de cair em adultério com o mundo:

> *Portanto, já que vocês ressuscitaram com Cristo, procurem as coisas que são do alto, onde Cristo está assentado à direita de Deus. Mantenham o pensamento nas coisas do alto, e não nas coisas terrenas.*
>
> Colossenses 3:1-2 (grifos do autor)

Você leu as palavras do apóstolo com atenção? Se não, leia novamente e preste atenção especificamente às palavras destacadas, *procurem* e *mantenham o pensamento*. O que *procuramos* é aquilo em que *mantemos o pensamento*. Antes de comentar mais, vamos examinar de perto as palavras de Paulo aos romanos. Procure a expressão *mente voltada* (que é usada com o mesmo sentido da expressão *mantenham o pensamento*):

Quem vive segundo a carne tem a mente voltada para o que a carne deseja; mas quem vive de acordo com o Espírito, tem a mente voltada para o que o Espírito deseja. A mentalidade da carne é morte, mas a mentalidade do Espírito é vida e paz; a mentalidade da carne é inimiga de Deus...

Romanos 8:5-7 (grifos do autor)

Também é interessante observar a palavra *inimiga*. É a palavra grega exata usada em Tiago 4:4, *echthra*. Ela é definida como "hostilidade... uma razão para oposição". Mais uma vez, Paulo se dirige a um crente que está ligado com o mundo.

Não é apenas o meu amor por Lisa que me impede de cometer adultério contra ela. É também não querer enfrentar a ira dela. Eu me tornaria o alvo da sua hostilidade. Não quero que aquela a quem amo se torne hostil, irada e decepcionada comigo. Entretanto, isso seria pequeno em comparação ao que Paulo e Tiago falam, pois nenhum cristão em juízo perfeito iria querer enfrentar a hostilidade de Deus. (Lembre-se de que Tiago e Paulo estão falando a crentes.)

Jonas enfrentou a hostilidade de Deus e acabou envolto no vômito de um grande peixe. Sansão a enfrentou, e caiu em cativeiro e perdeu a sua visão. Eli a enfrentou, e morreu no mesmo dia que os seus filhos foram tirados da Terra. Há outros como Saul, Balaão, Joabe, Alexandre o ferreiro, e muitos mais. Deixar Deus irritado é uma má ideia.

Se você quer mais exemplos, considere no Novo Testamento os comentários de Jesus às igrejas no livro de Apocalipse. Aquelas eram verdadeiras igrejas com crentes nascidos de novo. A uma igreja, que comprometeu o relacionamento deles, Jesus ameaçou remover o candelabro deles — a sua luz (ver Apocalipse 2:5). Outra igreja foi advertida de que Deus iria lutar contra ela (ver Apocalipse 2:16). Outra igreja foi advertida por Deus de *"fazê-la adoecer"* e *"grande sofrimento"* (ver Apocalipse 2:22). Outra foi advertida de que Ele viria *"como ladrão"* (ver Apocalipse 3:3), e outra ainda ouviu que Ele estava *"a ponto de vomitá-lo"* da Sua boca (ver Apocalipse 3:16). Resumindo, você não vai querer enfrentar a hostilidade de Deus!

Em Romanos 8:5, observe a frase *"tem a mente voltada"*. A palavra-chave é *voltada*. Vamos analisar essa palavra. Suponhamos que seja inverno e o termostato da sua casa esteja *voltado* para 21 ºC. A temperatura do lado de fora é de -20 ºC. Ao sair com pressa, um membro da sua família não fecha com cuidado a porta da frente. Ele entra no carro e vai embora, e apenas alguns minutos depois o vento faz a porta se abrir completamente. Você está em outra parte da casa, e não demora muito para sentir que a temperatura dentro de casa caiu drasticamente. Você começa a procurar uma explicação e encontra a porta da frente escancarada, com o ar gélido entrando. Você fecha a porta imediatamente, mas a essa altura a temperatura na sua casa está abaixo de 15 ºC. Então o que acontece? Quando a temperatura cai, o termostato sinaliza ao aquecedor para ligar até que ele restitua a sua casa à temperatura inicialmente *configurada*. Sem qualquer envolvimento consciente da sua parte, a temperatura volta aos 21 ºC.

Vamos voltar ao nosso exemplo do homem que comete adultério. Anos antes, quando ele estava cortejando a sua esposa, os seus afetos e desejos estavam *voltados* para ela. Ele sonhava em estar com ela, em ter intimidade com ela e, finalmente, em como a pediria em casamento. Ela estava na mente dele quando ele acordava, quando ele estava no trabalho, quando estava preso no trânsito e principalmente quando ele estava deitado na cama à noite. Resumindo, quando ele não tinha de usar a sua mente para um propósito específico, os seus pensamentos se dirigiam para onde estavam voltados: para ela.

Os colegas dele o pegavam periodicamente distraído nas conversas. Eles até diziam: "Ei, cara, onde você está?"

Constrangido, ele respondia casualmente: "Desculpem, rapazes. Estou com muita coisa na cabeça". Ele evitava a verdade para não ser alvo das brincadeiras irritantes de seus amigos ao admitir que estava pensando nela. Os pensamentos dele estavam *voltados* para ela.

Mas anos depois, depois do noivado, depois do casamento, depois que alguns filhos nasceram, ele se encontra em um caso de adultério com outra mulher. O mesmo padrão se desenvolvera. Sua amante estava constantemente em sua mente. Quando não era necessário pensar, os seus pensamentos voltavam para a *configuração padrão* ou predeterminada. Até mesmo quando estava na companhia de sua esposa, os seus afetos estavam com a sua amante. Ele procurava e ansiava por ela porque a sua mente estava *voltada* para ela. Assim como um termostato restaura automaticamente a temperatura de uma casa para a temperatura que está configurada, do mesmo modo a mente irá para onde ela está *voltada*.

Como isso tem a ver com o crente? Quando fomos salvos, ficamos totalmente tomados de amor. Pensamos em Jesus quando acordamos, no café da manhã, no carro, no trabalho, durante o almoço, depois do trabalho, quando estamos sós, e principalmente quando estamos deitados na cama à noite. Ansiamos pelos nossos momentos de comunhão com o Seu Espírito. Aguardamos com expectativa e entusiasmo participar do próximo culto, sair e compartilhar a respeito de Jesus com outros ou falar a um irmão cristão dos caminhos de Deus. Resumindo, Ele consome os nossos pensamentos; os nossos afetos estão voltados para Ele.

O tempo passa. Costumávamos aguardar com expectativa irmos a um culto, sentir a Sua presença e ouvir a Sua Palavra. Agora estamos fisicamente ali, mas não estamos realmente presentes. Nossos pensamentos se desviam facilmente para o nosso time favorito, para a liquidação em uma loja de departamentos próxima, para um encontro planejado, para um negócio incerto, para a festa para a qual fomos convidados e outras coisas mais. O que aconteceu? Nossos pensamentos realmente se desviam ou a nossa mente vai para onde ela está *voltada*, para o que estamos *buscando* apaixonadamente? Será que inconscientemente passamos a ter outros amores?

Minha História

Deixe-me contar a minha história. Eu frequentei a Universidade de Purdue, e durante o segundo ano da universidade, dois dos rapazes que moravam comigo na mesma república foram até o meu quarto e compartilharam *As Quatro Leis Espirituais* do ministério *Campus Crusade*. Meus olhos espirituais foram abertos e entreguei a minha vida a Jesus. Num piscar de olhos eu estava ardendo de paixão por Deus. Ele era muito real para mim, e eu estava profundamente apaixonado por Jesus e profundamente grato pela liberdade que Ele me dera. Compartilhei a respeito Dele com todos que quisessem ouvir, e até com aqueles que não queriam ouvir! Meus irmãos da fraternidade tentaram votar para me expulsar do grupo porque eu conversava a respeito de Jesus com as pessoas em todas as nossas festas.

Havia garotas afiliadas à nossa fraternidade a quem chamávamos de "irmãzinhas". Duas delas eram irmãs biológicas, e as duas já tinham dormido com aproximadamente a metade dos sessenta caras da nossa fraternidade. Se algum dos irmãos quisesse sexo, sabia que aquelas garotas eram a opção rápida e fácil.

Dois de nós levamos uma daquelas garotas a Jesus, e vinte e quatro horas depois ela havia levado sua irmã ao Senhor. Sem que disséssemos nada sobre o comportamento promíscuo delas, elas imediatamente pararam de fazer sexo com os irmãos da fraternidade. Em vez disso, começaram a testemunhar para os caras com quem dormiram. Os irmãos da fraternidade ficaram furiosos. Eu era visto como o agitador, porque a essa altura eu dirigia um estudo bíblico aberto a todo o *campus* bem na nossa república.

Finalmente, o vice-presidente foi ao meu quarto e disse: "John, vamos votar para expulsar você". Então ele disse — estas foram as suas palavras exatas — "Por que você não pode ser como o restante dos cristãos desta fraternidade?" Ele estava falando dos outros caras que frequentavam a igreja no domingo, mas fornicavam com as suas namoradas, se embriagavam em nossas festas e participavam de outros comportamentos promíscuos que eram a norma em nossa república.

Foi um tempo difícil, mas embora o segundo no comando da nossa fraternidade tivesse prometido me expulsar, isso nunca aconteceu. Curiosamente, eles não conseguiram votos suficientes para me expulsar. Havíamos levado muitos a Cristo, e eles ficaram do meu lado.

Vários meses depois de encontrar Jesus e me apaixonar por Ele, chegou a temporada do futebol norte-americano. Eu agora já estava no terceiro ano da faculdade e, como nos anos anteriores, tinha entradas para todos os nossos jogos. Durante os dois anos anteriores, eu não perdera um só jogo, mas agora estava tão empolgado com Jesus que usava o tempo durante os jogos de futebol para estudar a minha Bíblia. Minha república ficava silenciosa, porque todos os rapazes estavam no jogo. Essa era uma chance para alguns momentos maravilhosos de oração e comunhão com Deus. Ninguém havia me dito: "Você não deve ir aos jogos de futebol", e eu nunca pensei que assistir a um jogo fosse errado. Aliás, no ano seguinte fui a muitos dos jogos. Não fui aos jogos no meu terceiro ano porque aquela era uma oportunidade para estar com Deus. Eu queria apaixonadamente conhecê-Lo. Minha mente estava voltada para as coisas do alto.

Quando me formei na Purdue e conquistei o meu diploma de Engenheiro Mecânico, muitos dos meus irmãos da fraternidade e outros alunos tinham passado a conhecer o Senhor — inclusive a minha futura esposa, Lisa, que naquela época era vista como uma das garotas mais selvagens do *campus*. O meu amor apaixonado por Jesus era contagioso, e as pessoas ou me amavam ou me odiavam. Não havia meio-termo: se você encontrasse John Bevere, logo descobriria para onde a mente e o coração dele estavam voltados, porque a paixão simplesmente transbordava de mim. Não era diferente de alguém que é fanático por um time esportivo ou de um sujeito que se apaixonou perdidamente por uma garota.

Mudei-me para Dallas, no Texas. Seis meses depois, Lisa mudou-se para Dallas também e nos casamos logo depois. Eu trabalhava para a Rockwell International como engenheiro. Mais uma vez, eu me encontrava com pessoas que não gostavam da minha paixão por Jesus. Elas achavam que eu falava demais e não conseguiam entender por que eu não compartilhava as piadas sujas delas, as discussões impróprias e as saídas para aventurar-se em barzinhos depois do trabalho. Por estar em um ambiente profissional, porém, os meus pontos de vista e o meu comportamento eram mais tolerados do que na fraternidade.

Vinte e dois meses depois fui convidado para fazer parte da equipe da nossa igreja. Era uma das maiores e mais conhecidas igrejas dos Estados Unidos e exercia influência internacional. A igreja tinha mais de quatrocentos funcionários para dar suporte aos programas de doações aos necessitados e de evangelismo, e ser convidado para entrar para a equipe era quase surreal para mim. Melhor do que isso só ir para o Céu! Pensei que aquela perseguição terminara porque agora eu poderia trabalhar com cristãos. Eu não enfrentaria mais as intensas batalhas que combatia antes na fraternidade e na empresa onde trabalhava.

Naquela época, os Dallas Cowboys eram um dos melhores times da Liga Nacional de Futebol Norte-Americano. Na verdade, eu não era muito fã deles, uma vez que crescera em Michigan, mas eu ouvia os rapazes da equipe falarem sobre os Cowboys todas as segundas-feiras. Eles se reuniam com seu café na mão e falavam com muita paixão a respeito das estatísticas do jogo do dia anterior, as grandes jogadas e a vitória ou a derrota.

Por curiosidade, comecei a assistir os Cowboys na tevê. No começo, assistia ao primeiro tempo ou apenas metade do jogo. Eu gostava de vê-los porque eles eram empolgantes. Havia outro benefício: isso me dava a oportunidade de discutir inteligentemente os jogos com os rapazes no escritório da igreja.

Tudo começou de forma aparentemente inocente e inofensiva. Mas com o tempo, o meu interesse nos Cowboys ficou mais forte, e comecei a assistir a jogos inteiros. Via-me falando com a tevê com grande paixão, torcendo, e às vezes gritando com os jogadores. Finalmente, a coisa chegou a um ponto de eu não perder um jogo ou nenhuma parte de um jogo. Mesmo fora da temporada os meus colegas de trabalho e eu continuávamos a conversar acerca da escalação e o quanto os Cowboys seriam incríveis no ano seguinte. Eu pensava com frequência no time, mesmo quando não estava discutindo estatísticas com os rapazes. Agora eu era um verdadeiro fã!

Quando a temporada seguinte chegou, eu estava consumido pelo entusiasmo. Todos os domingos após o culto, eu corria para casa e ligava a tevê antes mesmo de trocar de roupa. Às vezes, eu simplesmente ficava sentado ali colado à televisão embora estivesse com roupas desconfortáveis (terno e gravata) e precisasse ir ao banheiro. Eu não queria perder uma única jogada.

No intervalo eu ia para o quarto e trocava de roupa. Se Lisa precisasse de ajuda com alguma coisa, esqueça. "Querida, os Cowboys estão jogando". Comíamos no intervalo ou, melhor ainda, depois do jogo — nunca enquanto eles estavam jogando.

Agora eu conhecia todas as estatísticas. Examinava-as atentamente e pensava constantemente em como os Cowboys poderiam fazer melhor. Era eu quem liderava as conversas no trabalho. Gabava-me do desempenho de diferentes jogadores no dia do jogo. As conversas não eram apenas na segunda-feira, mas ao longo da semana. Havia algumas pessoas em minha igreja que tinham entradas para todos os jogos da temporada, e eu agarrava todos os convites para ir a um jogo.

Vamos fazer um avanço rápido para a temporada seguinte, um ano depois. Pouco tempo antes disso eu tinha feito uma oração que pensava ser muito simples e aparentemente insignificante. Entretanto, não percebi que isso mudaria a minha vida. Minha oração foi: "Senhor, eu Te peço que purifiques o meu coração. Quero ser santo, separado para Ti, então, se houver algo em minha vida que não Te agrada, exponha isso e retire-o de mim". Eu não fazia ideia da profundidade dessa oração ou do que seria revelado.

A temporada de futebol estava chegando ao fim, e os jogos decisivos se aproximavam. Era o dia de um jogo crucial. Os Cowboys estavam jogando contra os Philadelphia Eagles. O vencedor do jogo iria para as finais e o perdedor estaria fora. Eu estava colado à televisão, não sentado no sofá, mas em pé. O jogo estava difícil demais para me sentar. Era o último tempo e restavam somente oito minutos de jogo. Os Cowboys estavam perdendo por quatro pontos e o *quarterback*, a estrela do time, estava fazendo o time avançar. Agora eu estava andando para lá e para cá entre as jogadas, gritando de frustração diante dos maus desempenhos ou reagindo com alegria exuberante às grandes jogadas. O suspense era eletrizante.

De repente, sem qualquer aviso, o Espírito de Deus me impeliu a orar. Uma compulsão repentina tomou conta de mim: *Ore, ore, ore*! Era um fardo, um sentimento forte e pesado no fundo do meu coração. Eu havia passado a reconhecer que esse impulso acontece quando o Espírito de Deus deseja que você se retire e ore.

Lisa não estava perto para poder ouvir, então eu disse em voz alta: "Senhor, só faltam oito minutos neste jogo. Vou orar quando ele terminar". O impulso continuou, ele não parou.

Alguns minutos se passaram. Ainda procurando alívio, exclamei: "Senhor, vou orar por cinco horas quando este jogo terminar. Só faltam seis minutos!"

O time estava levando a bola em direção ao gol. Eu sabia que eles virariam o jogo e ganhariam aquela partida importante. Entretanto, o impulso para orar ainda não havia diminuído. Na verdade, ele estava mais forte. Eu estava frustrado. Não queria me afastar do jogo. Então eu disse em voz alta: "Senhor, vou orar o restante do dia e até a noite inteira se é isso que Tu queres!"

Assisti ao restante do jogo. Os Cowboys venceram e o estádio ficou eletrizado de empolgação. Juntei-me ao júbilo da multidão. Entretanto, eu havia feito uma promessa a Deus. Imediatamente desliguei a televisão. Subi as escadas diretamente para o meu escritório, fechei a porta e me ajoelhei no carpete para orar. Mas o impulso de orar não estava mais presente.

Não havia mais um fardo. Não havia sequer um leve sentimento. Não havia nada.

Tentei fazer aquilo acontecer. Tentei orar, e as minhas palavras eram vazias de vida. Não demorou muito para entender o que havia acontecido: eu preferira o jogo dos Dallas Cowboys ao pedido de Deus. Deixei o rosto cair sobre o tapete e gemi:

— Deus, se alguém me perguntasse: "Quem é mais importante na sua vida, Deus ou os Dallas Cowboys?" eu responderia sem hesitar "Deus, é claro!" Eu acabo de demonstrar quem era mais importante. Tu precisaste de mim, mas eu preferi o jogo de futebol a Ti. Por favor, perdoa-me!

Imediatamente ouvi em meu coração:

— *Filho, não quero o seu sacrifício de cinco horas de oração. Eu desejo obediência.*

Lealdade Dividida

Fiquei tomado pela tristeza por ter sido infiel Àquele que dera a Sua vida por mim. Foi tudo em nome de algo deste mundo — o que alimenta os corações, as almas e os pensamentos daqueles que não possuem nenhuma outra fonte de vida. Os meus afetos estavam claramente voltados para um time de futebol.

Diante disso, observe atentamente as palavras de Tiago outra vez:

> *Adúlteros, vocês não sabem que a amizade com o mundo é inimizade com Deus? Quem quer ser amigo do mundo faz-se inimigo de Deus. Ou vocês acham que é sem razão que a Escritura diz que o Espírito que ele fez habitar em nós tem fortes ciúmes? Aproximem-se de Deus, e ele se aproximará de vocês! Pecadores, limpem as mãos, e vocês,* que têm a mente dividida, *purifiquem o coração.*
>
> Tiago 4:4-5, 8 (grifos do autor)

Minha mente estava dividida. Minha lealdade estava dividida. A lealdade é identificada pelas decisões que tomamos e não meramente pelas palavras que dizemos. Há muitos homens e mulheres que afirmam ser leais, mas os seus atos provam o contrário. Seria por isso que a Palavra de Deus afirma: "*Muitos se dizem amigos leais, mas um homem fiel, quem poderá achar?*" (Pv 20:6).

Naquele tempo, eu teria afirmado com convicção: "Jesus é mais importante em minha vida, mais do que qualquer coisa ou qualquer pessoa!" Entretanto, a minha escolha provou o contrário. As nossas ações estão um nível mais alto de comunicação do que as nossas palavras.

O apóstolo João dá a versão do Novo Testamento para Provérbios 20:6: "*Filhinhos, não amemos de palavra nem de boca, mas em ação e em verdade*" (1 Jo 3:18). A verdade é que o time Dallas Cowboys tomara o lugar do meu primeiro amor. Eu havia provocado o Espírito que habitava em mim a ter ciúmes. Embora tivesse lido a advertência na Bíblia, eu estava cego para as palavras. Deus foi misericordioso e me mostrou o meu erro.

Outro apóstolo escreveu:

> *Meus queridos filhos, se afastem de qualquer coisa que possa tomar o lugar de Deus no coração de vocês.*
>
> 1 João 5:21 (ABV)

Aqui não é Tiago quem nos adverte, mas João, o discípulo amado. É importante destacar que essas são as palavras finais que ele escreveu em sua extensa carta. Naqueles dias, os apóstolos não podiam telefonar, enviar mensagens de texto ou pelo *Facebook* nem enviar uma carta pelo correio expresso para aqueles a quem amavam. Uma carta era rara e requeria muito esforço para ser entregue. Assim, se você estivesse escrevendo uma carta inspirada pelo Espírito Santo, Ele muito provavelmente guardaria a parte mais importante da informação para o fim.

Juntando-se a Tiago e João, Paulo também escreve uma advertência de não permitirmos que o mundo tome o lugar da nossa lealdade a Jesus. Ele diz:

> *Vocês não podem estar em dois caminhos, participando do banquete do Senhor num dia e festejando com demônios no outro. O Senhor não suporta isso! Ele nos quer por inteiro — é tudo ou nada! Acham que podem aborrecê-Lo sem prejuízo? Analisando a situação por certo ângulo, vocês poderiam dizer:*

"Tudo está certo. Por causa da imensa generosidade e da graça de Deus, não precisamos dissecar nossos atos para saber se serão aprovados". Mas a questão não é apenas confirmar se está certo. Queremos viver bem...

1 Coríntios 10:21-24 (*A Mensagem*)

Fico impressionado com esses versículos. Eles são muito apropriados para os dias em que vivemos. Também gosto da maneira como a versão Nova Tradução na Linguagem de Hoje coloca as palavras de Paulo: "*Ou será que queremos provocar o Senhor, fazendo com que Ele fique com ciúmes? Por acaso vocês pensam que somos mais fortes do que Ele? Alguns dizem assim: 'Podemos fazer tudo o que queremos.' Sim, mas nem tudo é bom*" (vs. 22-23). Mais uma vez, ouvimos a respeito dos ciúmes de Deus por nós.

Futebol Nunca Mais?

Agora, pode surgir a pergunta: não devo assistir a nenhum esporte profissional? Não devo participar de nada que o mundo consome? Nesse caso, como posso viver e agir neste mundo?

Permita-me colocar a resposta assim. Como um homem casado, devo me esquivar de qualquer contato com qualquer mulher que não seja a minha esposa? A resposta é não. Estou em companhia de mulheres continuamente. Sento-me ao lado delas nos aviões — e enquanto estou digitando este livro, uma mulher está sentada ao meu lado no voo. Trabalho com mulheres. Interajo com mulheres em muitos outros lugares e circunstâncias.

Como um homem casado, tento ser amigável com as mulheres, especialmente porque muitas delas nos dias de hoje foram maltratadas por homens. Com muita frequência, as mulheres têm sido reduzidas a objetos para satisfazer a luxúria de um homem ou muitas vezes não têm sido vistas como iguais ao homem. Isso me enfurece, porque sei que Deus criou tanto os homens quanto as mulheres à Sua própria imagem. Ele deu dons tanto a homens quanto a mulheres; Ele deu a mente de Cristo igualmente aos homens e mulheres que têm uma aliança com Ele. Ele não é parcial, preferindo o homem à mulher, então por que temos sido assim, até mesmo na Igreja?

Entretanto, tomo cuidado para não abrir o meu coração e os meus afetos de uma maneira romântica ou imprópria para com outra mulher. Tenho uma aliança com Lisa. Quando me casei com ela, disse adeus a todas as mulheres do planeta, romanticamente falando. Então tenho uma maneira adequada de me relacionar com todas as outras mulheres.

Vamos comparar isso a uma amizade com o mundo. Ainda posso gostar de assistir ao futebol, embora seja difícil manter o meu interesse durante um jogo inteiro. A paixão simplesmente não existe, como acontecia quando a minha mente estava voltada para os Cowboys. Meus afetos estão em cumprir os desejos do nosso Senhor. Amar e cuidar da minha família, trabalhar para ajudar a outros, trabalhar para o nosso ministério e ouvir a sabedoria e o conselho de Deus são as coisas que têm toda a minha atenção e afeto.

Houve vezes em que outras coisas saíram do lugar em minha vida? Ah, sim! E porque eu pedi a Ele, o Espírito Santo me ajudou a reconhecer essas coisas. Golfe, comida, filmes e até a obra do ministério são algumas das coisas que tive de tratar e até cortar por algum tempo para fazer as minhas afeições voltarem ao lugar adequado.

Quando o meu amor pelo golfe se tornou desproporcional, o Espírito Santo me impeliu um dia a dar todos os meus tacos para outro pastor. Por que o Espírito Santo me pediu para fazer isso? Resumindo, o golfe não tinha um lugar desproporcional na vida daquele pastor, mas em minha vida sim!

Depois de um ano e meio sem jogar, o Senhor colocou no coração de um golfista profissional que ele me desse alguns de seus equipamentos de golfe que valiam milhares de dólares. Fiquei perplexo. O golfista profissional, um homem de oração, disse: "John, sei que devo fazer isto".

Alguns meses depois um pastor coreano, que ajudou a começar o que agora é a maior igreja do mundo na Coreia do Sul, me disse que Deus colocara em seu coração que ele me desse um conjunto de tacos. A essa altura, fiquei realmente confuso! Perguntei ao Senhor:

— O que faço com este conjunto de tacos?

— *Vá jogar golfe* — ouvi em meu coração.

— Mas o Senhor me fez dar todos os meus tacos há um ano e meio.

Ouvi Deus dizer:

— *O golfe não tem mais um lugar desproporcional em sua vida. Agora ele é recreação e distração para você.*

Tenho jogado desde então. Deus tem usado o golfe de uma maneira maravilhosa para gerar descanso e refrigério, além de uma estratégia para passar um tempo de qualidade com os meus filhos, com outros líderes de igrejas e com parceiros de ministério. Na verdade, nos três anos antes de escrever este livro, mais de três milhões de dólares para eventos missionários foram doados à *Messenger International* em jogos de golfe com amigos e parceiros, além dos torneios de Golfe realizados pela *Messenger*. Se eu tivesse cortado totalmente o golfe pelo restante da vida, isso não teria acontecido.

Nunca devemos nos assustar quando o Senhor exigir obediência. Na verdade, é fácil obedecer quando o pedido Dele está alinhado com a nossa paixão; do contrário, é um trabalho penoso.

A Tristeza Segundo Deus

Tiago descreve claramente o que provoca ciúmes no Espírito de Deus: é a amizade com o mundo. Abordei um aspecto do que essa amizade acarreta, mas há outros. No capítulo seguinte, abordarei a origem dessa amizade, mas neste ponto é importante tratar sobre como reagir se os nossos afetos estiverem mal direcionados. Vamos examinar o conselho de Tiago aos crentes que escorregaram, caindo em um relacionamento inadequado com o mundo:

> *Pecadores, limpem as mãos, e vocês, que têm a mente dividida, purifiquem o coração. Entristeçam-se, lamentem-se e chorem. Troquem o riso por lamento e a alegria por tristeza.*
>
> Tiago 4:8-9

Quando Deus revelou o que eu havia feito ao preferir o time dos Cowboys à oração, senti tristeza e profunda dor. Entendi que eu entristecera Aquele que deu a Sua vida por mim com um "relacionamento" impróprio.

Recentemente, falei com um homem que cometera adultério e que havia sido restaurado. Ele compartilhou comigo como pecara ao longo de seis meses e, enquanto me contava, chorava copiosamente. Ele é um homem forte — um ex-jogador de futebol norte-americano universitário, um homem de negócios de sucesso e definitivamente não é do tipo que chora. Fiquei impressionado enquanto observava aquele homem másculo chorar. Ele não chorou por não se sentir perdoado por Deus ou por sua esposa. Na verdade, agora seu casamento estava mais forte do que nunca. Ele chorou pelo fato de haver feito aquilo com a pessoa a quem ama profundamente; ele sofreu por ter causado tamanha dor a ela. Foi admirável ver a profundidade da emoção dele e do cuidado dele por ela.

O comportamento daquele homem demonstrava uma verdade. Esse é o mesmo comportamento que um verdadeiro crente deve ter por entrar em um relacionamento inadequado com o mundo. Como Tiago escreve: *"Entristeçam-se, lamentem-se e chorem"*.

Aquele homem não atribuiu culpa alguma à sua esposa e verdadeiramente lamentou o que fez. Foi renovador ver sua humildade genuína. Conversei com outros que cometeram adultério contra suas esposas, e a reação deles foi diferente. De algum modo, na "confissão" ou "testemunho" deles, acabaram acrescentando a falta de afeto de suas esposas ou os erros delas como parte do motivo do adultério.

A Bíblia fala da *tristeza segundo Deus* e da *tristeza segundo o mundo* (ver 2 Coríntios 7:10). O rei Davi exemplificou a tristeza segundo Deus; ele estava em profundo sofrimento porque ferira Aquele a quem amava cometendo adultério e assassinato. Ele clamou: *"Contra Ti, só contra Ti, pequei e fiz o que Tu reprovas"* (Sl 51:4). Ele clamou e lamentou prostrado por dias e não se importou com a opinião daqueles que o serviam sobre como ele estava sofrendo. Ele não estava tentando salvar a sua reputação; ele estava com o coração partido. E depois Davi foi restaurado.

O rei Saul agiu de maneira diferente. Ele também feriu o coração de Deus ao escolher alimentar-se do que o mundo se alimenta — gratificação e orgulho — em vez de obedecer à Palavra de Deus. Ele também estava muito triste pelo que fizera, mas a sua tristeza incluía o fato de que ele foi apanhado e exposto ao constrangimento público diante daqueles que deveriam respeitá-lo e enfrentou possíveis consequências ao seu governo. A tristeza de Saul era mundana. Ele não saiu limpo, como Davi ou o ex-jogador de futebol. Saul estava enganado e poluído no seu modo de pensar. Ele foi alterado por um

curto período, mas finalmente as suas verdadeiras motivações se manifes-
taram: orgulho e autogratificação. A atitude dele nunca mudou de verdade.

O apóstolo Paulo declarou: *"A tristeza segundo Deus não produz remorso,
mas sim um arrependimento que leva à salvação"* (2 Co 7:10). Essa tristeza é
dada por Deus; ela está enraizada no nosso amor por Ele. Se amarmos mais o
que Ele pode fazer por nós do que O amamos, então o nosso comportamento
não será diferente do de Saul.

Nos dois capítulos seguintes, observaremos como a amizade com o
mundo afeta a experiência do nosso relacionamento com Deus. Descobriremos como substituir Deus pelo que é bom nos custou um alto preço,
tanto no nível pessoal quanto no nível coletivo como Igreja. Antes de virar a
página, porém, seria bom dedicar um tempo para orar e pedir a Deus para
ajudá-lo a identificar qualquer relacionamento inadequado com o mundo
em sua vida.

*Pai, em nome de Jesus, peço que Tu me sondes e me conheças, que Tu
examines as minhas atitudes e motivações. Se houver alguma coisa em minha
vida que esteja substituindo os meus afetos e o meu amor por Ti, por favor,
exponha essas coisas pelo Teu Espírito. Não quero deixar nada encoberto.
Que eu possa verdadeiramente me tornar e permanecer sendo o Teu amado,
alguém que decidiu negar a si mesmo com o propósito de seguir e servir o meu
Senhor Jesus Cristo. Peço-Te isto em nome de Jesus. Amém.*

9

A VERDADE EVITADA

...busquem levar uma vida pura e santa, porque aquele que não é santo não verá o Senhor.
— Hebreus 12:14 (ABV)

Quão pouco sabem as pessoas que pensam que a santidade é algo maçante. Quando alguém encontra a que é verdadeira... ela é irresistível.
— C. S. Lewis

Santidade. Mencione a palavra e veja as pessoas se encolherem e rapidamente mudarem de assunto. Para muitos ela transmite uma ideia negativa, porque não tem "nada a ver" e pode estragar a festa da vida. Com muita frequência, ela é vista como sinônimo de ganhar a salvação pelas obras ou parece fazer parte do legalismo. Se o tema da santidade é levantado, muitas vezes ouvimos a réplica: "Sou livre e vivo na graça de Deus. Não tente me colocar debaixo da Lei".

Entretanto, a santidade no Novo Testamento não está nem de longe ligada às obras da Lei ou ao legalismo. Ela é na verdade um modo de vida magnífico que é desejável em muitos níveis. No nosso tempo, sem dúvida, ela é amplamente mal-entendida.

Por Que Não Falamos a Respeito Disso?

Por que qualquer filho de Deus iria querer evitar discutir sobre santidade, quando nos é dito enfaticamente: "... *busquem levar uma vida pura e santa, porque aquele que não é santo não verá o Senhor*" (Hb 12:14, ABV)? Você percebeu o quanto essa afirmação é direta? A ausência de santidade é igual a não vermos o Senhor! Isso merece toda a minha atenção. E a sua?

Pense acerca do presidente dos Estados Unidos. Por ser um cidadão norte-americano e ser o meu líder nacional, eu tenho um "relacionamento" com ele. Estou sob a autoridade do governo dele e sou afetado pelas suas decisões, assim como trezentos e vinte milhões de outros norte-americanos. Mas embora eu tenha esse relacionamento com ele, até o dia de hoje não me foi concedido o privilégio de ter uma audiência pessoal com ele. Na verdade, nos meus mais de cinquenta anos como norte-americano, nunca vi um dos nossos presidentes pessoalmente.

No entanto, há outros norte-americanos que conseguem ver o presidente regularmente; são os amigos dele ou aqueles que trabalham diretamente com ele. Em qualquer dos casos, eles conhecem o homem que está na Casa Branca muito melhor do que eu.

Semelhantemente, há milhões de cristãos que estão debaixo do governo de Jesus Cristo. Ele é o Rei professo por eles. Ele os protege, os supre, os ama e atende aos pedidos deles. Entretanto, a questão é, eles O veem? Em outras palavras, eles têm a experiência da Sua presença? De acordo com a Bíblia, todos nós deveríamos ter essa experiência. O livro de Hebreus afirma: "*Mas vemos, sim, a Jesus*" (2:9, ABV; grifo do autor). Paulo acrescenta detalhes a esse privilégio:

> *E todos nós, que com a face descoberta* contemplamos *a glória do Senhor...*
>
> 2 Coríntios 3:18 (grifo do autor)

A *glória do Senhor* é uma expressão muitas vezes mal compreendida, e não costumamos usá-la hoje em dia. É mais provável que digamos "a grandeza do Senhor". Traduzindo para a nossa linguagem hoje, Paulo está dizendo: "Todos nós que tivemos esse véu removido podemos *ver* a grandeza do Senhor".

Jesus também identifica aqueles que verão ou experimentarão a Sua presença. Suas palavras exatas na Última Ceia foram: *"Em pouco tempo, o mundo não Me verá mais, só vocês, porque estou vivo e vocês estão prestes a receber vida"* (Jo 14:19, *A Mensagem*).

Há dois fatos claros aqui: primeiro, um aspecto muito real do Cristianismo é ver Deus. Segundo, podemos contemplá-Lo de uma maneira que o mundo não pode.

Por que é importante ver Deus? Primeiramente, como acontece com o presidente, se nós não O vemos, não podemos conhecê-Lo. Podemos apenas saber a respeito Dele.

Há uma segunda razão que é igualmente importante. Sem contemplá-Lo, não podemos ser transformados à Sua semelhança. No mesmo versículo citado, Paulo menciona que aqueles que veem o Senhor são *"transformados de glória em glória na mesma imagem"* (2 Co 3:18, AA). A transformação é crucial na vida de um crente.

Você já encontrou alguém que professa conhecer Jesus Cristo, e tem feito isso por algum tempo, mas vive como se nunca O houvesse conhecido? Por que isso acontece? Essa pessoa simplesmente não está tendo a experiência do processo de transformação. Ela não está sendo transformada à Sua semelhança.

Paulo profetizou que os nossos dias seriam difíceis. É interessante que ele escreveu que esses tempos estressantes não resultarão de perseguição devido à nossa fé, como nos dias dele, mas devido aos que professam ser cristãos, mas não cumprem as palavras de Jesus. Eles ainda se comportarão exatamente como aqueles que não têm nenhum relacionamento com Deus. Eles ainda amarão a si mesmos e ao dinheiro deles, desobedecerão aos seus pais, se comunicarão de modo rude, se recusarão a perdoar, buscarão a fama e a reputação, trairão os seus amigos, amarão o prazer mais do que amam a Deus — e a lista continua. Paulo afirmou claramente: *"Parecerão ser seguidores da nossa religião, mas com as suas ações negarão o verdadeiro poder dela"* (2 Tm 3:5, NTLH). O poder que eles negarão é a capacidade da graça de nos transformar, uma realidade central do verdadeiro Cristianismo. A *Amplified Bible* afirma que: *"A conduta deles desmente a legitimidade da sua profissão de fé"* (tradução nossa).

Esses que professam ser crentes estão enganados, porque estarão *"sempre aprendendo, e jamais conseguem chegar ao conhecimento da verdade"* (2 Tm 3:7). Como eu disse, há um problema principal com o engano: ele é enganador!

Podemos acreditar piamente que estamos bem com Deus quando na realidade não estamos. Muitos "crentes" como esses frequentam igrejas, conferências, noites de adoração, seminários e pequenos grupos. Eles amam aprender, mas permanecem sem ter o seu caráter e comportamento transformados.

O Ponto Principal

Resumindo: somente aqueles que andam em santidade podem ver a Deus — podem *entrar na Sua presença*. Jesus não poderia ter deixado isso mais claro quando disse: "*Ainda um pouco, e o mundo não Me verá mais, mas vós Me vereis; porque Eu vivo, e vós vivereis... Aquele que tem os Meus mandamentos e os guarda, esse é o que Me ama; e aquele que Me ama será amado de Meu Pai, e Eu o amarei, e Me* manifestarei *a ele*" (Jo 14:19, 21, ACF; grifo do autor).

A palavra *manifestarei* é definida como "deixar claro ou evidente aos olhos ou ao entendimento; mostrar claramente". O *Complete Word Study Dictionary* (Dicionário completo de estudo de palavras) define o termo original da palavra, *emphanizo*: "tornar aparente, fazer com que seja visto, mostrar". É ainda mais específico ao afirmar: "de uma pessoa... significando deixar-se ser conhecido e entendido intimamente".

Jesus afirmou que somente aqueles que guardam os Seus mandamentos são aqueles a quem Ele se tornará aparente. Eles serão aqueles que O veem — que entram na Sua presença e por meio dela passam a conhecê-Lo intimamente. *Esse privilégio não é prometido a todos os crentes*, mas somente àqueles que buscam obedecer à Sua Palavra — aqueles que buscam a santidade.

Nos anos 80, convidaram-me para receber o pastor sênior da maior igreja do mundo. Seu nome é Dr. David Yonggi Cho, e ele é de Seul, na Coreia do Sul. Naquela época, havia 750 mil pessoas em sua igreja. Uma de minhas responsabilidades ao recebê-lo em nossa igreja nos Estados Unidos era levá-lo de carro do hotel até um culto. Eu era cristão havia apenas alguns anos, de modo que ter esse privilégio era algo tremendo.

O Dr. Cho viajava com aproximadamente quinze homens de negócios de sua igreja. O principal deles se aproximou de mim no dia da reunião e disse:

— Senhor Bevere, é você quem vai levar o Dr. Cho ao culto esta noite, certo?

— Sim, senhor.

Com um olhar solene, ele disse:

— Senhor Bevere, tenho questões importantes para tratar com o senhor. Acima de tudo, não fale com o Dr. Cho durante o trajeto de carro até a reunião. Ele não gosta de falar antes de ministrar.

Essa instrução não foi a única, mas foi a principal da lista.

Dirigi até o hotel naquela noite e aguardei no veículo até que os homens que viajavam com o Dr. Cho abriram a porta do carro. O Dr. Cho entrou no banco da frente ao meu lado e a presença de Deus encheu o carro. Era avassaladora. A majestade e o amor de Deus eram muito reais e perceptíveis.

Enquanto eu dirigia, lágrimas desciam pelo meu rosto, embora eu não seja um homem do tipo chorão. Na metade do caminho até o auditório, paramos em um sinal de trânsito e eu não consegui mais me conter. Fiz o que o assistente principal havia me dito para não fazer. Reverentemente, eu disse ao meu passageiro:

— Dr. Cho, a presença de Deus está neste carro.

Ele olhou para mim e disse:

— Sim, eu sei.

Passei muito tempo com esse homem durante a sua visita. Jogamos golfe juntos, levei-o de carro a outros compromissos, comi com ele e o levei até o aeroporto. Em todas as situações, seja em público ou não, o Dr. Cho foi temente a Deus, reverente, sincero e humilde em atitudes e ações. Refleti a respeito das horas que ele passava todos os dias com o Senhor. Era óbvio por que a presença de Deus era tão forte em sua vida. Ele verdadeiramente buscava ser fiel às palavras de Jesus.

Muitas vezes experimentei a presença do Senhor de formas semelhantes em cultos, durante a oração, enquanto lia a Palavra de Deus ou simplesmente cuidando das coisas do meu dia a dia. Entendo por que Moisés deixou tudo por essa presença magnífica. Houve períodos em minha vida em que a Sua presença esteve distante, às vezes devido ao fato de eu não guardar as Suas palavras. Outras vezes eu estava passando por uma intensa provação. Entendo que as últimas sejam inevitáveis, mas que as primeiras são evitáveis.

Manifestar não significa apenas "ver", mas também inclui tudo o que estar com Deus acarreta. Manifestar significa trazer da dimensão do invisível para a visível, do que não é ouvido para o que é ouvido, e do desconhecido para o conhecido. É quando Deus Se faz conhecido às nossas mentes e sentidos. Ele dá entendimento, conhecimento e percepção íntimos de Si mesmo e dos Seus caminhos. O escritor de Hebreus descreveu essas pessoas privilegiadas como aqueles que conscientemente *"provaram o dom celestial, tornaram-se participantes do Espírito Santo"* (6:4). Embora a Sua presença manifesta seja acessível a todo filho de Deus, só aqueles que obedecem às Suas palavras (andam em verdadeira santidade) experimentam esse privilégio.

Paulo cita as palavras audíveis de Deus a Moisés. Esta declaração é uma verdade imutável que engloba não apenas a velha aliança, mas também a nova. Ela é dirigida para aqueles que já são Seus:

> *Portanto, "saiam do meio deles e separem-se", diz o Senhor. "Não toquem em coisas impuras, e Eu os receberei".*
> 2 Coríntios 6:17

Está claro. Deus nos receber na Sua presença é condicional, e não automático. Temos de preencher o Seu requisito antes que nos seja concedida uma audiência com Ele. A declaração de Paulo está perfeitamente alinhada com as palavras de Jesus. A Bíblia *A Mensagem* parafraseia esse versículo:

> *"Deixem de lado a corrupção e as parcerias, deixem tudo de uma vez por todas", diz Deus. "Não se associem com os que irão mergulhá-los na sujeira. Quero todos vocês para Mim".*

Paulo então dá a nossa resposta adequada à promessa condicional de Deus:

> *Amados... purifiquemo-nos de tudo o que contamina o corpo e o espírito, aperfeiçoando a santidade no temor de Deus.*
> 2 Coríntios 7:1

Mais uma vez, descobrimos que o propósito de perseguirmos a santidade autêntica é a honra de sermos recebidos na presença manifesta de Deus.

Atmosfera ou Presença?

Depois de observar todas essas citações dos apóstolos, de Jesus e do Pai no Novo Testamento, precisamos perguntar por que esse importante aspecto do Cristianismo do Novo Testamento não é discutido, ensinado e proclamado com mais frequência? Seria possível que o inimigo tenha arquitetado um plano astuto para nos encorajar a abraçar a salvação destituída da santidade genuína, o que nos impediria de contemplar o Senhor e, portanto, tornaria impossível sermos transformados? Essa estratégia ardilosa do inimigo tem ocorrido não apenas no nível pessoal, mas também no coletivo. Com relação às nossas reuniões, seria possível que tenhamos substituído *a presença de Deus* por uma simples *atmosfera?*

Um dos grandes avanços que a Igreja fez nos últimos vinte anos foi o de criar atmosferas melhores nos nossos cultos. Anos atrás, quando você entrava em uma igreja típica, com frequência se deparava com um prédio abaixo do padrão, com decoração ultrapassada e um culto monótono. Nossa música era repulsiva, as mensagens eram esquisitas e irrelevantes, e nossas roupas eram, no mínimo, muito fora de moda. Permitíamos praticamente qualquer coisa nas apresentações musicais ou na mensagem à congregação desde que fosse feito "em nome do Senhor". Para falar francamente, para a sociedade, parecíamos completamente inadequados. Havia algumas exceções, mas essa era a norma há duas décadas.

Devido à liderança sábia, mudamos esse paradigma. Agora tocamos uma música extraordinária, verdadeiramente inspirada e relevante. Projetamos prédios confortáveis para a igreja, com som e iluminação de última geração. Nossos cultos são firmes e relevantes, criamos áreas atraentes e divertidas para as crianças e auditórios para os adolescentes. Muitos saguões de igreja agora possuem cafeterias, áreas inteligentemente programadas para as pessoas interagirem e livrarias bem abastecidas. Conduzimos os nossos cultos de modo que eles não sejam mais repulsivos para os perdidos. Resumindo, criamos ótimas atmosferas nas nossas reuniões, e creio que Deus está satisfeito com essa excelência.

Mas será que fizemos do que é exterior o nosso objetivo final? Atmosferas são boas para criar uma apresentação do que é realmente importante: a presença de Deus. Atmosferas são feitas pelo homem. Hollywood, Las Vegas,

Disney, Broadway e outros na indústria do entretenimento são mestres em despertar emoções. Será que nos contentamos com os métodos deles? Estamos satisfeitos em apenas estimular os sentimentos das pessoas que frequentam os nossos cultos? A verdadeira presença de Deus está enchendo os nossos santuários, ou estamos simplesmente fazendo na dimensão do Cristianismo o que os outros são tão bons em fazer em outros lugares?

Eis a realidade: *para sermos transformados, precisamos da presença Dele!*

Seria por isso que temos pessoas que estão entusiasmadas com o Cristianismo, que amam adorar e continuam a aprender, mas não estão sendo transformadas? Nesse caso, as consequências têm um alto preço. Essas pessoas não serão conformadas à imagem de Jesus. Anos atrás tolerávamos as atmosferas ruins, mas lembro-me de muitas vezes estar em cultos cheios da tremenda presença de Deus. Eu nem sempre conseguia entender como isso acontecia, mas eu era realmente transformado.

Então a pergunta é, por que não podemos ter a atmosfera e a presença? Não temos de escolher! Entretanto, para ter a presença de Deus, precisamos buscar a santidade.

No entanto, o plano astuto do inimigo de projetar um Cristianismo destituído de santidade tem feito o Evangelho de Jesus Cristo parecer uma religião destituída de poder para muitos que estão perdidos. Desse modo, ele consegue fazer com que seguir Jesus seja algo sem atrativos, quando na verdade é a vida mais fascinante possível.

O Que É Santidade?

E então, o que é a verdadeira santidade? A palavra grega é *hagios*. O *Greek–English Lexicon of the New Testament* (Dicionário grego-inglês do Novo Testamento) de Thayer enumera uma definição como "separado para Deus, para ser, por assim dizer, exclusivamente Seu". A partir desse significado, quero citar novamente as palavras de Deus: *"Não se associem com os que irão mergulhá-los na sujeira. Quero todos vocês para Mim"* (2 Co 6:17, A Mensagem).

Quando Lisa e eu nos casamos, ela passou a ser exclusivamente minha, e eu me tornei exclusivamente dela. Ela estava comprometida comigo e eu com ela. Antes de conhecer e me casar com Lisa, eu não considerava os desejos ou anseios dela. Eu simplesmente não a conhecia. Lisa não gosta de móveis escuros, de assistir a esportes profissionais ou a certos tipos de filmes, de ouvir *jazz* ou músicas do tipo *big band*, de comer molho *Thousand Island* ou queijo tipo gorgonzola, e uma série de coisas. Eu gostava, assistia, ouvia ou comia quase tudo que está nessa lista! Entretanto, depois que nos casamos, eu evitava essas coisas, pois sabia que não agradavam a ela. Havia muitas outras coisas que podíamos fazer juntos.

Mais do que isso, eu me mantive longe de qualquer contato impróprio com outras mulheres. Antes de nos casarmos eu tinha muitas amigas, e era normal para mim me divertir, sair e até namorar essas garotas. Mas o dia em que eu disse *Aceito* para Lisa foi o dia em que os meus relacionamentos com essas outras mulheres mudaram para sempre.

Resumindo, eu estava apaixonado por Lisa; agora era um prazer viver para os desejos dela e não apenas para os meus.

Observei maridos que têm pouca consideração pelos desejos de suas esposas; eles pensam egoistamente. Podem estar tecnicamente casados, mas esses maridos e esposas não estão experimentando uma intimidade profunda. Quando entramos no relacionamento de aliança do casamento, nos alistamos para servir aos nossos cônjuges pelo restante de nossas vidas. Não há espaço para o egoísmo em um bom casamento.

Antes de entrarmos em um relacionamento de aliança com Jesus, éramos deste mundo e éramos amados por ele. Era perfeitamente normal vivermos motivados pelo que gratificava a nossa carne e estimulava os nossos olhos. Perseguíamos *status*, reputação e qualquer coisa que servisse ao nosso orgulho e egoísmo.

Agora que encontramos e entramos em um relacionamento com Jesus, precisamos perguntar honestamente: estamos vivendo para nós mesmos ou para Ele? Tecnicamente podemos dizer que temos um "relacionamento" com Jesus, mas não estar experimentando a intimidade com Ele (falta-nos a Sua presença manifesta) — isso não é diferente do marido que vive de modo egoísta em seu casamento.

Paulo escreve: "... *aqueles que vivem já não vivam mais para si mesmos, mas para Aquele que por eles morreu e ressuscitou*" (2 Co 5:15). Essa é a única maneira de experimentar um relacionamento (ou casamento) saudável com Ele.

Ao rever o comportamento que Tiago identifica como cometer adultério com o mundo, descobrimos que ele está confrontando os crentes que voltaram a viver *egoistamente:*

> *Mas, se no coração de vocês existe... egoísmo, então não mintam contra a verdade, gabando-se de serem sábios. Essa espécie de sabedoria não vem do Céu; ela é deste mundo, é da nossa natureza humana e é diabólica. Pois, onde há... egoísmo, há também confusão e todo tipo de coisas más...*
>
> *De onde vêm as lutas e as brigas entre vocês? Elas vêm dos* maus desejos *que estão sempre lutando dentro de vocês. Vocês querem muitas coisas; mas, como não podem tê-las, estão prontos até para matar a fim de consegui-las... mas, como não conseguem possuí-las, brigam e lutam. Não conseguem o que querem porque não pedem a Deus. E, quando pedem, não recebem porque os seus* motivos *são* maus. *Vocês pedem coisas a fim de usá-las para os seus próprios prazeres.* Gente infiel! *Será que vocês não sabem que ser amigo do mundo é ser inimigo de Deus? Quem quiser ser amigo do mundo se torna inimigo de Deus.*
>
> Tiago 3:14-16; 4:1-4 (NTLH, grifos do autor)

Você observou que os termos *egoísmo* e *maus desejos/motivos* são usados com frequência nesses versículos? Tiago faz isso porque existem dois tipos de padrões de comportamento: *dar* e *tomar.* É isso. *Tomar* é egocêntrico, mundano e infiel a Deus. O crente que é motivado por viver desse modo é identificado como um adúltero (ver versão NVI). Os mandamentos de Jesus não são a prioridade máxima nesse cenário. Em vez disso, *o que eu quero* é a prioridade.

O mundo é impelido pelo egoísmo, assim como o crente que não é santo. Ele não é totalmente dedicado a Deus, ao contrário, é egocêntrico na sua conduta. Portanto, ele é seduzido pelo que gratifica a carne e os olhos ou lhe confere *status* e reputação.

A motivação por trás do pecado é o egoísmo. O homem que rouba faz isso para si mesmo. O homem que mente faz isso para se proteger ou se beneficiar. O homem que comete adultério não considera a sua esposa e filhos, mas a sua própria paixão. O homem que assassina faz isso para si mesmo. O homem que desobedece à autoridade faz isso porque ele acredita que sabe mais e quer o que é melhor para si mesmo. O homem que busca a popularidade e a fama faz isso para aplacar a sua insegurança e orgulho. No incidente em que eu estava assistindo ao jogo de futebol e me recusei a obedecer à Palavra de Deus e desligar a televisão e orar, fiz isso para mim mesmo.

Uma Nova Natureza

Os cidadãos deste mundo estão presos a tais comportamentos porque eles são governados pelos apetites e desejos carnais (egoístas). O crente foi liberto desse cativeiro (ver Romanos 6:11-14). O Filho verdadeiramente nos libertou!

No Antigo Testamento, foi dito ao povo de Deus para não cometerem pecados, mas eles não conseguiam obedecer porque a natureza deles era pecaminosa (egoísta). O Antigo Testamento prova decisivamente que o homem nunca pode ser *bom* aos olhos de Deus na sua própria capacidade. As pessoas estão presas aos seus apetites e anseios carnais, contrários ao desejo de Deus.

Como novas criaturas, agora temos uma nova natureza; estamos vivos interiormente, recriados à imagem de Jesus com a capacidade interior de viver a vida verdadeiramente *boa*. Observe as palavras de Paulo:

> *Assim, eu lhes digo, e no Senhor insisto, que não vivam mais como os gentios, que vivem na inutilidade dos seus pensamentos. Eles estão obscurecidos no entendimento e separados da vida de Deus por causa da ignorância em que estão, devido ao endurecimento do seu coração. Tendo perdido toda a sensibilidade, eles se entregaram à depravação, cometendo com avidez toda espécie de impureza.*
>
> Efésios 4:17-19

O incrédulo está escravizado pelos apetites da sua carne. O seu espírito está morto — sem vida. Ele não tem capacidade interior de ser *bom* diante de Deus. Acho surpreendente quando os cristãos ficam chocados com o comportamento dos incrédulos. Eles não entendem que uma pessoa não regenerada só faz o que é normal de acordo com a sua natureza. Ela peca. Ela é egoísta. Se tem muita força de vontade, ela pode manter uma boa fachada e até parecer altruísta. Mas não se engane: ela está presa à sua natureza caída.

Paulo continua distinguindo o verdadeiro crente:

> *De fato, vocês ouviram falar dele, e nele foram ensinados de acordo com a verdade que está em Jesus. Quanto à antiga maneira de viver, vocês foram ensinados a despir-se do velho homem, que se corrompe por desejos enganosos, a serem renovados no modo de pensar e a revestir-se do novo homem, criado para ser semelhante a Deus em justiça e em santidade provenientes da verdade.*
>
> Efésios 4:21-24

De modo diferente da pessoa não salva, o crente recebeu uma nova natureza interior. Fomos instruídos a nos submetermos a ela, a viver uma vida santa. O cristão tem uma escolha que o incrédulo não possui. O cristão pode se render à poderosa natureza interior da nova criação ou pode continuar se submetendo aos desejos da carne. A decisão é nossa.

Posição *versus* Comportamento

Neste momento, é importante garantir que tenhamos clareza. Existem dois aspectos importantes da santidade, e o Novo Testamento fala de ambos. Combinar os dois ao mesmo tempo sempre gera confusão.

O primeiro envolve a nossa *posição* em Cristo. Paulo escreve: "*Porque Deus nos escolheu Nele antes da criação do mundo, para sermos santos e irrepreensíveis em Sua presença*" (Ef 1:4; grifo do autor). Essa santidade é unicamente devida ao que Jesus fez por nós e fala do nosso lugar em Cristo. Nunca poderíamos ter conquistado essa posição pelo nosso comportamento; ela é um presente Dele para nós.

Quando Lisa se tornou minha esposa, não foi algo que ela conquistou, mas uma posição que ela recebeu porque eu entreguei o meu coração a ela. Na nossa aliança, ela fez o mesmo por mim. Ponto final.

O segundo aspecto da santidade é o *comportamento* que resulta de mantermos essa posição. Quando Lisa se tornou minha esposa, sua conduta refletia sua lealdade a mim. Ela não flertava mais nem buscava relacionamentos com outros homens. Seus atos correspondiam ao seu relacionamento inabalável como minha esposa. E é claro que, como seu marido, eu fazia o mesmo.

Esse aspecto do nosso relacionamento com Deus é o que estou descrevendo aqui. Pedro afirma isto:

> *Como filhos obedientes, não se deixem amoldar pelos maus desejos de outrora, quando viviam na ignorância. Mas, assim como é santo Aquele que os chamou,* sejam santos vocês também em tudo o que fizerem, *pois está escrito: "Sejam santos, porque Eu sou santo". Uma vez que vocês chamam Pai Aquele que julga imparcialmente* as obras de cada um, *portem-se com temor durante a jornada terrena de vocês.*
>
> 1 Pedro 1:14-17 (grifos do autor)

Está claro que Pedro está falando com filhos de Deus e não com os perdidos. Vemos que Deus nos julgará ou nos recompensará de acordo com *o que fizermos*, o que se refere aos nossos *atos*, e não à nossa *posição* em Cristo. O sangue de Jesus perdoa os nossos pecados, mas há um julgamento certo que ocorrerá com os filhos de Deus com relação *ao que fazemos*. Paulo afirma isto em 2 Coríntios 5:9-11. Viver deliberadamente em desobediência não é uma questão insignificante. Se formos verdadeiramente Seus, devemos querer apaixonadamente não ferir o Seu coração vivendo em pecado.

Como acontece com Tiago e Paulo, Pedro afirma que o nosso velho modo de vida era motivado pelos desejos egoístas e ele nos incentiva a sermos "santos em tudo o que *fizermos*". Deixe-me reiterar: ele está falando sobre o nosso *comportamento e estilo de vida*, e não sobre a nossa *posição* em Cristo. Na mesma passagem, outra tradução afirma que devemos *"ser santos em toda a nossa conduta e modo de vida"* (v. 15, AMP [tradução nossa]). Não existe uma área indefinida ou qualquer confusão sobre a que Pedro está se referindo. Em concordância com Paulo, Pedro simplesmente anuncia que se fomos salvos pela graça, somos capacitados pelo dom da nossa nova natureza a viver diferentemente do mundo, a viver uma vida santa.

Lembre-se de Hebreus 12:14, que nos ordena a buscar a santidade. Recentemente descobri um sermão sobre isso feito por Charles Spurgeon que prendeu a minha atenção. Esse trecho extraído dele lhe mostrará por que:

> Tem havido uma tentativa desesperada feita por certos antino-
> mianos de se livrarem da determinação [buscar a santidade]
> que o Espírito Santo deseja reforçar aqui. Eles disseram que essa
> é a santidade imputada a Cristo. Não sabem eles, quando assim
> falam, que, por uma perversão aberta, eles pronunciam o que é
> falso?... Devemos seguir a santidade — essa deve ser a santidade
> prática; o oposto da impureza, como está escrito: "Deus não nos
> chamou para a impureza, mas para a santidade"... Esse é outro
> tipo de santidade. É, na verdade... a santidade prática, vital que
> é propósito desta advertência. É conformidade com a vontade
> de Deus e obediência à ordem do Senhor.[13]

Uau! Fica evidente que a Igreja não está experimentando uma ideia enfraquecida de santidade pela primeira vez, pois Spurgeon ensinou isso no século 19. Mas quando o nosso entendimento se baseia na verdade da Bíblia, podemos perceber que a santidade se relaciona tanto com quem somos em Cristo quanto com como vivemos em Seu nome.

Eis o ponto importante: nem a nossa *posição* em Cristo nem o nosso *comportamento* são devidos ao que conquistamos ou produzimos pelos nossos próprios méritos ou força. Ambos são resultados do que nos é dado gratuitamente. Entretanto, com relação ao nosso estilo de vida, temos de cooperar com a nossa nova natureza ou nos render a ela para produzir um bom comportamento.

Outra Definição de Santidade

Como vimos agora, santidade significa mais do que ser meramente Dele. Ela fala de uma conduta que é moralmente aceitável a Deus. Isso nos leva a outra definição de santidade. A palavra grega *hagios* também descreve comportamento "puro, sem pecado, reto". Esse significado da palavra assusta algumas pessoas, mas não deveria. Posso explicar o que quero dizer contando uma história constrangedora que aconteceu na minha infância.

Em nossa família eu era o único menino de seis filhos, então minhas tarefas eram todas as tarefas externas: lavar o carro, cortar a grama, varrer as folhas, tirar a neve com a pá, e assim por diante. Como meus amigos e eu amávamos os esportes, nosso padrão normal era correr com as nossas tarefas para sobrar tempo para podermos competir em algum jogo.

Era primavera, e a grama estava crescendo novamente depois de um longo inverno. Meus amigos e eu havíamos programado um jogo de bola depois da escola. Eu havia deixado um pouco de lado minha tarefa, então a grama estava alta. Meu pai havia me instruído na noite anterior que eu tinha de cortar a grama antes de jogar com meus amigos — e a tarefa precisava ser feita antes que ele chegasse em casa do trabalho.

Corri para casa depois da escola, troquei de roupa e tirei o cortador de grama da garagem pela primeira vez naquela primavera. Eu sabia que tinha de ser rápido, pois meus amigos logo estariam prontos para jogar. Puxei a corda para dar a partida no cortador mais de uma vez. O motor não ligou. Empurrei o botão do afogador algumas vezes para fazer jogar mais gasolina no carburador. Continuei puxando a corda vez após vez e obtive o mesmo resultado: nada.

Pensei: *acho que devo ter afogado o carburador e preciso esperar alguns minutos para ele drenar.*

Esperei e, enquanto isso, verifiquei o óleo. Então fiz uma revisão em todos os fusíveis para garantir que tudo estava na posição de partida. Tudo parecia bem; eu só precisava esperar alguns minutos. Esperei e tentei novamente — mas o motor não ligou.

Agora eu estava frustrado, então verifiquei a vela de ignição para ver se ela estava suja. Mas ela parecia bem. *O que há de errado?* Pensei. Eu estava ficando mais irritado a cada minuto. Se o cortador de grama não ligasse, eu não conseguiria cortar a grama. Eu não iria satisfazer o meu pai, e não poderia ir brincar com os meus amigos.

O que posso fazer? Pensei. *Se eu levar o cortador até à loja, irá escurecer antes que o consertem e vou perder o jogo. Talvez eu possa pedir o cortador de alguém emprestado, mas isso vai levar muito tempo.* Tínhamos uma tesoura de poda, mas eu levaria até tarde da noite para cortar cada folha de grama a mão; e ainda que fizesse isso, elas ficariam irregulares e o gramado ficaria horrível. Essa era uma ideia impossível.

Eu estava zangado com aquele pedaço de lixo. *Isto vai me custar a minha diversão*, pensei. O cortador estava quebrado e eu sabia disso. Eu estava diante de uma situação impossível. Não havia meios de eu conseguir cortar a grama e encontrar os meus amigos a tempo.

Então o meu amigo, que ia jogar comigo, chegou e disse:

— Está pronto, John?

— Não. Meu pai me disse que eu tinha de cortar a grama antes de ir, e o cortador de grama não quer ligar — eu disse. — Não dá tempo de consertá-lo, de pegar um emprestado ou de cortar a grama a mão. Não vou poder jogar hoje.

Meu amigo, que era um pouco mais inteligente que eu, disse:

— Deixe-me dar uma olhada.

— É claro, vá em frente! — Eu estava desesperado.

A primeira coisa que ele fez foi abrir o tanque de gasolina. Ele olhou dentro dele, começou a rir e disse:

— Aí está o seu problema, John. Você está sem gasolina no tanque.

Fiquei constrangido — mas aliviado também.

Seu idiota, pensei. *Esta era a primeira coisa que você deveria ter olhado!* Imediatamente enchi o tanque, e o cortador deu a partida de primeira. Cortei a grama depressa e fomos jogar com os nossos amigos.

O que isso tem a ver com santidade? Quando vemos as palavras *puro, sem pecado e reto* como a definição de santidade, ficamos frustrados e pensamos: *Isto não é possível*. Isso acontece porque imaginamos viver desse modo na nossa própria força. É como tentar cortar o gramado inteiro com uma tesoura de poda a tempo para um jogo: completamente impossível! Ficará escuro lá fora antes de você ter terminado uma parte do gramado.

Mas nós temos uma nova natureza, e ela pode ser comparada a possuir um cortador de grama. Entretanto, sem gasolina no tanque, estamos com tantos problemas quanto se não tivéssemos o cortador de grama. Precisamos de gasolina no tanque para fazê-lo funcionar.

No capítulo seguinte, descobriremos qual combustível alimenta a nossa nova natureza — o que nos dá a capacidade de andar em pureza diante de Deus.

10

O COMBUSTÍVEL

*... queremos que vocês tomem conhe-
cimento da graça que Deus concedeu às
igrejas da Macedônia... eles deram tudo
quanto podiam, e até além do que podiam...*
— 2 Coríntios 8:1-3

... Sede vós perfeitos não é... uma
ordem de fazer o impossível. [Deus] vai
nos transformar em criaturas que podem
obedecer a essa ordem.
— C. S. Lewis

Buscar a santidade não é um fim em si; é a porta para a presença de Jesus. O Senhor deixa isso claro: *"Quem tem os Meus mandamentos e lhes obedece, esse é o que Me ama. Aquele que Me ama será amado por Meu Pai, e Eu também o amarei e Me revelarei a ele"* (Jo 14:21). Passamos a conhecer o Senhor intimamente quando guardamos as Suas palavras.

O escritor de Hebreus afirma isto: *"Esforcem-se para... serem santos; sem santidade ninguém verá o Senhor"* (Hb 12:14). É simples: sem santida- de, não há como ver Jesus — não há como entrar na Sua presença!

Santidade tem a ver com ser exclusivamente Dele, separado para Ele. Também significa ser "puro, sem pecado, reto". Ambas as definições andam de mãos dadas. Pertencer a Ele é viver para Ele, agradá-Lo no nosso comportamento. Em Colossenses 1:10, a Bíblia afirma que Ele deseja "*que vocês vivam de maneira digna do Senhor e em tudo possam agradá-Lo, frutificando em toda boa obra, crescendo no conhecimento de Deus*". Afinal, Ele está voltando para uma igreja gloriosa, "*... sem mancha nem ruga ou coisa semelhante, mas santa e inculpável*" (Ef 5:27).

É interessante que essa é a única descrição daqueles para quem Ele está voltando. Pense nisto: a Bíblia não identifica a Sua Noiva como sendo poderosa, relevante, organizada, motivada pela liderança, bem relacionada, respeitável ou alegre. Todas essas são características incríveis, mas as características predominantes que Ele quer em Sua Noiva são que ela seja "*santa e inculpável*".

Outro fato interessante é que a santidade é a qualidade predominante que descreve o próprio Deus. O profeta Isaías e o apóstolo João escreveram sobre ver a sala do trono de Deus. Nenhum deles pôde deixar de perceber os poderosos anjos que O têm cercado há eras e ainda estão clamando "Santo, Santo, Santo" (ver Isaías 6:3 e Apocalipse 4:8). Eles não gritam "fiel", "amoroso", "bondoso" ou "generoso". Ele possui todas essas características maravilhosas, mas a *santidade* supera todas elas.

Duas Opções

A ordem para ser *puro, sem pecado* e *reto* levanta a velha questão: "Mas como podemos viver assim?" Tentamos e fracassamos miseravelmente na nossa própria força. Queríamos obedecer à Lei de Deus que habita dentro da nossa consciência (ver Romanos 2:14-15), mas fracassamos repetidamente.

Mas então veio a *graça*. Não podíamos conquistá-la pelo bom comportamento e ainda não podemos. Não a merecíamos e ainda não a merecemos. O dom de Deus nos perdoa completamente e continuará a nos perdoar quando falharmos. Fomos salvos dos nossos pecados!

Embora tenhamos esse conhecimento maravilhoso, ainda estamos frustrados com a nossa incapacidade de guardar as Suas instruções. Por que essa é uma luta tão grande? Nascemos de novo com uma nova natureza, então por que continuamos falhando?

A esta altura pensamos que podemos ter uma opção, uma opção que nos dá uma desculpa. Podemos ensinar que santidade se refere apenas à nossa posição em Cristo e negligenciar completamente as passagens bíblicas que nos chamam a ter um comportamento santo, aliviando assim qualquer convicção de pecado. Podemos desculpar a nossa falta de transformação porque, afinal, somos apenas humanos e cometeremos erros continuamente. O nosso foco estará unicamente em uma doutrina da graça resumida — em como ela cobre todos os pecados passados, presentes e futuros. Se ensinarmos e crermos somente nisso, estaremos promovendo uma falsa segurança, porque silenciamos a nossa consciência. No entanto, se ouvirmos mais atentamente o nosso coração, nós o ouviremos clamar: "Tem de haver mais!"

Infelizmente, muitos de nós nos contentamos com essa opção, e ao fazer isso, negligenciamos uma tonelada de passagens do Novo Testamento que nos chamam a um estilo de vida de santidade. Eu poderia enumerar muitas páginas da Bíblia sobre esse tópico, mas quero começar com apenas uma passagem:

> *Meus filhinhos, escrevo-lhes estas coisas para que vocês não pequem... Sabemos que O conhecemos se obedecemos aos Seus mandamentos. Aquele que diz: "Eu O conheço", mas não obedece aos Seus mandamentos, é mentiroso, e a verdade não está nele. Mas se alguém obedece à Sua Palavra, nele verdadeiramente está o amor de Deus. Desta forma sabemos que estamos Nele: aquele que afirma que permanece Nele, deve andar como Ele andou.*
>
> 1 João 2:1, 3-6

João não escreveu: "Não se preocupem se vocês pecarem, afinal, somos humanos". Não, ele escreve de forma direta: "... *para que vocês não pequem*". Esse deve ser o nosso alvo. Se nós o perdermos, temos o sangue de Jesus que nos purifica. Nosso objetivo, entretanto, é viver assim como Jesus viveu. E de acordo com a Bíblia, esse não é um objetivo impossível. Assim, a escolha de desconsiderar o pecado repetido devido à "natureza humana" não está alinhada com as palavras de João ou com muitos outras passagens do Novo Testamento.

Alguma coisa está faltando? Será que Deus não teria previsto o nosso dilema e arquitetado um plano? De fato, Ele o fez! É a opção menos falada, mas ela se alinha perfeitamente com o conselho geral do Novo Testamento.

É o aspecto da graça de que muitos não têm conhecimento. É o combustível que dá poder à nossa nova natureza. Simplificando: a graça nos reveste de poder para vivermos a boa vida.

A Verdade Desconhecida da Graça

Em 2009, foi realizada uma pesquisa com milhares de cristãos nos Estados Unidos. Os que foram pesquisados eram crentes nascidos de novo de diversas igrejas. A pergunta feita na pesquisa era: "Dê três ou mais definições ou descrições da graça de Deus". A esmagadora maioria das respostas foi *salvação, presente imerecido* e *perdão dos pecados.*

É bom saber que os cristãos norte-americanos entendem que só somos salvos pela graça. A salvação não vem pela aspersão da água, por pertencer a uma igreja, por guardar leis religiosas, por fazer boas obras que superem as más, e assim por diante. A maioria dos crentes evangélicos norte-americanos está bem firmada nessas verdades fundamentais sobre a graça de Deus porque elas foram enfatizadas nos nossos púlpitos, e creio que Deus se agrada disso.

Entretanto, a tragédia é que apenas 2% dos milhares que foram pesquisados afirmaram que a graça é o *revestimento de poder* de Deus.[14] No entanto, foi exatamente assim que Deus definiu e descreveu a Sua graça. Ele diz:

> *"Minha graça é suficiente para você, pois o* Meu poder *se aperfeiçoa na fraqueza."*
>
> 2 Coríntios 12:9 (grifos do autor)

Deus se refere à Sua graça como o Seu revestimento de poder. A palavra *fraqueza* significa "incapacidade". Ele está dizendo: "*A Minha graça é o Meu revestimento de poder, e ela é aperfeiçoada nas situações que estão além da sua capacidade*".

O apóstolo Pedro define a graça de Deus da mesma forma. Ele escreve: "*Graça e paz lhes sejam multiplicadas... Seu divino poder* [graça] *nos deu tudo de que necessitamos para a vida e para a piedade...*" (2 Pe 1:2-3; grifo do autor). Mais uma vez, a graça é mencionada como o "*Seu divino poder*".

Pedro afirma que todos os recursos ou habilidades necessários para viver uma vida santa e temente a Deus estão disponíveis por meio do revestimento de poder da graça.

Mas o fato de a pesquisa ter revelado que apenas 2% dos cristãos norte -americanos conhecem essa verdade é um enorme problema. Permita-me explicar. Para receber de Deus, precisamos crer. É por isso que as passagens do Novo Testamento são chamadas *"a palavra da fé"* (ver Romanos 10:8). Resumindo, se não cremos, não recebemos.

Eis um exemplo básico disso. Jesus morreu pelos pecados de todo o mundo; entretanto, somente aqueles que creem são os que são salvos. Então, eis o enorme problema: não podemos crer no que não sabemos. Se 98% dos cristãos não sabem que a graça de Deus é o revestimento de poder ou a capacitação Dele, então 98% estão tentando viver uma vida santa na sua própria capacidade. Isso leva à frustração e à derrota. A nova natureza deles não está capacitada; em outras palavras, não há gasolina no tanque deles!

Vamos aprofundar um pouco mais nossa análise recorrendo ao idioma grego. A palavra que é usada com mais frequência para *graça* no Novo Testamento é *charis*. Essa palavra é definida pela *Concordância Exaustiva de Strong* como "dom, benefício, favor, graça e liberalidade".

Se você pegar essa definição inicial e juntá-la a versículos selecionados dos livros de Romanos, Gálatas e Efésios, localizará a definição de graça com a qual a maioria dos norte-americanos está familiarizada. Entretanto, Strong continua com a sua definição: "... a influência divina sobre o coração e o seu reflexo na vida". Vemos que há um reflexo externo do que é feito no coração, o que fala do revestimento de poder da graça.

No livro de Atos, Barnabé foi à igreja de Antioquia, e quando chegou ele *"viu a graça de Deus"* (At 11:23, ACF). Ele não ouviu sobre a graça; ao contrário, ele viu a evidência dela. O comportamento externo das pessoas confirmava o revestimento de poder da graça em seus corações.

É por isso que o apóstolo Tiago escreve: "... *mostra-me essa tua fé* [graça] *sem as obras, e eu, com as obras, te mostrarei a minha fé* [graça]" (Tg 2:18, ARA; grifo do autor). Inseri a palavra *graça* no lugar de *fé* porque é pela fé (crer na Palavra de Deus) que temos acesso à graça de Deus: "... *obtivemos também nosso acesso pela fé a esta graça*" (Rm 5:2, AA). Sem fé — sem crer — não há revestimento de poder (graça). Tiago afirma enfaticamente:

"Deixe-me ver a evidência do revestimento de poder". Esse é o verdadeiro indicador de que recebemos a graça quando cremos.

A graça é um *dom*. Com o que acabamos de aprender, vamos expandir esse entendimento um pouco mais. A salvação é um *dom da graça*. O perdão é um *dom da graça*. A cura é um *dom da graça*. A provisão é um *dom da graça*. Receber a natureza de Deus é um *dom da graça*. O revestimento de poder é um *dom da graça*. Todas essas coisas são manifestações do Seu favor sobre as nossas vidas, cada uma delas imerecida.

Com relação ao revestimento de poder, *a graça nos dá a capacidade de ir além da nossa capacidade natural*. Não tínhamos a capacidade de nos libertar do inferno; a graça o fez. Não deveríamos viver em liberdade, mas a graça nos capacita. Não podíamos mudar a nossa natureza; a graça o fez. Não temos a capacidade de viver uma vida santa, mas a graça nos capacita. Não é de admirar que a chamemos de maravilhosa!

Uma Pergunta Que Exige Reflexão

Recentemente, quando eu estava em oração, o Senhor me perguntou:

— *Filho, como Eu apresentei a* graça *no Meu livro, o Novo Testamento?*

Como um autor que escreveu mais de uma dúzia de livros, a pergunta tinha um significado importante para mim. Deixe-me explicar. Toda vez que apresento um novo termo em um livro, um termo com o qual a maioria das pessoas não está familiarizada, procuro dar a definição principal no momento em que o apresento. Mais adiante no livro, posso dar definições secundárias. Assim, quando um novo termo é apresentado no livro de um autor experiente, suponho que ele traga a definição principal.

Minha resposta à pergunta do Senhor foi:

— Não sei.

Portanto, sem hesitação, fui depressa à minha concordância bíblica e descobri como Deus apresentou a graça no Novo Testamento. Eis o que descobri: "*Todos recebemos da Sua plenitude, graça sobre graça*" (Jo 1:16).

Observe como João escreveu "*graça sobre graça*". Tenho um amigo que mora em Atenas, na Grécia. Ele é um homem que nasceu ali e não apenas fala grego como a sua primeira língua, como também estudou o grego antigo. Ele é uma das pessoas a quem procuro para tudo que se refere ao idioma grego. Ele compartilhou comigo que, na verdade, o apóstolo estava comunicando que Deus nos deu "a mais suntuosa abundância de graça". Em outras palavras, o apóstolo João estava afirmando que o transbordamento, ou a abundância, do que a graça faz por nós nos dá a plenitude de Jesus Cristo! Você ouviu isso? *A plenitude do próprio Jesus Cristo!* Isso diz muito, principalmente no que se refere à natureza, capacidade e poder!

Vamos enfatizar a grandeza dessa afirmação com dois exemplos. Suponhamos que eu me aproxime de um jogador de basquete da escola secundária. Ele não é um dos jogadores titulares do time; na verdade, ele fica sentado no banco de reservas até que restem dois minutos para o fim do jogo e o time esteja vinte pontos na frente ou atrás.

Eu o chamo de lado e digo: "Agora temos os meios científicos para poder colocar em você a plenitude do LeBron James", que, é claro, é um dos maiores jogadores de basquete que já existiram.

Qual você acha que seria a reação dele? Ele diria: "É claro, agora mesmo! O que é que eu preciso fazer?"

Quando fizéssemos isso — você adivinhou — ele não apenas começaria as jogadas no seu time da escola, como o time dele ganharia o campeonato estadual. Ele conseguiria uma bolsa de estudos integral em uma universidade e finalmente se tornaria a primeira escolha para a escalação da NBA.

Ou suponhamos que eu me aproxime de um homem de negócios que está em dificuldades e diga: "Temos um novo meio científico para colocar em você a plenitude de Donald Trump, Steve Jobs e Bill Gates juntos".

Qual você acha que seria a reação dele? "Eu quero sim. Vamos fazer isto!" ele gritaria entusiasmado. O que ele faria depois de receber a plena capacidade desses homens? Começaria a pensar em formas de investimento nas quais ele nunca havia pensado e se tornaria muito bem-sucedido.

A graça não nos deu a plenitude de LeBron James, Steve Jobs, Donald Trump, Bill Gates — ou de Albert Einstein, Johann Sebastian Bach, Roger Federer ou qualquer outro grande homem ou mulher da História. Não, ela nos dá a plenitude do próprio Jesus Cristo! Você compreende a magnitude disso?

Portanto, talvez isso de certa forma venha como uma surpresa, mas no Novo Testamento Deus não apresentou a graça como um dom gratuito, tal como a salvação ou o perdão dos pecados! Deixe-me ser claro. Sou eternamente grato por esses benefícios incríveis, mas eles são mencionados mais tarde no Novo Testamento. Deus apresentou a graça como a transferência da plenitude de Jesus Cristo a nós. Isso diz que possuímos a Sua natureza e capacitação! É por isso que João declara com ousadia: "... *porque neste mundo somos como Ele* [Jesus]" (1 Jo 4:17).

Você já ouviu um pastor dizer "não somos realmente diferentes dos pecadores, a diferença é apenas que fomos perdoados", ou "não passamos de vermes indignos", ou "somos humanos com uma natureza pecaminosa e estamos presos a ela"? Como alguém que lê a Bíblia pode dizer essas coisas? Até o mundo natural nos ensina melhor.

Você já ouviu dizer de um leão dando à luz um esquilo? Você já ouviu que um cavalo-puro sangue de corrida deu à luz um verme? No entanto, a Bíblia afirma que somos ossos dos Seus ossos e carne da Sua carne (ver Efésios 5:30, ACF). Somos ensinados: "*Amados, agora somos filhos de Deus...*" (1 Jo 3:2). Não *mais tarde*, quando chegarmos ao Céu, mas *agora* somos os filhos e filhas de Deus. Como Deus poderia dar à luz um verme indigno? Nascemos de Deus — temos a Sua semente dentro de nós, temos a Sua natureza divina. Como Ele é, assim somos nós neste mundo! Não na próxima vida, *neste mundo!*

Vamos observar novamente as palavras de Pedro:

> *Graça e paz* lhes sejam multiplicadas, *pelo... Seu divino poder* [graça], [Deus] *nos deu tudo de que necessitamos para a vida e para a piedade...*
>
> 2 Pedro 1:2-3 (grifos do autor)

No que se refere a revestimento de poder, o dom da graça não é uma ocorrência de uma única vez no instante da salvação. É algo que precisamos continuamente; precisamos de graça "multiplicada". É por isso que nos é dito: "*Assim, aproximemo-nos do trono da graça com toda a confiança, a fim de... encontrarmos graça que nos ajude no momento da necessidade*" (Hb 4:16). Esse é o combustível que precisamos para o nosso tanque!

Agora ouça o que Tiago diz aos crentes depois de expor o estilo de vida egocêntrico e adúltero deles:

Adúlteros e adúlteras, não sabeis vós que a amizade do mundo é inimizade contra Deus? ... Antes, Ele dá maior graça... Sujeitai-vos, pois, a Deus.

Tiago 4, 6-7-7 (ACF, grifos do autor)

Leia estas palavras novamente com atenção: "*Ele dá* maior graça", a fim de que possamos resistir aos desejos egoístas. A *Amplified Bible* traduz isso assim: "*Mas Ele nos dá mais e mais graça*" (tradução nossa). Esse revestimento de poder imerecido nos dá a capacidade que não possuíamos anteriormente; a capacidade de viver uma vida santa.

Essa graça, estendida àqueles que se humilham crendo na Sua Palavra, infunde a *força* da Sua natureza divina em nosso ser. Os orgulhosos concentram-se na sua capacidade; os humildes dependem da capacitação de Deus. O irmão mais velho de Davi, Eliabe, era um homem orgulhoso que não dependia da capacitação de Deus, mas encarava o gigante Golias na sua própria força (ver 1 Samuel 16 e 17). Davi era um homem humilde que confrontou o gigante na força de Deus. Sabemos qual foi o resultado em cada uma das situações.

Jesus foi o exemplo da dependência da graça de Deus. No Jardim do Getsêmani, Ele estava no meio de uma grande luta. Sua carne queria renunciar ao que Seu Pai ordenara, mas Ele se humilhou em oração enquanto os Seus discípulos dormiam. Ele clamou pelo combustível para atravessar a Sua maior batalha contra o egoísmo. Era um momento de necessidade, e Jesus Se aproximou com ousadia para obter a graça de Seu Pai para revesti-Lo de poder para atravessar a luta. Os discípulos falharam, mas não sem primeiro serem advertidos por Jesus: "*O espírito está pronto, mas a carne é fraca*" (Mt 26:41)!

Na minha história sobre precisar cortar a grama antes de jogar bola, eu não comprei nem mereci o cortador de grama ou a gasolina. Ambos eram presentes do meu pai. O cortador de grama poderia representar a nossa natureza totalmente nova, que só precisa ser dada a nós uma única vez. Possuí-lo me dava o potencial para cortar a grama. Mas sem a gasolina, eu estava com tantos problemas quanto estava quando não tinha o cortador. A gasolina representa a *capacitação* da graça. A gasolina não é um presente que se recebe uma única vez — eu precisava de mais dela cada vez que cortava a grama.

A graça nos deu a Sua natureza quando fomos salvos, mas precisamos de mais e mais graça para revestir de poder a nossa natureza a fim de sermos capazes de viver como Jesus viveu.

Pode Isto, Não Pode Aquilo

Vamos rever as palavras de Paulo aos Efésios. Elas assumirão um significado maior depois do que acabamos de discutir.

> *Assim, eu lhes digo, e no Senhor insisto, que não vivam mais como os gentios, que vivem na inutilidade dos seus pensamentos... Tendo perdido toda a sensibilidade, eles se entregaram à depravação, cometendo com avidez toda espécie de impureza... revestir-se do novo homem, criado para ser semelhante a Deus em justiça e em santidade provenientes da verdade.*
> Efésios 4:17, 19, 24

Deve haver uma diferença distinta entre os perdidos e os crentes, não apenas no que acreditamos, mas na maneira como vivemos. Isso acontece porque temos uma nova natureza, mas temos de nos *revestir* dela. Em outras palavras, temos de nos humilhar acreditando no revestimento de poder da graça e nos rendendo a ele. Veja isso assim: o meu pai poderia me dar um cortador de grama, mas não adiantaria de nada se eu não colocasse gasolina nele, o ligasse e o usasse. Isso é revestir-se da nossa nova natureza. *Nós a usamos*!

Paulo continua a descrever como isso acontece na prática:

> *Portanto, cada um de vocês deve abandonar a mentira e falar a verdade ao seu próximo, pois todos somos membros de um mesmo corpo. "Quando vocês ficarem irados, não pequem". Apaziguem a sua ira antes que o sol se ponha, e não deem lugar ao diabo. O que furtava não furte mais; antes trabalhe, fazendo algo de útil com as mãos, para que tenha o que repartir com quem estiver em necessidade. Nenhuma palavra torpe saia da boca de vocês...*
> Efésios 4:25-29

Já ouvi dizer: "O Antigo Testamento está cheio de *faça isto* e *não faça aquilo*, mas o Novo Testamento se resume à graça". É até ensinado em conferências e igrejas que a graça de Deus nos liberta de *mandamentos*, e muitos acreditam firmemente nisso. Porém Jesus disse que somente aqueles que ouvem e guardam os Seus *mandamentos* experimentarão a Sua presença manifesta. Esses mestres pensam que estão libertando os seus ouvintes, quando na verdade estão desviando as pessoas do que nos leva à presença de Deus. É de partir o coração.

Isto é fato: Jesus nos dá mandamentos. Ele nos comissiona: "*Portanto, vão e façam discípulos de todas as nações... ensinando-os a obedecer a tudo o que Eu lhes ordenei*" (Mt 28:19-20; grifo do autor). Ele não disse "tudo o que Eu lhes *sugeri*".

Nestes dias, muitos amam as palavras do Senhor que falam de soberania, mas não levam a sério as Suas palavras que exigem uma conduta temente a Ele. Deus é verdadeiramente soberano, mas sem uma consciência da liberdade de escolha da humanidade, essa liberdade pode nos levar a um ponto de considerarmos as Suas palavras que exigem um comportamento fiel como meras sugestões.

Mandamentos

Os apóstolos deixaram os mandamentos de Jesus para nós. Deixe-me repetir as palavras de João: "*Sabemos que O conhecemos, se obedecemos aos Seus mandamentos*" (1 Jo 2:3). Então Ele continua dizendo: "*Porque nisto consiste o amor a Deus: em obedecer aos Seus mandamentos*" (1 Jo 5:3).

Paulo escreve: "*Pois vocês conhecem os* mandamentos *que lhes demos pela autoridade do Senhor Jesus*" (1 Ts 4:2; grifo do autor). Suas palavras imediatamente seguintes são: "*A vontade de Deus é que vocês sejam santificados*" (1 Ts 4:3). Espera-se que cumpramos os *mandamentos* de Jesus para vivermos uma vida santa.

Pedro deixa muito claro a ordem de viver uma vida santa. Ele identifica a trágica realidade de que as pessoas apostatarão da fé nos últimos dias. Ele escreve que elas voltarão "*... as costas para* o santo mandamento que lhes foi transmitido" (2 Pe 2:21; grifo do autor). Não apenas recebemos mandamentos no Novo Testamento, mas eles caem especificamente sob o rótulo de "*santo mandamento que lhes foi transmitido*".

Quando examinamos as palavras do apóstolo Paulo em Efésios 4:25-29, vemos ordens diretas de viver uma vida santa:

Não mintam.

Não pequem, permitindo que a ira os controle.

Não roubem.

Não usem linguagem suja ou abusiva.

Podemos dizer honestamente que não existem ordens de "não faça" no Novo Testamento? Para mim, parece muito claro que as frases anteriores tratam disso, não é mesmo?

Veja isso assim. Quando eu era criança, meu pai me disse: "Filho, não corra para o meio da rua para pegar uma bola sem olhar para os dois lados". Isso é um *não faça*, mas ele não estava sendo duro ou negativo. Ele estava simplesmente dando-me essa ordem para que eu não fosse morto de repente e pudesse viver uma vida longa.

Deus está simplesmente nos dizendo o que não fazer para podermos viver vidas plenas, produtivas e longas. E o que é ainda melhor, temos a natureza divina e o combustível da graça para cumprir os mandamentos.

Pare de Dizer Mentiras

Vamos discutir cada um dos comportamentos "*não faça*" que acabo de enumerar.

Em minhas viagens, ouvi e testemunhei as consequências de muitos relatos de desonestidade entre cristãos de partir o coração. Recentemente levei quinze homens de negócios empreendedores a Machu Picchu para uma caminhada de quatro dias na Trilha Inca. Foi um tempo incrível de visão e ministração e — para dizer o mínimo — um exercício físico muito desafiador.

Caminhando algumas horas com cada homem, ouvi histórias repetidas de suas experiências com outros homens de negócios cristãos que mentiam para fazer uma venda ou fechar um negócio. Promessas vazias e compromissos não cumpridos pareciam uma ocorrência comum e não a exceção quando se lidava com um irmão na fé. Ouvi sobre cristãos usando materiais de qualidade inferior, quebrando códigos, violando regras, oferecendo serviços que não eram cumpridos, negligenciando garantias, e muito mais.

Um dos homens contou uma história a respeito de um colega que era construtor imobiliário. Os dois homens estavam construindo no mesmo empreendimento. Esse "irmão" cavou buracos nos lotes de outros proprietários — inclusive nos do homem que estava caminhando comigo — onde ele descarregava entulho, e depois o cobria, em vez de pagar para que fosse retirado adequadamente. Ouvi histórias piores nessa viagem, mas essa se destacou especialmente porque o "irmão" era o líder de louvor de uma igreja evangélica da comunidade.

Mentir não acontece apenas no mercado de trabalho, mas também no governo, na educação, no ministério, na medicina e entre membros da família e amigos. Mentimos para livrar a nossa cara, para proteger a nossa reputação, para galgar posições desejadas ou para acelerar a conquista de um objetivo desejado. Mentir é atraente; pode acelerar o processo de algo que deveríamos confiar em Deus para nos dar.

Com que frequência dizemos às pessoas que estamos orando por elas quando não estamos? Prometemos aos nossos filhos alguma coisa e não cumprimos. Cancelamos compromissos depois de termos dado a nossa palavra. Exageramos para provar o nosso ponto de vista. Todas essas coisas são mentiras e inevitavelmente resultam em pessoas magoadas.

Deixe-me enfatizar novamente este ponto importante: o benefício de guardar os mandamentos de Jesus é a *promessa da Sua presença*. O salmista confirmou essa verdade perguntando: "Senhor, *quem poderá viver na Tua presença?*" (Sl 15:1, ABV)? Então Ele deu a resposta: aquele que "*sofre prejuízo mas não deixa de cumprir a palavra dada*" (v. 4). A Bíblia *A Mensagem* registra isto assim: "*Mantenha a sua palavra, mesmo quando tiver prejuízo*".

Se negligenciarmos o mandamento de Paulo aos efésios para não mentirem, podemos voltar à ordem de Tiago. Ele escreve: "... *não mintam contra a verdade, gabando-se de serem sábios*" (3:14, NTLH). E Paulo deu uma ordem semelhante aos colossenses: "*Não mintam uns para os outros*" (3:9, NTLH). Imagine isto! Paulo, aquele a quem Deus usou para trazer a mais gloriosa revelação da graça, nos deu uma ordem do tipo *não faça*. Se isolássemos muitas declarações no Novo Testamento — de Paulo assim como de outros apóstolos — poderíamos acusá-los de ser contrários à graça, quando na verdade eles não o são.

Se toda a nossa discussão estiver centralizada somente na graça que nos cobre, sem ensinar aos crentes o comportamento capaz de nos revestir de poder que acompanha a graça — neste caso, não mentir — teremos inevitavelmente uma igreja que justifica esse comportamento para atingir um objetivo desejado. Um ensinamento desequilibrado e uma crença desequilibrada sobre a graça, sem enfatizar a santidade nos abre para isso? Ele nos ensina a ignorar as nossas consciências?

Não Deixe a Ira Controlar Você

O próximo da lista: *não pequem, permitindo que a ira os controle*. Já contemplei o rosto de mulheres e homens que vivem com um cônjuge irado. Ouvi os relatos do medo que enche a casa quando esses que professam ser crentes têm ataques de fúria. E quanto aos filhos que moram com pais cuja ira se tornou abusiva e destrutiva? Danos à propriedade e até danos físicos são resultados desses rompantes. As vítimas vivem aterrorizadas esperando pelo ataque seguinte. A ira destrói a atmosfera do lar, que deixa de ser um refúgio. Quando estão na igreja no domingo, tudo nessa família parece bem, mas é uma fachada. Infelizmente, temos preferido ignorar esse mandamento ou não leva-lo a sério.

Essa diretriz não é isolada. Existem mais ordens nas epístolas para abandonarmos a ira. Paulo escreve, mais diretamente: *"Livrem-se de toda amargura, indignação e ira, [e] gritaria"* (Ef 4:31). Tiago ordena: *"Meus amados irmãos, tenham isto em mente: sejam todos prontos para ouvir, tardios para falar e tardios para irar-se, pois a ira do homem não produz a justiça de Deus"* (Tg 1:19-20). Paulo ordena novamente aos colossenses: *"... livrem-se... da raiva [e] da paixão e dos sentimentos de ódio"* (3:8, NTLH).

Vamos perguntar novamente: todas essas coisas parecem ordens do tipo *não faça* desses homens que receberam a revelação da graça de Deus? Será que perdemos alguma coisa aqui?

Não Roubem

Parem de roubar. Com que frequência pedimos dinheiro emprestado e não pagamos? Com que frequência fazemos dívidas enormes? Cremos que a bênção de Deus eventualmente se manifestará, então continuamos ignorando a sabedoria e fazemos dívidas ainda maiores. Podemos acabar decretando falência, o que se tornou um termo socialmente aceitável e que nos livra de admitir que não pagamos o que devemos aos nossos credores.

Com que frequência temos usado os recursos da nossa empresa para uso pessoal? Isso se chama apropriação indébita, fraude. Declaramos confiantemente: "Sou um cristão salvo pela graça de Deus". Mas não estamos obedecendo às ordens de Jesus dadas por intermédio dos Seus apóstolos.

Um pastor com quem trabalhei frequentava todos os cultos, viu milagres acontecerem e se gabava comigo sobre como era fácil para ele orar durante um período prolongado de jejum. Mas durante todo esse tempo, ele estava se apropriando indevidamente de milhares de dólares da igreja. Finalmente ele foi apanhado. Essa é apenas uma história a respeito de cristãos roubando e justificando isso de alguma forma.

Quantos de nós fraudamos a nossa declaração de Imposto de Renda, deixando de relatar uma parte da nossa renda? Nesse caso, outro mandamento de Paulo é ignorado: "*Paguem também seus impostos...*" (Rm 13:6, ABV). Justificamos o nosso roubo por causa do "trabalho ruim" que os nossos líderes civis estão fazendo. Mas quando aprenderemos que um erro não justifica outro?

Não Use Linguagem Suja ou Abusiva

A *Amplified Bible* apresenta o mandamento seguinte assim: "*Nenhuma palavra torpe ou poluidora, nem conversa maligna, inútil ou prejudicial [jamais] saia da boca de vocês*" (Ef 4:29, tradução nossa). Com frequência tenho ministrado àqueles que sofreram abuso verbal por parte de outros crentes. Eles foram destruídos por palavras que feriram e deixaram marcas. As almas deles foram feridas, e leva tempo para serem curadas.

Inúmeras vezes ouvi conversas fúteis entre crentes, até histórias e brincadeiras impróprias em gabinetes de ministros. O uso de palavras profanas no púlpito deixou de ser algo raro.

Recentemente, participei de um jantar com um jovem casal que supervisiona uma grande igreja. Eles admiram e respeitam um determinado ministério global. Eles tiveram a oportunidade de jantar com um dos líderes renomados dessa organização. Durante o jantar, esse líder usou palavras de baixíssimo calão por diversas vezes. Meses depois, o casal ainda estava chocado.

Nós Barateamos a Graça

O que aconteceu? Será que nos tornamos tão frios que jogamos fora o comportamento santo? Será que sacrificamos o nosso testemunho para nos tornarmos mais relevantes? Sou 100% a favor de ser relevante, progressivo e avançado em nosso modo de pensar, mas não à custa de comprometer a Palavra de Deus.

Precisamos fazer esta pergunta: os apóstolos viam como uma necessidade dar ordens que nos levassem a um comportamento santo, então, por que não as estamos proclamando? Será que sabemos mais que eles? Será que sabemos mais que Jesus?

Será possível que o inimigo tenha nos seduzido como fez com Eva? Desta vez, é um pouco diferente. Eva estava bem ciente da ordem para não comer o fruto da árvore do conhecimento do bem e do mal. O inimigo teve de se arriscar a se expor contradizendo diretamente a Palavra de Deus. Essa foi uma tarefa delicada para ele.

Mas nós facilitamos as coisas para o diabo. Simplesmente deixamos de fora algumas das palavras de Deus. Você se lembra de como Deus ordenou: "*De toda árvore do jardim comerás livremente, mas da árvore do conhecimento do bem e do mal não comerás*" (Gn 2:16-17, ARA; grifo do autor)? Em comparação, alguns hoje teriam dito: "*De toda árvore do jardim comerás livremente*". Ponto final. Fim da história. Eles deixam de fora a ordem "*não comerás*" — o *não faça* — relacionada aos comportamentos que são ímpios.

Na essência, barateamos a graça de Deus. Declaramos corretamente que ela salva, perdoa e que é um dom gratuito do Seu amor. Entretanto, não temos declarado que ela transformou a nossa natureza e nos capacita a não vivermos como costumávamos viver. Temos evitado dizer às pessoas que elas agora foram revestidas de poder para abandonar o comportamento ímpio. O resultado desse silêncio é que os crentes desconhecem a santidade e estão deixando de experimentar a presença de Deus.

Os Nossos Atos Importam

Recentemente, eu estava no meio da minha leitura bíblica matinal. Naquele momento, eu estava lendo Salmos e Hebreus. Eu havia terminado a minha porção de Salmos e estava virando as páginas até Hebreus quando senti fortemente o Espírito Santo dizer: *"Não, não leia Hebreus, leia Apocalipse".*

Eu havia começado a ler Apocalipse algumas semanas antes, também por um apelo do Espírito. Li os dois primeiros capítulos, mas lamento dizer que perdi o interesse. No dia seguinte, voltei à minha leitura programada. Agora, duas semanas depois, eu voltava ao lugar onde parara no capítulo 3. Eu estava prestes a ser derrubado pelas palavras de Jesus à igreja de Sardes:

> *Eu sei o que vocês estão fazendo. Vocês dizem que estão vivos, mas, de fato, estão mortos.*
>
> Apocalipse 3:1 (NTLH)

Primeiramente, observe que Jesus afirma: *"Eu sei o que vocês estão fazendo"*, e não "Eu sei as coisas em que você acredita". Ele não diz: "Eu sei as suas intenções". Em outra tradução Ele diz: "Conheço as suas obras". Está claro que Ele está se referindo não à justiça posicional da igreja, mas à santidade exterior dela — as suas obras, comportamentos, as suas escolhas na vida, e assim por diante.

Ele identifica essa igreja como tendo a reputação de estar viva. O que daria essa impressão? Seria porque ela está crescendo e é popular, as reuniões são empolgantes e a atmosfera é emocionante? Lembre-se de que podemos inadvertidamente substituir a presença por uma atmosfera. Se você assistir a um show de música pop, perceberá que há multidões, um entusiasmo contagiante e uma grande expectativa de uma noite fabulosa, mas será que esses shows estão alinhados com o coração de Deus?

Uma pergunta importante para decifrar se uma congregação está viva ou morta é: estamos obedecendo às palavras de Jesus ou estamos desenvolvendo uma comunidade unida que na verdade está se afastando das ordens Dele? Outra pergunta que deveríamos fazer é: estamos proclamando a verdade que trata do estado do coração, resultando em mudança de comportamento, ou mensagens que afagam as nossas emoções e estimulam o nosso intelecto?

Em seguida a essa declaração de abertura, Jesus prossegue dizendo:

> *Acordem e fortaleçam aquilo que ainda está vivo, antes que morra completamente, pois sei que o que vocês fizeram não está ainda de acordo com aquilo que o Meu Deus exige.*
>
> v. 2 (NTLH)

Mais uma vez Jesus identifica os atos deles, e não as suas crenças. Como afirmei, há ordens de *faça* e *não faça* no Novo Testamento; essas ordens se referem aos nossos atos. De acordo com Jesus, essa igreja não está perseguindo e abraçando um estilo de vida de santidade. Então ele afirma:

> *Portanto, lembrem do que aprenderam e ouviram; obedeça e arrependa-se. Mas se você não estiver atento, virei como um ladrão e você não saberá a que hora virei contra você.*
>
> Apocalipse 3:3

Lembre-se de que Jesus está se dirigindo à igreja, e não à cidade, de Sardes. Mas se as Suas palavras fossem apenas destinadas a essa igreja histórica, elas não estariam na Bíblia. O fato de estarem significa que elas têm uma aplicação profética hoje. E elas se aplicam aos crentes, assim como se aplicavam quando foram ditas pela primeira vez. Essas palavras se dirigem a nós, pois a Palavra de Deus é viva. Assim, daqui em diante irei me referir à declaração de Jesus nesse contexto.

Jesus nos instrui a voltar ao que acreditamos inicialmente. Em outras palavras, nós nos desviamos de uma vida santa. Desenvolvemos uma doutrina da graça que permite que vivamos de maneira em nada diferente dos incrédulos da nossa comunidade. Esse é um ensinamento aparentemente bom, mas ele é a Palavra de Deus?

Jesus diz à Igreja para se arrepender e voltar às Suas palavras. Há mestres modernos que declaram que a partir do momento em que nos tornamos cristãos, não precisamos mais nos arrepender, porque todos os nossos pecados, passados, presentes e futuros estão automaticamente perdoados. Se for esse o caso, por que Jesus diz a nós, a Sua Igreja, para nos arrependermos e voltarmos para Ele?

Se você olhar para os ensinamentos desequilibrados sobre a "graça" que estão atraindo multidões hoje em dia, muitos deles são propagados por líderes que na verdade foram criados ouvindo mensagens legalistas e distorcidas sobre a santidade. Sim, a santidade foi mal representada em muitos círculos, mas isso não muda o fato de que ela é fundamental para o Cristianismo. Ao longo da história da Igreja, o chamado a uma vida santa tem sido uma parte essencial da nossa missão coletiva e das nossas missões individuais. Precisamos retornar ao nosso fundamento: o que "*aprenderam e ouviram*" no início.

Jesus continua:

> *No entanto, você tem aí em Sardes uns poucos que não contami-*
> *naram as suas vestes. Eles andarão comigo, vestidos de branco,*
> *pois são dignos.*
>
> Apocalipse 3:4

Observe as palavras "contaminaram as suas vestes". Lembre-se das palavras de Paulo que nos preparam para a presença de Deus: *"... purifi-quemo-nos de tudo o que contamina o corpo e o espírito, aperfeiçoando a santidade no temor de Deus"* (2 Co 7:1). Jesus está corrigindo o rumo da Igreja com um chamado para voltarmos a uma vida santa e a não conta-minarmos as vestes da carne e do espírito com um estilo de vida ímpio. Ele conclui dizendo:

> *"Aqueles que conseguirem a vitória serão vestidos de branco, e*
> *Eu não tirarei o nome dessas pessoas do Livro da Vida. Eu de-*
> *clararei abertamente, na presença do meu Pai e dos Seus anjos,*
> *que elas pertencem a Mim. Portanto, se vocês têm ouvidos para*
> *ouvir, então ouçam o que o Espírito de Deus diz às igrejas."*
>
> Apocalipse 3:5-6 (NTLH)

Ter o seu nome riscado do Livro da Vida é um assunto muito sério. No entanto, essas palavras vêm diretamente dos lábios do nosso Salvador. É importante ouvirmos e prestarmos muita atenção ao que o Espírito de Deus fala por meio da Palavra de Deus escrita, e não negligenciarmos essas declarações que podem não se alinhar com o que acreditávamos ou com o que é ensinado geralmente.

Deus nos tornou justos; jamais poderíamos fazer nada para conquistar essa posição em Cristo. Entretanto, seguir um estilo de vida ou um comportamento santo correspondente a essa posição obviamente é muito importante aos olhos Dele.

Paulo escreve claramente: *"Porque a graça de Deus se manifestou salvadora a todos os homens. Ela nos ensina a renunciar à impiedade e às paixões mundanas e a viver de maneira sensata, justa e piedosa nesta era presente"* (Tt 2:11-12). Essa é uma diretriz clara. Então, por que não estamos proclamando essa verdade nos nossos púlpitos?

Nunca devemos parar de ensinar que não podemos conquistar o favor, o perdão ou a salvação de Deus. Vamos continuar proclamando essas boas-novas. Entretanto, vamos parar de baratear a Sua graça. Vamos proclamar a verdade completa!

11

BOM OU BENÉFICO?

Alguns dizem assim: "Podemos fazer tudo o que queremos". Sim, mas nem tudo é útil.
— 1 Coríntios 10:23 (NTLH)

... A santificação total não é apenas essencial como a condição para entrar no Céu, também é necessária para os mais elevados resultados da vida cristã na Terra.
— DOUGAN CLARK

Como um ministro que fala e compartilha de si mesmo com os outros com frequência, é especialmente revigorante ouvir mensagens de outros homens e mulheres de Deus. Recentemente, eu estava desfrutando uma dessas ocasiões. O pastor que estava ministrando é muito respeitado em nossa nação, supervisiona uma grande igreja e é conhecido por suas percepções a respeito do desenvolvimento da igreja local. Sua mensagem foi interessante, encorajadora e reveladora. Milhares estavam ouvindo atentamente no auditório.

A certa altura ele fez um comentário que parecia bom, sábio e humilde, mas que não caiu bem. Ele disse: "O que vou dizer pode parecer um pouco negativo. Geralmente, não falo assim porque eu não convenço as pessoas com as minhas mensagens. Deixo toda a convicção com o Espírito Santo".

Tentei ignorar o desconforto em meu espírito, mas não consegui. No passado, ouvi líderes dizerem palavras semelhantes. A lógica parecia correta, então por que eu estava perturbado? Então pensei nas palavras do apóstolo Paulo a um jovem aprendiz chamado Timóteo. Depois do culto, consultei o versículo:

> *"Pregue a palavra, esteja preparado a tempo e fora de tempo, repreenda, corrija, exorte..."*
>
> 2 Timóteo 4:2

Deixe-me primeiramente compartilhar o contexto desse versículo. Na época em que Paulo escreveu essa carta, Timóteo estava pastoreando a grande igreja de Éfeso. Esse capítulo do Novo Testamento contém as palavras finais escritas por Paulo, não apenas ao seu jovem aprendiz, mas também a todos nós. Imagino que ele tivesse a sensação de que o fim se aproximava e que tenha escolhido esse tópico e essas palavras cuidadosamente.

Eu não queria apenas o conhecimento superficial a respeito do que Paulo quis dizer com *"repreenda, corrija, exorte"*, então comecei a pesquisar. Primeiro fui à *Amplified Bible* para ter esclarecimento, mas antes que eu pudesse chegar ao versículo citado, o versículo anterior chamou a minha atenção:

> *Na presença de Deus e de Cristo Jesus, que julgará todos os seres humanos, tanto os que estiverem vivos como os que estiverem mortos, eu ORDENO a você...*
>
> 2 Timóteo 4:1 (AMP, tradução nossa)

A palavra *ordeno* está traduzida com todas as letras maiúsculas; eu não cometi um erro. Isso foi feito para dar ênfase. Entrei em contato com o meu amigo Rick Renner, um estudioso há muitos anos do idioma grego, e perguntei acerca do exato significado disso. A resposta dele:

> A palavra grega para *ORDENO* é *diamarturomai*, uma palavra que era usada quando os oficiais faziam o juramento antes de tomar posse de um cargo público. A pessoa que os conduzia no juramento do ofício invocava todos os deuses para ver e ouvir, despertando uma grande seriedade sobre a pessoa que

estava fazendo o juramento. Então a pessoa que conduzia o juramento *ordenava* que o oficial realizasse o seu trabalho de forma responsável e se lembrasse de que os deuses estavam vendo. Nesse contexto, Paulo estava dizendo a Timóteo: "Eu invoco Deus para assistir enquanto você recebe as palavras que vou lhe dizer" (paráfrase do autor). Era uma palavra muito solene que dizia a Timóteo que ele deveria levar a sério o que estava prestes a ouvir porque o próprio Deus estava vendo e ouvindo — e é por isso que o restante desse versículo fala sobre julgamento... Paulo queria que Timóteo entendesse a seriedade do que ele iria dizer e do que ele iria ouvir. A palavra *ordeno* colocava uma grande responsabilidade sobre quem a recebia.

Paulo foi muito enfático com esse jovem pastor (e conosco), garantindo que a sua ordem não fosse considerada como opcional. Como Rick afirmou, Paulo deu essa ordem na presença de Deus e de Cristo Jesus. Em outras palavras, Deus julgaria Timóteo, juntamente com qualquer outro ministro, se ele não desse ouvidos a este mandato. Eis o mandato:

> *Proclame e pregue a Palavra! Mantenha o seu senso de urgência [fique de prontidão, esteja disponível e preparado], quer a oportunidade pareça favorável ou desfavorável. [Seja conveniente ou inconveniente, seja bem-vinda ou não, você como pregador da Palavra deve mostrar às pessoas onde as vidas delas estão erradas.]*
>
> 2 Timóteo 4:2 (AMP; grifo do autor, tradução nossa)

Um ministro do Evangelho deve *"mostrar às pessoas onde as vidas delas estão erradas"*. Isso é notável!

Meu pensamento imediato acerca da mensagem que eu ouvira foi: *Não é de admirar que a declaração do pastor não tenha caído bem.* Ela parecia boa, mas não era a verdade. Quer consciente ou inconscientemente, ele havia preferido o que parecia bom a Deus.

Recentemente, um pastor muito popular e sua esposa estavam sendo entrevistados em um programa de notícias internacional. O jornalista levantou o assunto da imoralidade sexual, e a resposta deles foi: "Não cabe a nós dizer a ninguém como deve viver".

Sei que esse casal ama as pessoas. Eles querem ver os perdidos ouvirem o Evangelho e conhecerem a Jesus. A visão deles é boa — seria fabuloso se todos os ministros tivessem a determinação apaixonada deles. Entretanto, será que podemos alterar a nossa ordem direta de *Deus* de "*mostrar às pessoas onde as vidas delas estão erradas*", e substituí-la pela nossa *boa* filosofia de "não dizer às pessoas como elas devem viver"?

Será que essa era a tática dos apóstolos? Em uma ocasião, Paulo declarou a sua estratégia a um rei não salvo:

> *"Assim, rei Agripa, não fui desobediente à visão celestial. Preguei em primeiro lugar aos que estavam em Damasco, depois aos que estavam em Jerusalém e em toda a Judeia, e também aos gentios, dizendo que se arrependessem e se voltassem para Deus, praticando obras que mostrassem o seu arrependimento."*
>
> Atos 26:19-20

Dizer aos não salvos para se *arrependerem dos seus pecados* e depois, após a conversão, que *mostrassem o seu arrependimento*, é lidar diretamente com a maneira *como eles devem viver*. Infelizmente, a filosofia evangelística de Paulo e a do casal que estava sendo entrevistado são completamente opostas. Uma é *de Deus*. A outra é *do bem*.

Paulo demonstrou a sua determinação em seguir a estratégia divina quando surgiu a oportunidade de falar a outro líder notável não salvo e à sua esposa. Examine a sua tática pelos assuntos que ele discutiu:

> *Poucos dias depois, Félix e Drusila, sua esposa, que era judia, mandaram chamar Paulo para ouvi-lo falar a respeito da vida de seguidor de Jesus Cristo. Como Paulo insistia em relações justas com Deus e com Seu povo e falava sobre a vida de disciplina moral e o juízo futuro, Félix começou a achar a conversa desconfortável e o dispensou: "Basta por hoje. Eu o chamarei quando for conveniente".*
>
> Atos 24:24-25 (*A Mensagem*)

Félix mandou chamar Paulo porque ele e sua esposa estavam interessados em ouvir a mensagem de Paulo a respeito da vida eterna. Dois dos principais tópicos que o apóstolo abordou com esse casal não salvo foram a disciplina moral e o juízo vindouro. As palavras de Paulo foram tão fortes que isso os deixou muito desconfortáveis. Como isso se compara à nossa tática nos dias de hoje de ministrar aos perdidos? Há alguns líderes de igrejas cujo objetivo primordial é conseguir fazer com que os que buscam voltem no próximo culto de domingo. É claro que fazer com que as pessoas voltem à igreja no domingo seguinte é elogiável, mas esse não é o objetivo final. O objetivo de Paulo não era criar nas pessoas o desejo de assistir a mais uma reunião; era declarar a verdade com fidelidade.

Recentemente, assisti à reunião de um jovem pastor muito popular. Ele estava fazendo uma turnê proclamando a sua mensagem do amor de Deus. Mais de mil pessoas se reuniram em um auditório lotado para ouvi-lo. A atmosfera era eletrizante; as pessoas estavam empolgadas para ouvir as palavras desse jovem líder. Os presentes foram informados duas vezes antes da sua mensagem — tanto pelo seu coordenador quanto por ele próprio — que ouviríamos apenas "boas-novas" e que ele não diria nada "negativo" naquela noite. O termo "boas-novas" foi usado em oposição a algo "negativo". Contudo, há ocasiões em que uma boa-nova inicialmente parece negativa, principalmente quando traz uma correção ao curso das nossas vidas. Mas se essa correção de curso nos salva de um caminho de morte, então como deveríamos considerá-la?

Quando estava na plataforma, esse pastor passou os primeiros vinte minutos interagindo com a plateia usando um humor inteligente. Em seguida compartilhou acerca do amor apaixonado de Jesus por nós. Foi uma mensagem amigável e encorajadora. Então ele ofereceu a oportunidade de salvação sem chamar os que buscavam uma mudança de rumo a abandonarem o seu amor pelo mundo ou a desobediência a Deus. Nada foi dito a respeito do arrependimento de pecados — um ensino fundamental que precisa acompanhar a salvação (ver Hebreus 6:1). Muitos responderam à oferta dele naquela noite.

A mensagem desse pastor estava alinhada com a mensagem de Paulo ao rei Agripa ou a Félix e Drusila? A mensagem dele estava alinhada com as palavras de Pedro, que disse com severidade àqueles que desejavam a salvação: "*Arrependam-se, pois, e voltem-se para Deus, para que seus pecados sejam cancelados*"? (At 3:19). Os que buscavam saíram da reunião naquela noite salvos?

Extremos Opostos

Vamos perguntar novamente: por que é tão fácil balançar o pêndulo para o lado totalmente oposto — para tão longe do legalismo que desprezamos a ponto de agora omitirmos os elementos-chave do Evangelho?

Muitos dos líderes de hoje foram criados pelos que agora são vistos como os pais da igreja austera. No século 20, esses pais não tinham medo de confrontar e expor o pecado; eles nos chamavam a uma vida santa. Naqueles anos, não havia tantas megaigrejas como hoje. As mensagens firmes e convincentes da Bíblia com frequência afastavam os que estavam buscando, mas não eram sinceros.

Em algum momento posterior, como um movimento estratégico contrário, alguns líderes decidiram que grandes multidões de adeptos poderiam ser arrebanhadas se eles adotassem *mensagens positivas e animadoras*. Minimizamos a importância da convicção, da repreensão e da correção, enquanto pesquisávamos na Bíblia em busca de mensagens encorajadoras. Paramos de dizer às pessoas como a vida delas não estava em obediência à Palavra de Deus. Essa se tornou a nossa estratégia no século 21. Mas ouça a continuação do mandato de Paulo a Timóteo:

> *Prega a palavra, insta, quer seja oportuno, quer não, corrige, repreende, exorta com toda a longanimidade e doutrina.*
>
> 2 Timóteo 4:2 (ARA)

Eis o que significam as três palavras gregas cruciais dessa passagem: *elegcho, epitimao* e *parakaleo*. A definição de Strong de *elegcho* é "convencer, mostrar um erro, repreender, reprovar". O *Complete Word Study Dictionary* (Dicionário completo de estudo de palavras) é mais específico em sua definição: "No Novo Testamento, convencer, provar que uma pessoa está errada e assim envergonhá-la". Isso é forte!

A segunda palavra, *epitimao*, é definida como "ordenar (diretamente), repreender". Isso é bem direto! A terceira palavra, *parakaleo* é definida como "consolar, encorajar". Esse é o aspecto animador; ele é realmente necessário.

Focando nas duas primeiras palavras, Paulo ordenou que os ministros pregassem mensagens que convençam, repreendam, reprovem, apontem o erro e provem que uma pessoa está errada. Ao ouvir essas palavras sendo definidas, é inevitável questionar o paradigma da liderança dos nossos dias na igreja ocidental. A estratégia de hoje é a sabedoria de Deus ou a sabedoria do que é *bom*? Viajando em tempo integral para estar presente em conferências e igrejas há mais de vinte e cinco anos, posso dizer honestamente que nos deixamos ser levados pela corrente para o que é *bom*.

Eu poderia contar inúmeras histórias nesse sentido, mas me permita contar apenas mais uma. Fui convidado para falar em uma igreja muito grande na parte noroeste dos Estados Unidos. Admiro esse líder e sua obra, e estava aguardando ansiosamente passar um tempo com ele, sua esposa, sua equipe de liderança e com a igreja.

Algumas semanas antes do evento, recebi um *e-mail* do pastor que dizia: "John, estamos aguardando ansiosamente a sua vinda e ouvi-lo falar ao coração da nossa igreja. Enquanto você prepara as suas mensagens, seria bom eu compartilhar com você a nossa cultura. Somos uma igreja positiva: o nosso povo não está acostumado a ouvir mensagens negativas. Assim, quando você se dirigir à nossa congregação, por favor, mantenha as suas mensagens em torno de um tema positivo e encorajador."

A pergunta surge novamente: como essa "sabedoria" se compara ao que Paulo acaba de *ordenar* a Timóteo que faça? Para comparar, irei enumerar na linguagem original os "positivos" e o que hoje em dia veríamos como "negativos".

Positivo: 1) *parakaleo*: consolar, encorajar.

Negativo: 1) *elegcho*: convencer, apontar o erro, reprovar, reprender, provar que uma pessoa está errada.

2) *epitimao*: ordenar (diretamente), repreender.

Há três ordens de Paulo. Duas das três são consideradas "negativas" e somente uma é "positiva". Deixe-me colocar isso de outra forma: 67% são "corretivas" e 33% são "afirmativas". Não estou sugerindo que 67% das nossas mensagens devam ser "corretivas". Entretanto, o que deveríamos perguntar é: estamos desequilibrados? Se o nosso objetivo é um ensino 100% encorajador e animador nas nossas igrejas, então será que agora temos um povo cada vez mais positivo que acredita que está no caminho certo com Deus, quando na verdade está se afastando cada vez mais do Seu caráter e da Sua presença?

A Essência desta Ordem

O escritor de Hebreus nos informa:

> *Nenhuma disciplina parece ser motivo de alegria no momento, mas sim de tristeza. Mais tarde, porém, produz fruto de justiça e paz para aqueles que por ela foram* exercitados.
> Hebreus 12:11 (grifo do autor)

Há dois pontos importantes aqui. Primeiro, a disciplina é *dolorosa*! O encorajamento não é doloroso, mas a repreensão, a correção e o apontar o erro são. Segundo, a disciplina de que fala o escritor de Hebreus é o *treinamento* para uma vida santa.

A pergunta que agora devemos fazer é: como Deus nos treina? Se voltarmos ao que Paulo escreveu a Timóteo, tudo faz sentido:

> *Toda a Escritura é inspirada por Deus (dada por Sua inspiração) e proveitosa para a instrução, para repreensão e convicção de pecados, para correção do erro e disciplina na obediência, [e] para* treinamento *na justiça (em uma* vida santa, *em conformidade com a vontade de Deus em pensamento, propósito e ação), de forma que o homem de Deus possa ser completo e proficiente, bem preparado e completamente equipado para toda boa obra. Eu lhes ORDENO, na presença de Deus e de Cristo Jesus, que há de julgar os vivos e os mortos, e pela (à luz da) Sua vinda e [d]o Seu Reino: Proclamem e preguem a Palavra!*
> 2 Timóteo 3:16–4:2 (AMP, grifos do autor; tradução nossa)

Mais uma vez, você observou as palavras *repreensão, convicção de pe-cados, correção do erro* e *disciplina na obediência?* Você também percebeu que a Bíblia *nos treina em uma vida santa,* e que Paulo então ordenou a Timóteo e a nós *que pregássemos a Palavra* (Bíblia)? Juntando tudo isso, eis na essência o que está sendo ordenado:

> *Timóteo, e todos os outros ministros do Evangelho, eis um fato: a disciplina divina é dolorosa, mas ela nos treina para uma vida santa. Deus administra essa disciplina (treinamento) por meio das passagens bíblicas faladas inspiradas, que também equi-pam adequadamente o homem ou a mulher que deve falar em Seu nome. Portanto, preguem a Palavra — a Bíblia. Pois vocês, como mensageiros de Deus, devem mostrar às pessoas de que maneira a vida delas está errada. Isso é feito usando adequa-damente a Bíblia para administrar amorosamente repreensão, convicção de pecados, reprovação, correção, disciplina na obedi-ência e encorajamento. Esse é o processo divino de treinamento dos ouvintes para uma vida santa.* (paráfrase)

Entendo que isso é tão diametralmente oposto à cultura das nossas igrejas do século 21 que pode ser chocante. Porém, queremos uma igreja forte ou uma igreja desencaminhada? Queremos cultivar pessoas saudáveis ou pessoas enganadas? Essas instruções são dadas para que não nos desviemos inconscientemente do coração de Deus. Se quisermos andar seguramente com Jesus, precisamos estar fundamentados na Bíblia. É impossível reconci-liar a nossa cultura atual com as diretrizes do Novo Testamento. Vamos fazer a mudança e observar o surgimento de uma igreja saudável!

Desejável ou Benéfico?

Paulo, por discernimento do Espírito, previu que pastores e outros não dariam ouvidos a essa ordem e profetizou o resultado que ocorreria:

> *Pois virá o tempo em que [as pessoas] não suportarão (tolerarão) a sã e autêntica instrução, mas, sentindo coceira nos ouvidos*

[por algo agradável e gratificante], juntarão mestres para si mesmos, um após o outro, até um número considerável, escolhido para satisfazer os seus próprios desejos e para promover os erros que elas cometem.

2 Timóteo 4:3 (AMP, tradução nossa)

Bem-vindo a esse tempo! Vamos perguntar o que é mais desejável: uma mensagem encorajadora, feliz, positiva e leve? Ou uma mensagem de advertência, repreensão, correção, convicção e que aponta erros?

Todos, inclusive eu, prefeririam muito mais ouvir uma palavra refletindo o primeiro tipo de mensagem. Sou uma pessoa positiva, de modo que naturalmente sou direcionado para a mensagem otimista. Se tiver escolha, qualquer ser humano normal fará o mesmo.

Se existirem duas igrejas próximas uma da outra, e você sabe que em uma delas pode ouvir palavras que tratem explicitamente com o seu comportamento pecaminoso, e na outra você só ouvirá uma palavra encorajadora e positiva, você escolheria a segunda. Foi isso que Paulo disse que finalmente aconteceria — as pessoas prefeririam algo que é *do bem* a algo que vem de Deus. A pergunta correta não é o que é mais desejável, mas sim o que é mais benéfico.

Vamos ser honestos. A maioria das pessoas não quer ouvir sobre essa escolha crucial entre mensagens. Mas considere este exemplo. Um homem chamado Steve foi diagnosticado com câncer. O tumor está em seu estágio inicial, e removê-lo cirurgicamente poderia facilmente deter a sua ameaça. O médico diz: "Podemos removê-lo com um procedimento simples".

Então Steve sai em busca de uma segunda opinião. O segundo médico não dá ouvidos à pesquisa médica ou à instrução que ele recebeu como aluno de medicina. Ele simplesmente ama ser médico e ajudar as pessoas do jeito dele. Ele diz a Steve para não se preocupar. Está tudo bem e ele tem uma vida incrível pela frente. Esse médico afirma com entusiasmo: "Steve, a sua saúde está em bom estado".

Steve sai do segundo médico aliviado. Ele pensa: *Que médico bom. Ele falou bem de mim. Saio daqui mais encorajado.* Agora ele está realmente um pouco chateado com o primeiro médico por ser tão negativo e pedir a ele para passar por um procedimento que seria inconveniente, doloroso e dispendioso. Ele conscientizou Steve de que o seu estado era grave. O seu jeito foi rude e ele não foi muito encorajador.

Graças à segunda opinião, Steve acredita que ele não tem nada com que se preocupar. Entretanto, dois anos depois Steve está muito doente e a poucas semanas da morte, porque o pequeno tumor cresceu a um tamanho que ameaça a sua vida. Ele invadiu muitos órgãos vitais do seu corpo. Nenhum tratamento ajudará Steve agora.

Dois anos antes, foi mais fácil ouvir o médico positivo. Mas o que era mais necessário então — a verdade ou a bajulação, a medida corretiva ou a fala positiva? Steve ouviu que ele estava saudável, quando na verdade não estava. É tarde demais para voltar atrás. Agora ele gostaria de ter ouvido a verdade.

Será que, na igreja ocidental, estamos nesse estado espiritual, tanto como líderes quanto como membros da igreja?

Houve um tempo na história de Israel em que os líderes religiosos adotaram um ministério exclusivamente positivo. Eles evitavam o confronto e só falavam de maneira animadora. Deus declarou a visão que tinha das mensagens deles: *"Eles tratam da ferida do Meu povo como se ela não fosse grave. 'Paz, paz', dizem, quando não há paz alguma"* (Jr 8:11). É interessante que, na essência, a mensagem deles não era diferente da mensagem que o segundo médico deu a Steve.

"Eu Não Gosto das Mensagens Dele!"

Não abraçar a correção da verdade é um problema antigo. Em outra época, um rei de Israel planejou um empreendimento. Ele convocou centenas de conselheiros espirituais e lhes perguntou se seus planos seriam bem-sucedidos. Esses conselheiros tiveram uma grande oportunidade de dizer a verdade ao rei, mas um por um, eles responderam: "Sim, o rei terá êxito". Eles ainda profetizaram o bem que resultaria daquele empreendimento.

O rei de Judá também estava presente, e o seu coração era sensível a Deus. Ele ansiava pela verdade, o que lhe dava discernimento. Ele não sentiu a voz do Senhor, embora todos os conselheiros espirituais estivessem dizendo a mesma coisa. Ele continuou procurando pela palavra que falasse ao seu coração sensível.

Finalmente, o rei de Judá perguntou ao líder de Israel:

— Não existe outro conselheiro que fale com exatidão?

O rei de Israel respondeu:

— *Na verdade, há mais um. Mas não gosto dele. Ele nunca diz nada de bom a meu respeito, só prevê destruição e calamidade* (1 Rs 22:8, *A Mensagem*).

Ainda assim, para aplacar o seu colega regente, o rei de Israel solicitou que aquele conselheiro "negativo" comparecesse perante a assembleia real.

O nome desse profeta era Micaías, e o mensageiro do rei que o encontrou disse: "*Veja, todos os outros profetas estão predizendo que o rei terá sucesso. Sua palavra também deve ser favorável*" (1 Rs 22:13).

A resposta de Micaías foi: "*Juro pelo nome do Senhor que direi o que o Senhor me mandar*" (1 Rs 22:14). Ele fez exatamente isso, e foi uma palavra de correção que irou o rei. Mas no fim das contas, todos os conselheiros positivos estavam errados acerca do resultado e Micaías estava certo.

Onde estão os conselheiros ou ministros como Micaías hoje? Por que não estamos ouvindo as suas convicções e advertências protetoras mais regularmente? Por que os livros deles, nos chamando à santidade, não são *best-sellers*? Por que eles não são os conferencistas mais populares? Por que eles não são os mais assistidos no *YouTube*?

Deus tornou a Sua diretriz para a liderança clara por intermédio do apóstolo Paulo, porém ensinamos de outra forma. De fato, um pastor muito proeminente me disse um dia no almoço: "John, se você olhar a maioria dos pastores do nosso país que têm igrejas de sucesso, eles estão pregando mensagens de esperança, graça e encorajamento". Um de seus associados ainda acrescentou: "John, talvez você queira reavaliar o que tem ensinado sobre o tema da graça". Ele estava tendo dificuldades com o aspecto da graça como elemento de transformação e de revestimento de poder.

Realmente precisamos de esperança e encorajamento, mas também precisamos de correção, disciplina e convicção. Foi isso que Paulo *ordenou* a Timóteo. Por que tem de ser tudo ou nada? Porque temos de balançar o pêndulo para o lado totalmente oposto? Vamos oferecer tudo o que Paulo disse a Timóteo.

O Ingrediente-chave

Deixe-me dar outra ilustração. Um vendedor de carros usados, esperta-lhão e desonesto, lhe dirá o que você quer ouvir. Ele vai sorrir, rir com você, lhe dirá como você é um bom sujeito e que, por você ser tão esperto, o carro que você escolheu é o melhor negócio da loja. Você talvez pense: *Uau, nem minha mulher me encoraja tanto!* O motivo é porque sua mulher o *ama*; esse homem está *bajulando* você para conseguir arrancar o seu dinheiro. Isso nos leva ao ingrediente mais importante para forjar as nossas mensa-gens: *o amor*. No corpo de Cristo, nossas mensagens devem ser banhadas em amor e devem vir de um coração compassivo.

Um jovem, certa vez, aproximou-se de mim na mesa de livros e mate-riais depois de uma reunião. Ele sorriu e disse:

— Assim como você, sou chamado para falar profeticamente, trazendo correção à Igreja.

A maneira como ele disse isso me fez sentir desconfortável. Senti que ele queria mais censurar as pessoas do que tinha verdadeira preocupação pelo bem-estar delas.

— Você quer saber qual é o segredo para se falar profeticamente? — perguntei a ele.

Ele ficou animado, na expectativa de receber uma dica para um minis-tério bem-sucedido.

— Todas as vezes que você levar uma palavra corretiva ou desafiadora — eu disse —precisa amar de todo o coração as pessoas a quem está se dirigindo.

Ele olhou para mim com uma expressão perplexa. Depois de alguns instantes ele respondeu:

— Acho que Deus tem uma obra a fazer em mim.

Fiquei orgulhoso dele por ter admitido isso.

Muitas vezes, eu também tenho lutado contra a questão de pregar men-sagens confrontadoras. Amo as pessoas de todo o coração, amo a Igreja e amo os líderes de Deus. Enquanto escrevo este livro ou falo corretivamente, meu coração dói porque quero encorajar e apoiar. Mas, no entanto, sei que o verdadeiro amor não bajula; ele é verdadeiro. Ele fala o que é necessário para trazer saúde aos ouvintes. Paulo escreve que devemos falar a verdade em amor, e que fazer isso fará com que os ouvintes cresçam e amadureçam em Cristo (ver Efésios 4:15).

Houve ministros que proclamaram mensagens corretivas, enfatizando a santidade de uma maneira má. Eles tinham pouca ou nenhuma compaixão por aqueles a quem se dirigiam. Isso é muito trágico e gera muito sofrimento. Todos nós precisamos ser motivados, comovidos e até consumidos de amor pelas pessoas a quem nos dirigimos, ou não devemos falar nada. Devemos ansiar apaixonadamente pelo bem-estar delas mais do que qualquer coisa. Não falamos fundamentados em uma atitude de "eu bem que lhe disse", ou "eu sei mais que você", ou "eu sou melhor que você". Precisamos testemunhar fervorosamente, desejando o melhor para elas. Precisamos considerar os nossos ouvintes ou aqueles que encontramos em diversos ambientes como mais importantes que nós mesmos. Esse é o coração de Deus, de Jesus Cristo e do Espírito.

12

TREINAMENTO PARA UMA VIDA SANTA

O amigo quer o nosso bem, mesmo quando nos fere; mas, quando um inimigo abraçar você, tome cuidado!
— Provérbios 27:6 (NTLH)

Qualquer coisa que diminua ou obscureça a santidade de Deus por uma visão falsa do amor de Deus é infiel à revelação de Deus dada por Jesus Cristo.
— OSWALD CHAMBERS

Um *life coach*, um especialista em treinamento de vida, é uma pessoa cujo trabalho é melhorar a qualidade de vida de seu cliente. De certa forma, o apóstolo Paulo nos instrui a sermos especialistas em treinamento para a vida espiritual. Seguindo os caminhos prescritos por Deus, melhoraremos a qualidade não apenas de nossas vidas, mas também das vidas daqueles a quem treinamos.

Não podemos produzir algo melhor que os caminhos de Deus. Adão e Eva tentaram e fracassaram miseravelmente. Eles foram os primeiros que tentaram essa tolice. Portanto, como treinadores, devemos não apenas instruir, mas também advertir e corrigir. Ao não corrigirmos, permitimos que aqueles a quem treinamos continuem seguindo por um caminho de tristeza

e destruição. Mais uma vez, por esse motivo Paulo incentiva Timóteo: "*Você,
como pregador da Palavra, deve mostrar às pessoas onde as vidas delas estão
erradas*" (2 Tm 4:2, AMP, tradução nossa).

No início da carta de Paulo à igreja de Éfeso, ele fala da nossa nova
natureza aliada à graça que nos reveste de poder. A combinação dessas
duas características posiciona o crente para uma vida transformada. Isso
dá ao crente a capacidade de se identificar com Cristo assim como de
evitar situações de risco.

Paulo então dá uma lista de ordenanças que definem essa vida. Elas não
são pesadas ou impossíveis, como eram as ordenanças do Antigo Testamento. São simplesmente o comportamento esperado de nós porque temos
uma nova natureza.

Agora vamos ler o restante de sua lista:

> *Entre vocês não deve haver nem sequer menção de imoralidade
> sexual como também de nenhuma espécie de impureza e de
> cobiça; pois essas coisas não são próprias para os santos. Não
> haja obscenidade, nem conversas tolas, nem gracejos imorais, que
> são inconvenientes, mas, ao invés disso, ações de graças... Não se
> embriaguem com vinho...*
>
> Efésios 5:3-5, 18

Mais uma vez, essa parece uma lista de proibições. Para reiterar, não é
uma lista de ordenanças que, se cumpridas, nos salvarão. Trata-se de uma
lista para nos manter fora de um relacionamento adúltero com o mundo a
fim de que possamos permanecer na presença manifesta de Jesus. Permita-me
enumerar todos os comportamentos pecaminosos novamente.

Aqueles discutidos em um capítulo anterior foram:

- Não mintam.
- Não pequem, permitindo que a ira os controle.
- Não roubem.
- Não usem linguagem suja ou abusiva.

O restante da lista é:

- Não cometam imoralidade sexual.
- Não sejam impuros.
- Não sejam gananciosos.
- Não contem histórias obscenas.
- Não tenham conversas tolas.
- Não contem piadas rudes.
- Não se embriaguem com vinho.

O Novo Testamento é uma mensagem de graça, mas para uma mensagem que muitos dizem que não contém ordenanças ou instruções do tipo *não faça*, essa lista — de apenas um dos vinte e nove livros do Novo Testamento — está ficando longa! O que é ainda mais irônico é que o apóstolo a quem foi dada a profunda revelação da graça compilou a lista! Essas ordens devem ser ignoradas ou levadas a sério?

Não Haja Imoralidade Sexual

O primeiro item da nossa nova lista é *não cometam imoralidade sexual*. Como filhos e filhas de Deus, não devemos cometer adultério, nos envolver em homossexualismo ou nos envolver em qualquer atividade sexual se não formos casados.

Com frequência, encontrei casais vivendo juntos que professam ser cristãos. Essa não é uma ocorrência rara — na verdade, esses casos crescem desenfreadamente na Igreja. Muitos desses casais frequentam igrejas evangélicas, falam de forma convincente sobre a sua fé e muitas vezes são eufóricos sobre "o que Deus está fazendo" em suas vidas. Não há sinal de convicção, remorso ou tristeza. Eles simplesmente não acreditam que viver juntos quando não são casados seja errado. Por quê? Talvez não tenham ouvido mensagens vindas do púlpito como as de Paulo, Pedro, Tiago, João e Judas, chamando-os a uma vida santa e casta. Os sermões de domingo dos pastores deles são animadores e encorajadores, mas não confrontadores ou convincentes. Eles não estão sendo disciplinados a viver uma vida santa.

Em nossa sociedade é aceito, e até considerado uma boa ideia, viver juntos, fazer sexo antes do casamento e se unir como um casal homossexual.

Infelizmente, como evangélicos, o nosso conhecimento da Bíblia muitas vezes é superficial. Sem examinar atentamente a Palavra de Deus, muitos de nós adotamos as ideias da nossa cultura. O conceito predominante é: *se estamos apaixonados, por que não viver juntos?*

E quanto ao homossexualismo? Ele também é desenfreado, mas não apenas com aqueles que nunca se envolveram com a igreja. Recentemente, mostraram-me a página de *Facebook* de uma mulher que foi gerente de departamento em um ministério. Agora ela está apaixonada por outra mulher, e elas fazem planos de se casarem. Contemplei com grande tristeza as fotos do noivado delas e de outros momentos íntimos.

No passado, aqueles que haviam se desviado no seu relacionamento com Deus sabiam disso. Entretanto, essa mulher falava entusiasticamente do amor de Deus e de sua devoção a Ele. Como ela pode estar casada com outra mulher quando Jesus diz claramente: *"Vocês não leram que o Criador, no plano original, fez o homem e a mulher um para o outro, macho e fêmea?... Deus criou uma união tão perfeita que ninguém pode ter a ousadia de profaná-la"* (Mt 19:4, 6, *A Mensagem*). Jesus afirma que o casamento é para um homem e uma mulher — os dois sexos. Por que essa mulher não está consciente de que ela está profanando Sua instituição? Isso não foi deixado claro a partir do púlpito?

Entendo que a sociedade está se afastando da intenção original de Deus para o casamento. Os não salvos têm uma natureza pecaminosa; os homens e mulheres perdidos estão sem Deus neste mundo e têm uma consciência limitada do que é verdadeiramente bom e mau. O comportamento deles não deveria nos afligir, pois eles pensam e fazem o que a natureza deles dita. O que é perturbador é o fato de crentes adotarem o que o mundo chama de bom como sendo aceitável a Deus. Estatisticamente, há um crescimento no número das igrejas que encorajam o estilo de vida homossexual e o casamento homossexual. Entretanto, as igrejas encorajam isso não apenas pelo que dizem, mas também pelo que não dizem. Observe atentamente estas palavras:

> *Também quando o justo se desviar da sua justiça... ele morrerá; visto que não o avisaste, no seu pecado morrerá, e suas justiças que praticara não serão lembradas, mas o seu sangue da tua mão o requererei.*
>
> Ezequiel 3:20 (ARA)

Isso fala sobre advertir um crente — um justo. Se não advertirmos os crentes quanto aos pecados deles, as consequências são sérias.

Você pode retrucar: "Mas, John, isto é o Antigo Testamento. Como você pode dizer que será requerido o sangue da mão de um ministro na era do Novo Testamento?"

Certa vez, falei em uma conferência de líderes onde um pastor me confrontou sobre essa questão. Ele estava zangado e disse:

— Como você ousa colocar o sangue dos outros sobre nós! Isso é coisa do Antigo Testamento.

Eu disse a ele:

— O senhor pode abrir a sua Bíblia em Atos 20 e ler os versículos 26 e 27 para mim?

Eis o que o pastor leu para mim:

— *"Estou limpo e inocente e não sou responsável* pelo sangue de nenhum de vocês. *Pois não deixei de declarar a vocês todo o propósito, o plano e o conselho de Deus"* (AMP, grifo do autor; tradução nossa).

O pastor olhou para mim chocado e disse:

— John, eu já li esta passagem, mas nunca vi isto antes.

No encerramento da nossa conversa, ele disse:

— Sinto muito por tê-lo acusado.

Gostei da honestidade dele.

Neste parágrafo, quero falar diretamente aos líderes das igrejas. Essas foram as palavras de Paulo aos seus líderes em Éfeso, mas também seremos achados culpados se nós que ensinamos e pregamos não declararmos todo o conselho de Deus ao Seu povo. Se falarmos apenas de uma maneira "animadora", estaremos retendo uma grande porcentagem do conselho de Deus. Consequentemente, o nosso povo gravitará na direção do que o mundo considera bom, não diferentemente de uma criança indisciplinada que comete tolices. Resumindo: o sangue deles estará nas nossas mãos.

Permita-me citar mais um exemplo. Vi um pastor anunciar ao seu povo que ele era homossexual durante a transmissão de um culto no *site* de sua megaigreja. Ele contou como estava cansado de se esconder; que não queria que outros que estavam envolvidos com esse estilo de vida continuassem sofrendo convicção (ele chamou isso de "condenação").

Ele listou sistematicamente cada versículo da Bíblia que revela a visão de Deus a respeito da homossexualidade, desprezando a importância dos versículos. Então, ele disse firmemente aos seus espectadores: "O apóstolo Paulo foi ótimo ao falar da realidade de estarmos 'em Cristo', mas péssimo ao falar de relacionamentos" — silenciando assim as instruções de Paulo a respeito da sexualidade. O pastor continuou a explicar que Paulo tinha se perdido no capítulo primeiro de Romanos, quando ele afirmou que se não adorássemos a Deus, terminaríamos na homossexualidade (veja Romanos 1:21-27). De acordo com esse pastor, as palavras de Paulo não poderiam ser verdadeiras, porque, em suas palavras "metade dos líderes de adoração nos Estados Unidos é composta de homossexuais". (Gostaria de saber onde ele conseguiu essa estatística.) Enquanto eu observava aquele homem falando, pude contar várias pessoas aplaudindo, em pé, da congregação.

Depois de ouvir as palavras distorcidas do pastor, Deus falou comigo e disse: "Leia Romanos capítulo 1". Eis o que encontrei:

> *Por causa disso Deus os entregou a paixões vergonhosas. Até suas mulheres trocaram suas relações sexuais naturais por outras, contrárias à natureza. Da mesma forma, os homens também abandonaram as relações naturais com as mulheres e se inflamaram de paixão uns pelos outros. Começaram a cometer atos indecentes, homens com homens, e receberam em si mesmos o castigo merecido pela sua perversão. Embora conheçam o justo decreto de Deus, de que as pessoas que praticam tais coisas merecem a morte, não somente continuam a praticá-las, mas também aprovam aqueles que as praticam.*
>
> Romanos 1:26-27, 32

Como esse ministro poderia ignorar o texto bíblico que declara o comportamento homossexual "vergonhoso"? Não é preciso ser uma pessoa espiritualizada para saber que essa prática sexual não é natural. Até os animais não se envolvem nesse tipo de comportamento. Por que acharíamos que Deus o ignora, aprova ou encoraja?

Pense em todos os cristãos professos que ouvem a mensagem desse pastor e estão lutando contra o impulso de sucumbirem a esse desejo da carne e a esse estilo de vida pecaminoso. A consciência deles lhes diz: é errado um filho de Deus fazer isso. Mas, infelizmente, as palavras desse pastor seriam usadas para abafar a voz interior deles. Ele não apenas estava se colocando em uma posição de ser julgado, como também estava encorajando outros a fazerem o mesmo.

E quanto às pessoas da igreja que aplaudiram em pé? A *Amplified Bible* afirma em Romanos 1:32 que todos os que *"aprovam e aplaudem* outros que praticam"* tais coisas estão sob juízo (grifos do autor; tradução nossa).

O que fazemos com as palavras de Paulo?

> *Vocês não sabem que os perversos não herdarão o Reino de Deus? Não se deixem enganar: nem imorais, nem idólatras, nem adúlteros, nem homossexuais passivos ou ativos e, nem ladrões, nem avarentos, nem alcoólatras, nem caluniadores, nem trapaceiros herdarão o Reino de Deus.*
>
> 1 Coríntios 6:9-10

Obviamente, há outros pecados que são prejudiciais. Mas não devemos ignorar o que esses versículos dizem a respeito das práticas sexuais moralmente inadequadas.

A orientação do mundo é tóxica. Se não proclamarmos a verdade a respeito da imoralidade sexual desde os nossos púlpitos, as pessoas não terão consciência do que é um comportamento santo e serão enganadas pelo maligno. Elas aceitarão o que o mundo identifica como bom, pensando que até Deus o aprova.

Nem Impureza

A seguir, na lista de proibições, está *não sejam impuros*. Devemos ficar longe de todas as formas de pornografia, vídeos libertinos ou pensamentos de luxúria. Jesus disse: *"Mas Eu lhes digo: Qualquer que olhar para uma mulher e desejá-la, já cometeu adultério com ela no seu coração"* (Mt 5:28). O salmista escreveu: *"Não porei coisa má diante dos meus olhos..."* (Sl 101:3, ACF).

A pornografia oferece estímulo e satisfação breves porque ela apela para os desejos da nossa carne, mas ela corroerá a nossa capacidade de ter intimidade com o nosso cônjuge e com Deus. Com o tempo, ela nos deixará insatisfeitos com o nosso cônjuge — e com nós mesmos também. Embora possa parecer que a pornografia acenda uma fagulha, ela na verdade acende um fusível que acabará disparando uma explosão de confusão, culpa, vergonha e insegurança.

Até recentemente, os *sites* pornográficos eram os destinos mais populares da internet — eles agora foram ultrapassados pelos *sites* de mídia social. Mais de um entre dez *websites* são pornográficos. Mais de quarenta milhões de norte-americanos visitam regularmente esses *sites*, e a cada segundo 28.258 usuários da internet assistem a pornografia.[15]

Esse não é um problema exclusivamente masculino. Cerca de uma entre cinco mulheres assistem a pornografia *on-line* semanalmente, e muitas expressam sentimentos de impotência com relação à masturbação.[16] Tanto homens quanto mulheres alimentam os seus vícios fora da internet com coisas como revistas ou livros eróticos, os últimos sendo especialmente populares entre as mulheres.[17]

E quanto à Igreja? A revista *Cristianismo Hoje* realizou uma pesquisa na qual perguntaram aos pastores se eles haviam visitado um site pornográfico no ano anterior. Cinquenta e quatro por cento deles responderam *sim*. Esses são os líderes das nossas igrejas! Outras estatísticas mostram que 50% de todos os homens evangélicos são viciados em pornografia,[18] e uma pesquisa da CNN demonstrou que 70% dos homens cristãos têm dificuldades com isso.[19]

Então, devemos perguntar, será que tantas mensagens encorajadoras do púlpito têm sido a resposta a essa epidemia, que agora alcançou seu nível mais elevado?

Eu tive dificuldades com a pornografia até os vinte e sete anos, um período que incluiu os meus primeiros anos no ministério. Eu tinha certeza de que quando me casasse com uma linda mulher, o pecado cessaria; mas ele não cessou e até piorou. Ele colocou um muro entre Lisa e eu. Não me libertei até o outono de 1984, quando contei a um homem de Deus acerca do meu vício e ele disse, em termos bem diretos: "Pare com isso!" Ele me repreendeu fortemente. Eu não recebi uma mensagem de encorajamento dele! Eu recebi instruções e advertências firmes que colocaram um temor saudável de Deus em minha vida.

As palavras daquele homem me fizeram iniciar uma missão de buscar a Deus para ser liberto. Dentro de nove meses eu estava completamente liberto e tenho andado nessa liberdade até o dia de hoje. Descobri que a graça de Deus é muito poderosa! Ela pode libertar um homem que esteve preso à pornografia desde os onze anos de idade. Esse é outro motivo pelo qual fico tão triste quando os ministros não falam do benefício completo da graça de Deus. Se eu não tivesse descoberto a graça — não apenas como um dom gratuito, tal como o perdão dos pecados e a salvação, mas também como o revestimento de poder de Deus para viver além da minha capacidade natural — eu ainda estaria preso hoje.

Nem Ganância

A definição de *ganância* é "desejo intenso e egoísta por alguma coisa, especialmente riqueza, poder ou comida". Com muita frequência os crentes torcem e pervertem em ganância a promessa de Deus de nos ajudar a ser abençoados, bem-sucedidos e prósperos. O foco deles está no "eu" e não em estar equipados para servir e dar a outros. A ganância é cobiça, e isso é idolatria (ver Colossenses 3:5). Quando somos gananciosos, colocamos os nossos desejos, paixões, apetites, fama, *status*, popularidade e desejos financeiros acima de Deus e dos outros.

Há muitas histórias que poderiam ser contadas acerca da ganância esgueirando-se para dentro da vida dos crentes. Balaão perdeu o seu relacionamento com Deus por causa dela, assim como Caim, Corá e muitos outros que um dia estiveram na presença de Deus. Muitos caem na ganância porque não são advertidos. Advertir no ensino ou na pregação é se afastar de transmitir apenas mensagens positivas e encorajadoras. Para ajudar os homens e mulheres a se tornarem maduros em Cristo, precisamos não apenas *ensinar*, mas também *advertir* (ver Colossenses 1:28).

Quando eu era criança, gostava dos ensinamentos dos meus pais, mas não das advertências deles. Porém, mais tarde, aprendi que seriam as advertências que salvariam a minha vida. Se meu pai não me advertisse sobre as consequências de enfiar uma chave de fenda em uma tomada, eu poderia ter feito isso por curiosidade e ter sido eletrocutado.

Paulo disse a uma de suas amadas igrejas: "*Lembrem-se de que durante três anos jamais cessei de advertir cada um de vocês disso, noite e dia, com lágrimas*" (At 20:31). Todos os dias e noites por três anos! E ele fez isso com lágrimas! Estamos advertindo as pessoas? E diariamente? Ou nós que pregamos e ensinamos simplesmente esperamos que as nossas mensagens encorajadoras mantenham os nossos ouvintes longe da ganância? Nós nos importamos? Eu não ouço uma mensagem a respeito de evitar a ganância há anos!

Paulo é aquele que pregava a graça, no entanto, ele também é aquele que clama apaixonadamente à igreja de Éfeso, e a nós: "Não caiam na ganância".

Ouça também as palavras do apóstolo Tiago:

> *De onde vêm as guerras e contendas que há entre vocês? Não vêm das paixões que guerreiam dentro de vocês? Vocês cobiçam coisas, e não as têm; matam e invejam, mas não conseguem obter o que desejam. Vocês vivem a lutar e a fazer guerras. Não têm, porque não pedem. Quando pedem, não recebem, pois pedem por motivos errados, para gastar em seus prazeres. Adúlteros!*
>
> Tiago 4:1-4

Vamos lá, Tiago, não seja tão negativo! Será que o apóstolo era apenas ranzinza, duro e inflexível? Ou será possível que ele amasse realmente as pessoas a quem escreveu? Foi por isso que ele escreveu a verdade séria em vez de uma mensagem popular e animadora? Seria por isso que Deus fez com que ele escrevesse parte do Novo Testamento em vez de escolher um palestrante mais motivador do seu tempo?

Nem Conversas Impróprias

A próxima da lista: *não tenham conversas tolas,* nem contem histórias ou piadas rudes ou obscenas. Isso incluiria assistir a vídeos ou ouvir música ou outro tipo de áudio do mesmo tipo.

Pediram-me para ajudar os jovens em equipes ministeriais que estão confusos com o fato de que seus líderes estão usando linguagem rude, contando piadas obscenas ou falando de maneira em nada diferente de uma pessoa perdida. Por que os líderes estão fazendo isso? Será porque não estamos dizendo aos líderes e ao povo de Deus: "Este não é o comportamento adequado a um cidadão do Reino"?

Paulo escreve aos colossenses: *"Que as suas conversas sejam sempre agradáveis e de bom gosto"* (4:6, NTLH). A nossa fala deve ser cheia de graça.

Não Se Embriague

Em seguida: *não se embriaguem* — nem de cerveja ou vinho, ou qualquer bebida alcoólica. (Também podemos aplicar essa instrução às drogas, quer sejam legais, ilegais ou prescritas por médicos.) Mais uma vez, estamos ouvindo um *não faça*.

O álcool é sedutor (ver Provérbios 23:31-33). Ele pode facilmente nos seduzir a beber mais sem saber quando parar. O álcool tem a capacidade de reduzir, e eventualmente esgotar, nossa capacidade de julgamento. A moderação fica comprometida e as funções de proteção naturais do coração e do cérebro ficam desarmadas. Isso pode ser comparado a retirar o antivírus de um computador. Nós nos abrimos para processos mentais perigosos à medida que a prudência diminui. Na essência, o álcool remove o sistema de segurança do nosso cérebro. Ainda que possamos e saibamos quando parar, podemos inconscientemente inspirar outros a se embriagarem. Deixe-me contar uma história.

Um pastor sênior estava bebendo em um restaurante de sua cidade. Um de seus membros, um recém-convertido, estava no mesmo restaurante. Ele era um homem de negócios bem-sucedido que, antes de ser salvo, tinha problemas com o álcool. Depois de sua conversão, ele evitava beber e podia ser identificado como alguém daqueles *"que acabaram de livrar-se dessa vida pecaminosa"* (2 Pe 2:18, ABV).

Pouco depois de ver o seu pastor bebendo no restaurante, esse homem de negócios passou três dias se embebedando. Durante esses três dias ele tomou algumas decisões de negócios muito imprudentes e, financeiramente, perdeu quase tudo. O que é ainda mais devastador, ele perdeu o casamento dele. Quando lhe perguntaram mais tarde por que ele havia passado três dias se embebedando, a resposta dele foi "Vi o meu pastor bebendo, então pensei: *Se ele pode beber, eu também posso*".

É claro que esse homem é totalmente responsável pela sua má escolha, mas o resultado não deveria fazer todos nós considerarmos a influência que exercemos sobre os outros?

Recentemente, mais ministros se sentem livres para beber em público. A Bíblia é citada para justificar seu direito. Uma das passagens citadas é 1 Timóteo 3:3, onde Paulo disse a Timóteo que os líderes da igreja não devem ser *"apegados ao vinho"*. A palavra grega que Paulo usa é *paroinou*. A definição do *Complete Word Study Dictionary* (Dicionário completo de estudo de palavras) inclui: "Relativo a vinho, bêbado. A palavra não inclui o uso responsável e moderado de álcool, em vez disso tem em vista o abuso ou o uso incessante dele. A descrição visual é a de um indivíduo que tem sempre uma garrafa (ou odre) sobre a mesa e assim significa vício". A versão *A Bíblia Viva* desse versículo diz que um líder da igreja *"não deve ter o vício da bebida"* (1 Tm 3:3).

Em outra carta Paulo avisou Timóteo *"tome também um pouco de vinho, por causa do seu estômago e das suas frequentes enfermidades"* (1 Tm 5:23). Timóteo era o equivalente a um pastor sênior em Éfeso. O pensamento de muitos ministros hoje é: *Se um líder da igreja nunca devesse tocar em vinho, como no caso do voto de nazireado, Paulo nunca teria dito ao pastor Timóteo para usá-lo, ainda pelas suas propriedades curativas.*

A passagem mais citada da Bíblia nessa discussão é aquela em que Jesus transformou água em vinho (ver João 2:1-11). A ideia é: *Jesus não teria transformado água em vinho em um ambiente público se fosse errado beber.*

Se somente essas passagens forem levadas em consideração, uma pessoa poderia argumentar que o pastor que bebeu em público estava justificado pelo que fez. Entretanto, vivemos em uma sociedade em que o alcoolismo predomina. Nos Estados Unidos, aproximadamente 88 mil pessoas morrem de causas relacionadas ao álcool anualmente,[20] e o alcoolismo é a terceira principal causa evitável de morte.[21] Em 2007, o *The Washington Post* relatou que um em cada três norte-americanos tem ou teve problemas com o álcool.[22] O Instituto Nacional do Abuso do Álcool e Alcoolismo relatou que em 2012, 25% das pessoas com idade de dezoito anos ou menos se embebedaram no último mês. Isso é estarrecedor — um em cada quatro em apenas um mês! Eu poderia citar muitas outras estatísticas, mas o ponto importante é que os norte-americanos têm uma propensão ao abuso de álcool.

O abuso de álcool não está disseminado apenas nos Estados Unidos. Em 2012, 6% das mortes mundiais (3,3 milhões) foram atribuídas ao consumo de álcool. Globalmente, o mau uso do álcool é o quinto principal fator de risco de morte prematura e incapacitação. Entre as pessoas entre as idades de quinze anos e quarenta e nove anos, é o primeiro![23]

Devido a essa epidemia, como crentes responsáveis, devemos levar a nossa lógica um passo à frente e considerar as implicações mais amplas da instrução de Paulo com relação a comer carne sacrificada a ídolos. Nas palavras dele: *"Portanto, se aquilo que eu como leva o meu irmão a pecar, nunca mais comerei carne, para não fazer meu irmão tropeçar"* (1 Co 8:13). Paulo deixou claro que não é pecado comer carne sacrificada a um ídolo. Entretanto, se isso faz com que um irmão mais fraco fique ofendido e tropece, ele disse que não a comeria novamente.

Um argumento pode ser feito apoiando o direito de um cristão beber pequenas quantidades de álcool, mas como crentes — e principalmente aqueles de nós que somos líderes da igreja — será que queremos nos arriscar a ser uma pedra de tropeço ou a ajudar a seduzir novamente aqueles que mal escaparam do pecado do alcoolismo a serem seduzidos a voltar ao vício, especialmente quando vivemos em uma sociedade que está permeada desse abuso? Se o pastor sênior que estava bebendo em um restaurante tivesse vivido de acordo com essa sabedoria, talvez o homem de negócios pudesse ter sido poupado de sua trágica bebedeira de três dias.

Precisamos fugir de qualquer forma de embriaguez. Esse não é o comportamento adequado a um filho de Deus, e não é uma questão trivial. Somos advertidos enfaticamente: *"Vocês sabem que os maus não terão parte no Reino de Deus? Não se enganem, pois os imorais... os ladrões, os avarentos, os bêbados, os caluniadores e os assaltantes não terão parte no Reino de Deus"* (1 Co 6:9-10, NTLH; grifo do autor).

Outro aspecto importante deve ser considerado em nossa discussão. Estamos em uma corrida espiritual e o nosso Treinador nos diz *"... afastemos*

de nós qualquer coisa que nos torne vagarosos ou nos atrase, e especial-
mente aqueles pecados que se enroscam tão fortemente em nossos pés e nos
derrubam" (Hb 12:1, ABV). Há pecados que nos assediam com mais facilidade que outros, e parece, com base nas estatísticas mencionadas, que
o abuso de álcool está entre os primeiros lugares da lista. Então, por que
flertar com uma coisa que já causou tanta ruína?

Concluindo, vamos perguntar a nós mesmos: por que nós, que temos
a experiência genuína de ser cheios do Espírito Santo, vamos nos voltar
para meios artificiais para ter paz ou para aliviar a tensão? Será que somos
cheios do Espírito apenas nominalmente e não por experiência, e por isso
precisamos da ajuda de substâncias externas?

Não Se Deixe Enganar

Vimos somente esse único capítulo do livro de Efésios. Há muitos outros
mandamentos no Novo Testamento. Mais uma vez, lembre-se de que essa
não é uma lista para cumprir para ser salvo; trata-se de um estilo de vida
atribuído àqueles que viverão na presença manifesta de Deus.

Observe como Paulo conclui a sua lista de *não faça*:

> *Não se deixem enganar por aqueles que procuram justificar*
> *estes pecados, porque a terrível ira de Deus está sobre todos*
> *aqueles que os praticam. Não andem nem mesmo na compa-*
> *nhia de tais pessoas... Aprendam aquilo que agrada ao Senhor.*
> *Não participem dos prazeres indignos do mal e das trevas mas,*
> *ao invés disso, denunciem publicamente e reprovem esses pra-*
> *zeres. Seria vergonhoso até mencionar aqui esses prazeres das*
> *trevas aos quais os ímpios se entregam. Portanto, sejam cuida-*
> *dosos no seu modo de proceder [viver]...*
> Efésios 5:6-7, 10-12, 15 (ABV)

Não se deixe enganar por aqueles que procuram justificar esses pecados.
As consequências são muito desfavoráveis. Precisamos discernir cuidadosamente, e não casualmente, o que agrada a Deus no nosso estilo de
vida. Muitos de nós agimos como se estivéssemos em um parque de

diversões, quando na verdade estamos em um campo de batalha. Estamos em uma guerra, somos alvos e o inimigo trabalha incansavelmente para nos derrubar. Mas se permanecermos na luz, ele fracassará por causa da maravilhosa graça de Deus sobre as nossas vidas.

Eu encorajo você a perseverar em viver uma vida que agrada ao Senhor. Dependa da graça para viver uma vida santa e imaculada em meio a um mundo pervertido e moribundo. Você tem o que é preciso porque Deus deu gratuitamente a você a Sua natureza divina. Não desperdice nem receba em vão a maravilhosa graça de Deus.

13

NOSSA MOTIVAÇÃO

*Por isso, farei sempre com que vocês
lembrem dessas coisas, embora já as
conheçam e estejam firmes na verdade que
receberam. Penso que, enquanto eu viver,
é justo que faça com que vocês lembrem
dessas coisas. Pois sei que logo terei de
deixar este corpo mortal, como o nosso
Senhor Jesus Cristo me disse
claramente. Portanto, farei tudo o que
puder para que, depois da minha morte,
vocês lembrem sempre dessas coisas.*
— 2 PEDRO 1:12-15 (NTLH)

*...Vemos a separação da nossa amizade com
Deus como a única coisa pavorosa e
consideramos tornar-se amigo de Deus a
única coisa digna de honra e desejo.*
— GREGÓRIO DE NISSA

O chamado para viver uma vida santa não é uma sugestão ou uma recomendação. Não é algo que nos esforçamos para ter, mas que é realisticamente inatingível. É uma ordem, uma ordem que se espera que cumpramos.

O apóstolo Pedro deixou claro que a reiteração das verdades e ordens cruciais feitas por nosso Senhor Jesus Cristo é vitalmente importante. O conceito de lembrar essas verdades é mencionado três vezes nos quatro versículos citados. As pessoas que liam a carta de Pedro já sabiam o que estava escrito, porém ele declarou que mesmo depois que fosse para o Céu, seus leitores precisavam rever constantemente essas importantes verdades. Não é uma boa ideia darmos também uma atenção mais cuidadosa à importância de sua mensagem?

No início de suas duas cartas, Pedro escreve: "... *sejam santos vocês também em tudo o que fizerem*" (1 Pe 1:15). Afirmações que representam ordens são encontradas com frequência na Bíblia e identificadas pelo uso do *imperativo*. Seremos sábios se seguirmos essas *ordenanças*. Seremos tolos se não aderirmos aos *imperativos* da Bíblia! A afirmação de Pedro era um desses imperativos.

O apóstolo estava falando claramente sobre o nosso estilo de vida. Não devemos ficar intimidados, assustados ou desanimados com isso. Temos a promessa: "... *e os Seus mandamentos não são pesados*" (1 Jo 5:3). Isso significa que eles são atingíveis e não irrealistas.

Pedro continua discutindo, no restante de sua primeira carta e mais ainda na segunda, o que significa na prática viver uma vida santa. Ele fez declarações do tipo: "*Insisto em que, como estrangeiros e peregrinos no mundo, vocês se abstenham dos desejos carnais que guerreiam contra a alma*" (1 Pe 2:11).

O campo de batalha é a nossa mente. São os nossos pensamentos, emoções e vontade que precisam ser mantidos sob controle. Todos os pecados começam nessa arena. A batalha costuma ocorrer quando menos esperamos — com frequência quando estamos perto de incrédulos ou de crentes que fazem concessões com a sua fé. Pedro identifica explicitamente essa realidade: "*Vivam entre os pagãos de maneira exemplar*" (1 Pe 2:12).

O apóstolo trata do nosso comportamento santo com relação ao governo, ao emprego, ao casamento e a outros relacionamentos. Ele fala especificamente de cada um, mas enfatiza que a nossa maior oportunidade de dar um forte testemunho ocorrerá com os vizinhos, os colegas de trabalho e os colegas da escola incrédulos — especialmente aqueles com quem costumávamos andar antes de vir a Cristo. Ele diz:

Obviamente, os amigos daquela época não entendem por que vocês não os procuram mais. No entanto, vocês não têm a obrigação de prestar contas a eles. Eles serão chamados à responsabilidade — na presença do próprio Deus.

1 Pedro 4:4-5 (*A Mensagem*)

No início da sua segunda carta, Pedro nos instrui: "*Portanto, irmãos, empenhem-se ainda mais para consolidar o chamado e a eleição de vocês, pois se agirem dessa forma, jamais tropeçarão*" (2 Pe 1:10). As coisas que devemos praticar para provar a nossa autenticidade incluem a excelência moral, o domínio próprio, a paciência, a tolerância, a piedade, a bondade e o amor. Esses são os frutos da graça que desenvolvemos pela fé. Se fizermos essas coisas, o apóstolo nos diz: "*... vocês estarão ricamente providos quando entrarem no Reino eterno de nosso Senhor e Salvador Jesus Cristo*" (v. 11).

Pedro adverte ainda a respeito dos mestres que se levantarão e que "*introduzirão secretamente heresias destruidoras*" (2 Pe 2:1). Eles atrairão uma grande audiência: "*Muitos seguirão os caminhos vergonhosos desses homens*" (v. 2). A Bíblia *A Mensagem* diz acerca desses falsos líderes: "*Eles se lançaram numa ladeira, escorregando para a destruição, mas não sem antes recrutar uma multidão de seguidores iludidos, que não conseguem distinguir a mão direita da esquerda. Eles dão má fama ao caminho da verdade*" (vs. 1-2).

Esses mestres estarão "*entre nós*" — nas nossas conferências, igrejas e pequenos grupos. Somos advertidos de que "*esses homens se juntam a vocês nas festas fraternais da igreja*" (Jd 12, ABV; ver também 2 Pedro 2:13). Haverá quantidade suficiente de verdade misturada no seu ensinamento para que aconteçam duas coisas.

Primeiro, as pessoas não serão mais capazes de distinguir entre o certo e o errado. O comportamento que nos afasta do coração de Deus será rotulado como aceitável e, em alguns casos, até bom. Seguir e proclamar a Palavra de Deus será visto como um comportamento legalista e julgador.

Além de promover um estilo de vida "cristão" decadente, o que é ensinado agirá para silenciar o discernimento. Esses ministros e mestres enganosos serão oradores excelentes e habilidosos, e desarmarão e influenciarão a muitos. Uma vez que *todo* o conselho da Palavra de Deus não será mais considerado como o padrão por excelência, a velocidade com que os crentes serão seduzidos para desobedecerem estará no seu auge.

A segunda consequência será que o Evangelho terá má reputação. Isso só poderá acontecer se esses mestres usarem uma linguagem suficientemente alinhada com a verdade:

> *Eles abandonaram o caminho reto e se desviaram...*
>
> 2 Pedro 2:15

Esses líderes começaram como seguidores de Cristo tementes a Ele, mas não perseveraram, o que explica por que conhecem a linguagem do Cristianismo, mas comprometeram a sua integridade.

Pedro indica que se perseguirmos uma vida santa, nunca cairemos — jamais sucumbiremos à influência desses falsos mestres. Nossa segurança está nisso. Em seguida, ele escreve francamente sobre as vítimas que serão seduzidas pelos ensinamentos e estilo de vida falso desses influenciadores:

> *Se, tendo escapado das contaminações do mundo por meio do conhecimento de nosso Senhor e Salvador Jesus Cristo, encontram-se novamente nelas enredados e por elas dominados, estão em pior estado do que no princípio. Teria sido melhor que não tivessem conhecido o caminho da justiça, do que, depois de o terem conhecido,* voltarem as costas para o santo mandamento que lhes foi transmitido.
>
> 2 Pedro 2:20-21 (grifo do autor)

Essa é uma informação estarrecedora, quase enlouquecedora, certamente digna de ser reiterada. Esse grande apóstolo fala de pessoas que realmente escaparão da prisão do pecado ao receberem Jesus Cristo em suas vidas. Mas por causa do ensino inadequado, das crenças incorretas e da perda do discernimento, elas se deteriorarão e voltarão a uma vida de impiedade. Ele até afirma que elas agora estão pior do que antes de receberem a Jesus, e que teria sido melhor para elas nunca ter conhecido o caminho da verdade a rejeitar a ordem de viver uma vida santa. Como isso é sério!

Mais uma vez, percebemos que viver vida santa é um *mandamento* — e um mandamento crucial!

Duas Forças Imbatíveis

Os mandamentos do Senhor não são pesados porque a nossa nova natureza, juntamente com o revestimento de poder da graça, nos permite guardá-los. Mas vamos ser realistas. Podemos possuir essa capacidade, mas o que nos motiva a cumprir o mandamento de viver uma vida santa no calor da batalha? A resposta são duas forças imbatíveis.

Quero apresentar a minha explicação da primeira força com uma história. Quando eu era um jovem pastor, nos anos 80, estava me preparando para pregar em nosso culto semanal. Senti que o Senhor desejava falar comigo, então me aquietei e ouvi em meu coração: *"Leia João 14:15"*.

Eu não fazia ideia do que João 14:15 dizia, então consultei o texto rapidamente e percebi que na minha Bíblia ele iniciava um novo pará-grafo. Li as palavras de Jesus: *"Se vocês Me amam, obedecerão aos Meus mandamentos..."*

Então li do versículo 15 até o versículo 24. Todos os dez versículos estavam relacionados com o versículo 15. O tema dessa passagem é: obedecer às palavras de Jesus. O que entendi a partir desses versículos foi simplesmente: *"Obedecendo aos Meus mandamentos, vocês provam que Me amam"*. Depois que li o último versículo, o Senhor falou ao meu coração: *"Você não entendeu. Leia novamente"*.

Li todos os dez versículos novamente. Mais uma vez a mensagem me pareceu: *"Obedecendo aos Meus mandamentos, vocês provam que Me amam"*. E, mais uma vez, ouvi a voz de Deus: *"Você não entendeu. Leia novamente"*.

Agora a minha curiosidade estava realmente aguçada. Li os dez versí-culos novamente, apenas para ouvir o Senhor me transmitir a mesma men-sagem: *"Leia novamente"*. Depois que isso aconteceu por sete ou oito vezes, minha frustração aumentou.

Decidi diminuir o ritmo e ler esses dez versículos em ritmo de lesma. Eu lia *Se*, depois parava, dizia isso em voz alta e pensava no assunto. Então ia para a palavra seguinte, *vocês*, e repetia o mesmo processo. Continuei assim até o fim, o que levou muito tempo. Depois de quinze minutos mais ou menos, finalmente terminei os dez versículos novamente, e imediatamente ouvi o Espírito dizer: *"Você não entendeu. Leia novamente".*

Exasperado, clamei: "Senhor, por favor, perdoa-me pela minha ignorância! Devo ser estúpido! Abre os meus olhos para ver o que Tu estás dizendo!"

Então, li o versículo 15 novamente: *"Se vocês Me amam, obedecerão aos Meus mandamentos".* Percebi um asterisco junto à palavra *guardarão*. Fui à nota de referência na margem da minha Bíblia e li que a tradução mais precisa é "vocês obedecerão".

Depois de substituir essa expressão no lugar da palavra *obedecerão*, o versículo dizia: *"Se vocês Me amam, vocês obedecerão aos Meus mandamentos".* Quando a li desse modo, uma explosão ocorreu dentro de mim. Agora eu podia ver.

Então ouvi Deus dizer: *"John, Eu não estava dizendo que se vocês obedecerem aos Meus mandamentos, vocês provarão que Me amam. Eu já sei se vocês Me amam ou não! Eu estava dizendo que se vocês se apaixonarem perdidamente por Mim, vocês serão motivados a obedecer aos Meus mandamentos!"* O meu entendimento inicial havia sido legalista. A nova percepção era sobre um relacionamento de amor, que é a chave para a motivação.

Amor Apaixonado

Permita-me ilustrar. Você já se apaixonou? Quando eu estava noivo de minha esposa, Lisa, estava perdidamente apaixonado por ela. Ela estava constantemente em minha mente. Eu faria qualquer coisa para passar um tempo com ela. Lembro-me de uma ocasião em que passamos várias horas juntos. Finalmente eu disse adeus, mas Lisa me telefonou pouco depois e disse:

— John, você deixou sua jaqueta em minha casa.

Fiquei animado por tê-la esquecido, porque isso me deu a oportunidade de vê-la novamente.

Respondi:

— Bem, acho que terei de ir buscá-la!

Ambos rimos. Isso nos proporcionou mais algumas horas juntos.

Se Lisa precisasse de alguma coisa, por maior que fosse a inconveniência, eu a conseguia para ela se isso fosse possível. Se ela me telefonasse no meio da noite e dissesse: "Querido, quero um sorvete de casquinha". Eu diria: "De que sabor? Estarei aí em cinco minutos!" Eu faria qualquer coisa para realizar qualquer desejo dela ou qualquer pedido que ela me fizesse. Eis a essência: *o desejo dela era uma ordem prazerosa para mim.*

Por causa do meu amor intenso por ela, era uma alegria fazer qualquer coisa que Lisa desejasse. O que ela pedisse nunca era um problema. Eu não realizava os desejos dela para provar que eu a amava; eu fazia isso porque estava apaixonado por ela!

Isso ilustra o que Jesus estava dizendo. Motivados por um amor intenso por Ele, temos prazer em realizar os Seus desejos. Sua Palavra não é restritiva ou pesada, mas é a paixão que nos consome!

Vamos avançar alguns anos em nosso casamento. Passei a estar fortemente envolvido com a obra do ministério, e sem que eu me desse conta, meu amor por Lisa começou a se apagar. Agora, o desejo de Lisa não era mais uma ordem para mim. Muitas vezes ele era inconveniente, e às vezes era um fardo. Eu tinha uma atitude completamente diferente no que se referia a servi-la. Isso não era feito com entusiasmo, como era quando estávamos namorando. Não era mais: "De que sabor? Estarei logo aí!" Era: "É mesmo? Querida, estou cheio de outras coisas para fazer!" Eu não estava em busca de oportunidades para passar tempo com ela. Eu fazia isso porque era a coisa certa a fazer. Minha nova paixão era o meu trabalho.

Observe o que Jesus diz a uma igreja:

> *"Conheço as suas obras, o seu trabalho árduo e a sua perseverança... Contra você, porém, tenho isto: você abandonou o seu primeiro amor. Lembre-se de onde caiu! Arrependa-se e pratique as obras que praticava no princípio..."*
>
> Apocalipse 2:2, 4-5

Veja novamente a declaração de Jesus: "*Conheço as suas* obras... *Você... caiu! Arrependa-se e pratique* as obras que praticava no princípio". Há duas obras diferentes mencionadas aqui. *As obras que praticava no princípio* eram motivadas pelo amor apaixonado da igreja por Jesus, em nada diferente da minha atitude de "De que sabor você quer? Estarei aí em cinco minutos". Agora as obras da igreja eram por obrigação, uma motivação em nada diferente de "É mesmo? Querida, estou atolado agora".

Com relação a Jesus, isso é traduzido assim: quando nos apaixonamos, ficávamos entusiasmados em fazer qualquer coisa para Ele. Agora a paixão esmoreceu; a obediência tornou-se um dever.

Como reparar essa deficiência? Passando mais tempo com Ele na Palavra, em oração e em adoração. Voltamos os nossos pensamentos para Ele, não apenas na igreja ou durante a nossa devoção matinal, mas reconhecendo continuamente a Sua presença ao longo do nosso dia. Devemos também pedir ao Espírito Santo, nosso Companheiro constante, para encher os nossos corações novamente com o amor de Deus diariamente (ver Romanos 5:5).

Você não pode amar demais a Deus; isso só acrescentará paixão à sua vida. Nunca se esqueça, "*O amor nunca falha*" (1 Co 13:8, ACF).

Santo Temor

A outra força motivadora é o santo temor. Essa é a virtude que Paulo cita especificamente para nos manter em um caminho de santidade:

> *Purifiquemo-nos de tudo o que contamina o corpo e o espírito, aperfeiçoando a santidade no temor de Deus.*
>
> 2 Coríntios 7:1

A santidade é amadurecida no temor de Deus. Essa verdade singular é vista ao longo do Novo Testamento.

Paulo escreve a outra igreja: "... *desenvolvei a vossa salvação com temor e tremor*" (Fp 2:12, ARA). É preciso profunda reverência, tremor e santo temor para obedecer às ordenanças de Deus. Pedro escreve, com relação a guardar o mandamento de viver uma vida santa: "... *portem-se com temor durante a jornada terrena de vocês*" (1 Pe 1:17).

O escritor de Hebreus nos incentiva a buscar a santidade com esta declaração: "*Portanto, já que estamos recebendo um Reino inabalável, sejamos agradecidos e, assim, adoremos a Deus de modo aceitável, com reverência e santo temor*" (Hb 12:28). Temer a Deus é a maneira aceitável de servi-Lo.

Muitos ficam confusos com o temor do Senhor. Não foi do *medo* que fomos libertos? Que lugar essa palavra tem no nosso vocabulário agora?

Deus é amor. Ele é o nosso Papai. Porém o *temor* precisa ser abordado porque ele é mencionado com frequência no Novo Testamento.

Alguns o têm subestimado dizendo: "Significa apenas adorar a Deus". Um mestre renomado mundialmente certa vez me disse isso nos bastidores, antes de eu começar a falar em uma conferência nacional na África do Sul. Minha pergunta acerca da definição dele foi: "Por que Paulo fala em temor e tremor quatro vezes no Novo Testamento se isso tem a ver apenas com adoração?" Tremor é um pouco mais que adoração.

A definição singular de Strong para a palavra grega *tromos* (tremor) é "estremecer de medo". Se é esse o caso, então somos ensinados a "desenvolver a nossa salvação estremecendo de medo". Há um *profundo respeito* e até um *terror saudável* envolvido aqui — um pouco mais que o nosso entendimento comum de adoração.

Acerca do significado de temor, você pode ouvir esta resposta: "Este é um ensino do Antigo Testamento. Não temos de temer a Deus porque Ele não nos deu um espírito de medo, mas de amor". Aqueles que dizem isso confundiram o espírito de medo com o temor do Senhor.

Quando Moisés levou Israel ao Sinai e Deus manifestou a Sua presença, o povo de Israel voltou correndo e clamou a Moisés freneticamente, pedindo-lhe para suplicar a Deus para não manifestar a Sua grandeza a eles. Observe a resposta de Moisés a Israel:

> "*Não tenham medo! Deus veio prová-los, para que o temor de Deus esteja em vocês e os livre de pecar*".
>
> Êxodo 20:20

Parece que Moisés está se contradizendo: "*Não tenham medo... Deus veio para que o temor de Deus esteja em vocês*". Mas ele estava simplesmente diferenciando entre *ter medo de Deus* e *ter o temor do Senhor*.

Há uma enorme diferença. Por que Deus iria querer que tivéssemos medo Dele? É impossível ter intimidade com alguém de quem você tem medo, e Deus deseja apaixonadamente ter intimidade conosco.

A pessoa que tem medo de Deus tem algo a esconder, de modo que, consequentemente, tem medo de Deus. A primeira coisa que Adão e Eva fizeram quando pecaram contra Deus foi se esconder da Sua presença (ver Gênesis 3:8). No entanto, a pessoa que teme a Deus não tem nada a esconder; na verdade, ela tem medo de ficar longe de Deus!

Portanto, a primeira definição do temor do Senhor é simplesmente *estar aterrorizado de ficar longe de Deus*. Temer a Deus é venerá-Lo. Nós O respeitamos, honramos, estimamos e reverenciamos de forma arrebatadora, além de qualquer coisa ou de qualquer pessoa.

O santo temor dá a Deus o lugar de glória que Ele merece; nós estremecemos e trememos diante Dele em profunda reverência. Abraçamos firmemente o Seu coração estimando os Seus desejos acima dos de qualquer outro, inclusive de nós mesmos. Amamos o que Ele ama e odiamos o que Ele odeia. O que é importante para Ele se torna importante para nós. É por isso que nos é dito: *"Temer o Senhor é odiar o mal"* (Pv 8:13).

Em Êxodo 20:20, a Bíblia declara que o santo temor nos impede de pecar. Nesse mesmo sentido, nos é dito que *"Com o temor do Senhor o homem evita o mal"* (Pv 16:6). Paulo também escreve que esse temor é a força que nos motiva a nos afastarmos do pecado (ver 2 Coríntios 7:1).

Esses versículos tornaram-se reais quando visitei um famoso tele-evangelista na prisão. Ele era o ministro mais famoso do planeta nos anos 80. Ele cometera crimes contra o nosso governo nacional e também adultério.

O homem estava na penitenciária havia quase cinco anos, mas na primeira parte da sua pena ele teve um encontro com Jesus em sua cela que transformou sua vida. Um de meus livros o tocou profundamente, e ele pediu que eu o visitasse.

Nunca me esquecerei daquele homem entrando na sala de visitas da penitenciária. Ele me abraçou, em lágrimas, por mais de um minuto. Então ele agarrou os meus ombros e perguntou apaixonadamente:

— Você escreveu o livro ou ele foi escrito por um escritor anônimo e você somente o assinou?

— Não, senhor, fui eu. Escrevi cada palavra.

Ele disse entusiasmado:

— Temos muito a falar e apenas noventa minutos para fazer isso.

Ele sentou-se imediatamente e contou a sua história.

Uma de suas primeiras declarações foi:

— John, não foi o juízo de Deus que me colocou nesta prisão. Foi a misericórdia Dele, porque se eu tivesse continuado vivendo da maneira que estava vivendo, teria acabado no inferno para sempre.

A declaração dele me deixou perplexo. Eu fiquei tocado pela sinceridade e humildade daquele homem.

Depois de cerca de vinte minutos ouvindo-o, fiz uma pergunta que não saía da minha mente. Eu sabia que ele amava muito a Jesus no início de seu ministério e que já havia ardido em chamas por Deus. Eu queria saber como ele perdera a paixão.

Finalmente, perguntei simplesmente:

— Quando foi que você deixou de estar apaixonado por Jesus? Em que ponto?

Eu estava procurando os sinais de quando perdemos o nosso amor por Ele, principalmente como pastores.

— Isso nunca aconteceu — ele respondeu firmemente.

Fiquei chocado e um pouco escandalizado com a resposta dele. Como ele podia dizer isso?

Retruquei:

— O que você quer dizer? Você cometeu adultério. Você cometeu fraude, você foi mandado para a prisão. Como pode dizer que não deixou de estar apaixonado por Jesus?

Mais uma vez, ele me olhou direto nos olhos e disse sem hesitar:

— John, eu amei Jesus o tempo inteiro enquanto fazia tudo isso.

Fiquei em silêncio, e estou certo de que meu rosto registrava uma enorme confusão. Então ele disse:

— John, eu amava Jesus, mas eu não O temia.

Fez-se silêncio por vários instantes; ele deixou que suas palavras caíssem em mim. Eu estava tonto de emoção. Ele quebrou o silêncio afirmando gravemente:

— John, há milhões de pessoas que são exatamente como eu. Elas amam a Jesus, mas não temem a Deus.

Um Jesus Fictício

Foi um momento decisivo para mim porque aquele encontro aumentou a minha fome por mais respostas. Como um homem que ama a Deus é capaz de cair em pecados habituais e flagrantes? Como podem milhões de pessoas que amam a Deus viverem vidas impuras? Elas adoram, são ativas em suas igrejas locais e apaixonadas pelas coisas de Deus; mas são promíscuas, estão presas à pornografia, mentem seguidamente, bebem excessivamente, divorciam-se sem nenhuma razão bíblica — e essa é a lista curta. Elas amam a Jesus, como aquele homem, então por que não estão cumprindo as Suas palavras? Jesus disse que se nós O amássemos teríamos a força para obedecer a Ele. O que está faltando?

Seria a resposta o fato de que elas professam amar alguém a quem realmente não conhecem? Será que aquele pregador da tevê e as massas às quais ele falava criaram uma imagem de Jesus que, na verdade, não é o verdadeiro Jesus? Poderia esse Jesus fictício ser aquele que realmente dá à natureza carnal deles o que eles anseiam por ter?

Pense nisto: há muitas pessoas em nossa nação que são loucas por atletas e celebridades de Hollywood. Seus nomes são comuns nas nossas casas e a mídia expôs a vida pessoal delas em inúmeras entrevistas na tevê e artigos em revistas e jornais. Ouço admiradores falarem como se essas celebridades fossem seus amigos íntimos. Vi pessoas ficarem emocionalmente envolvidas com os problemas matrimoniais deles e até sofrer como se eles fizessem parte da família quando as tragédias os atingiram.

Mas se esses fãs algum dia encontrarem o seu "amigo" famoso na rua, eles não receberiam sequer um aceno em reconhecimento. Se forem ousados o bastante para parar o seu amigo, podem descobrir que a pessoa real é muito diferente da imagem que fizeram dela. Resumindo: esse é um relacionamento fictício.

Israel fez isso depois do seu êxodo do Egito. Quando Moisés subiu à montanha e permaneceu longe das pessoas por quarenta dias e quarenta noites, Deus ficou em silêncio — não com Moisés, mas com o povo. Nesse tempo de silêncio, Arão e os líderes que estavam distantes da presença de Deus começaram a criar um "Deus" que acomodasse livremente os anseios e desejos carnais deles.

Perdi algo significativo nessa história por anos por não saber ler hebraico. Arão chamou o bezerro que ele formou de *Yhwh* ou *Jeová*, que é o nome próprio de Deus (ver Êxodo 32:5). Além dessa passagem, *Yhwh* não é usado para um falso deus ou ídolo em nenhuma outra parte da Bíblia. Esse nome é tão sagrado que os escritores hebreus não escreviam as vogais. (Nós o escreveríamos e pronunciaríamos *Yahweh*.)

Não foi apenas Arão. O povo reconheceu esse bezerro declarando: "Este é *elohiym* que nos libertou do Egito" (ver Êxodo 32:4, 8). Essa palavra hebraica é usada trinta e duas vezes somente em Gênesis. O primeiro versículo da Bíblia diz: "No princípio, criou *Elohiym* os Céus e a Terra".

Diferentemente de *Yhwh*, aproximadamente 90% das vezes essa palavra é usada para Deus Todo-poderoso. Nos 10% restantes, ela é usada para descrever um falso deus. Uma vez que Arão identificou o bezerro como *Yahweh*, podemos presumir com segurança que o povo estava falando nesse mesmo sentido.

Então, eis a essência: toda a nação reconheceu que Yahweh os salvara, os libertara do cativeiro e os suprira. Entretanto, eles criaram um Yahweh fictício, muito diferente do verdadeiro que estava na montanha com Moisés.

Somos ensinados que: "*O temor do Senhor é o princípio do conhecimento*" (Pv 1:7). Uma boa pergunta a se fazer é: que conhecimento? Não pode ser conhecimento bíblico, porque os fariseus e advogados eram peritos nas Escrituras, mas estavam longe da presença de Deus e O estavam desagradando. Então, que conhecimento devemos ter? Nossa resposta está em Provérbios 2:5: "*Então você entenderá o que é temer o Senhor e achará o conhecimento de Deus*" (grifo do autor).

Permita-me dizer isso assim: por intermédio do tipo certo de temor você passará a conhecer a Deus intimamente. Você conhecerá o verdadeiro Deus — o verdadeiro Jesus, não um Jesus fictício. Paulo repreende os coríntios dizendo: "*Vocês suportam com alegria qualquer um que chega e anuncia um Jesus diferente daquele que nós anunciamos*" (2 Co 11:4; NTLH grifo do autor).

Esse famoso tele-evangelista, com as multidões de outros a quem ele se referiu, não amam o inequívoco Jesus que está à destra de Deus. Em vez disso, eles amam um Jesus fictício, um Jesus que ignora e até permite o estilo de vida que eles anseiam ter. Ou eles nunca O conheceram verdadeiramente, ou então se desviaram no seu relacionamento. No último caso, não é diferente de dois amigos que se afastaram seguindo caminhos separados, apenas para descobrir, anos mais tarde, que são muito diferentes de antes. Amar um Jesus fictício não nos dá o poder para guardar as palavras ditas pelo Jesus Cristo real. Na essência, é difícil amar verdadeiramente alguém a quem você realmente não conhece.

Sem o santo temor do Senhor, não podemos conhecer a Deus verdadeiramente. Moisés O conhecia intimamente. A voz de Deus e os caminhos de Deus eram claros para ele. Israel só conhecia Deus pelos Seus atos — a maneira como Ele respondia às orações. Para Israel, a voz de Deus era o trovão. Moisés tinha permissão para estar perto da Sua presença. Israel recebeu ordens de voltar para as suas tendas e brincar de igreja (ver Deuteronômio 5:29-30).

Como Ter o Santo Temor?

Nossa pergunta mais importante então passa a ser: como receber o santo temor de Deus? Simplesmente pedindo — mas isso precisa ser feito sinceramente.

Jesus afirma: *"Se vocês, apesar de serem maus, sabem dar boas coisas aos seus filhos, quanto mais o Pai que está nos Céus dará o Espírito Santo a quem o pedir!"* (Lc 11:13). Você pode perguntar: Jesus não está falando do Espírito Santo, não do temor do Senhor? Observe o que Isaías afirma sobre Jesus e o Espírito Santo:

> *Do tronco de Jessé sairá um Rebento, e das suas raízes, um Renovo. Repousará sobre Ele o Espírito do Senhor, o Espírito de sabedoria e de entendimento, o Espírito de conselho e de fortaleza, o Espírito de conhecimento e de* temor do Senhor. *Deleitar-Se-á no temor do Senhor.*
>
> Isaías 11:1-3, ARA (grifo do autor)

A característica final do Espírito de Deus relacionada aqui é o *"Espírito... de temor do Senhor"*. Eu pessoalmente creio que esse é o aspecto mais importante que deveríamos pedir. Há duas razões pelas quais creio nisso.

Primeira, nos é dito que o temor do Senhor é o princípio da sabedoria, do conselho, do entendimento e do conhecimento (ver Salmos 111:10; Provérbios 1:7; Provérbios 8 e 9). Segunda — e a mais convincente — o temor do Senhor é o deleite de Jesus. O deleite Dele não deveria ser o nosso deleite? Na verdade, nos é dito que Jesus era ouvido *por causa* do Seu santo temor (ver Hebreus 5:7). Uma coisa é *orar*, mas outra coisa é ser *ouvido*.

Tanto o temor do Senhor quanto o amor de Deus são resultados de sermos cheios com o Seu Espírito, pois Paulo escreve: *"Deus derramou Seu amor em nossos corações, por meio do Espírito Santo"* (Rm 5:5). Incentivo-o a pedir sinceramente para ser cheio com o espírito de santo temor e com o amor ardente de Deus.

Recipientes Sujos

Isso nos leva a uma crise muito difundida atualmente. Temos uma séria carência na Igreja do século 21. A falta não é de recipientes, mas sim de recipientes *puros*, para Deus derramar o Seu Espírito dentro deles. Vamos voltar às palavras finais que Paulo escreveu na Terra. Ele afirma com ousadia:

> *Entretanto, o firme fundamento de Deus permanece inabalável e selado com esta inscrição: "O Senhor conhece quem Lhe pertence" e "afaste-se da iniquidade todo aquele que confessa o nome do Senhor".*
>
> 2 Timóteo 2:19

Paulo discute o que nos torna inabaláveis, tanto como Igreja quanto como indivíduos. Existem duas declarações escritas sobre o fundamento que ele identifica. A NVI diz que esse fundamento está "selado" pelas palavras. *A Mensagem* diz que elas estão "gravadas" nele.

Primeira, o Senhor sabe quem pertence a Ele. Essas são palavras consoladoras. Uma vez que nos entregamos completamente ao Senhor, Ele não nos esquece. Nós passamos a ser a menina dos Seus olhos.

A segunda gravação sobre o fundamento é: "Afaste-se da iniquidade todo aquele que confessa o nome do Senhor". Mais uma vez, observamos o verbo no modo *imperativo*. Essa é uma linguagem muito forte para comunicar a importância de nos afastarmos de uma vida impura. Por quê? A resposta está nos dois versículos seguintes:

> *Numa grande casa há vasos não apenas de ouro e prata, mas também de madeira e barro; alguns para fins honrosos, outros para fins desonrosos. Se alguém se purificar dessas coisas, será vaso para honra, santificado, útil para o Senhor e preparado para toda boa obra.*
>
> 2 Timóteo 2:20-21

A palavra grega para *vasos* significa simplesmente "recipientes" ou "vasilhames". Se nós, como o recipiente, estivermos limpos, então estamos aptos para a obra do Mestre. Estamos aptos para sermos cheios com a Sua poderosa presença.

Todas as manhãs tomo o mesmo café da manhã, não importa onde eu esteja no mundo. Começo com um copo de água morna com limão seguido de uma xícara de chá de jasmim branco. Quinze minutos depois, como uma tigela de aveia, sementes de chia, farinha de linhaça e sementes de cânhamo misturadas com leite de amêndoas e xarope de bordo puro. Para esse café da manhã preciso de recipientes — uma caneca de chá, um copo de vidro e uma tigela. Eis um fato: nunca usei uma caneca suja, copo sujo ou uma tigela suja para o meu café da manhã. Sempre procuro recipientes limpos. Amo o gosto do meu café da manhã, de modo que não quero que ele seja contaminado. O fato é que se houver sujeira no recipiente — quer seja uma tigela, um prato, uma caneca ou um copo — a sujeira poluirá qualquer substância boa que for colocada no recipiente. Por que Deus iria querer derramar o Seu Espírito em um recipiente sujo?

De acordo com as palavras de Paulo, temos a responsabilidade de nos limparmos. Ele não disse: "O sangue de Jesus nos purifica de todo pecado passado, presente ou futuro, portanto não se preocupe com o pecado habitual em que você vive porque você está coberto". Não, ele afirmou: *"Se alguém se purificar dessas coisas, será vaso para honra, santificado, útil para o Senhor e preparado para toda boa obra"* (v. 21; grifo do autor).

Precisamos nos purificar. Ponto final. Paulo não estava discutindo o nosso relacionamento posicional com Cristo devido à Sua obra; ele estava tratando do nosso comportamento. Ouça as palavras dele novamente: *"Se alguém se purificar dessas coisas, será vaso para honra".*

Mais uma vez, percebemos que a presença de Deus — o Seu Espírito — não será derramada em um vaso sujo, mas sim em um vaso limpo.

A Consequência

Somos informados que a iniquidade (a desobediência a Deus) é um mistério, e é uma obra em sociedade. Mas a boa notícia é que há uma força restritiva:

> *A verdade é que o mistério da iniquidade já está em ação, restando apenas que seja afastado Aquele que agora o detém.*
> 2 Tessalonicenses 2:7

A nossa pergunta deveria ser: quem é Aquele que detém a iniquidade? Só poderia ser uma entre duas opções: o Espírito Santo ou o corpo de Cristo. Os tradutores obviamente acreditavam que seria o Espírito Santo, daí o uso da maiúscula em *Aquele*. Vamos supor que eles estejam corretos.

Tenho mais de cinquenta anos de idade enquanto escrevo isso, e em toda a minha vida, nunca testemunhei um nível tão alto de iniquidade em meu país. Nunca vi tanta determinação do governo, da mídia e da sociedade para rotularem o comportamento iníquo como *bom*. Há um motivo. A força que os detém — o Espírito Santo — não está tão predominante hoje. A presença de Deus está rapidamente diminuindo no Ocidente na primeira parte do século 21.

Por que isso? Se proclamarmos um Evangelho que não enfatiza a transformação, acabamos com uma falta de recipientes puros e limpos, o que gera uma diminuição da presença manifesta de Deus na Terra. Lembre-se de que quando Jesus morreu na Cruz, o véu do templo se rasgou de alto a baixo. A presença de Deus imediatamente saiu de um recipiente feito pelo homem e estava prestes a ser derramada em vasos não feitos por mãos — os corações de homens e mulheres nascidos de novo.

O Espírito de Deus não saiu do templo e foi para um pôr do sol, para uma árvore, para uma linda paisagem, para uma canção, um vídeo ou para qualquer outro meio. Ele se mudou para vasos de carne e sangue. Se os vasos estiverem sujos, a presença de Deus na sociedade diminui e, consequentemente, a iniquidade é menos detida.

Podemos mudar esse rápido declínio não votando em bons candidatos para ocuparem cargos, fazendo lobby contra o nosso governo, demitindo o pessoal da mídia atual, protestando em frente às clínicas de aborto ou tomando várias atitudes. A única maneira de realmente combater a iniquidade é nos rendendo à capacitação da graça de Deus e vivendo uma vida santa. Desse modo, damos mais voz e influência ao Espírito Santo na nossa sociedade.

A falta de pregações a respeito da verdadeira santidade nos custou muito caro em nível pessoal, coletivo e nacional. Podemos mudar isso! Pastores, líderes e todo o povo de Deus — vamos ficar firmes e unidos proclamando todo o conselho de Deus com base na Bíblia. Vamos construir uma fundação e uma estrutura de vigas e colunas firmes nas vidas daqueles a quem influenciamos. Vamos ver a iniquidade ser paralisada em nossa sociedade pela força que a detém, o Espírito Santo, o que resultará em uma colheita de almas para o Reino de Deus.

14

NOSSOS PARÂMETROS

Pois a quem tem, mais será dado, e terá em grande quantidade.
— MATEUS 25:29

O que conta não é a minha capacidade, mas a minha resposta à capacidade de Deus.
— CORRIE TEN BOOM

Vamos voltar à nossa ilustração da construção de uma casa. Primeiramente, abordamos o senhorio como a nossa fundação. Em seguida consideramos a estrutura de vigas e colunas, que é um estilo de vida santificado. Agora vamos passar para a fase final do processo de construção. Essa fase define a singularidade do que fazemos. Envolve a nossa frutificação, os nossos sonhos, os nossos planos, estratégias e as nossas decisões na vida. Paulo escreveu:

> *Porque somos criação de Deus realizada em Cristo Jesus para fazermos boas obras, as quais Deus preparou antes para nós as praticarmos.*
>
> Efésios 2:10

Fomos criados em Cristo Jesus não apenas para sermos filhos de Deus, mas também para sermos cidadãos produtivos do Reino.

No atual processo de construção de casas, é a instalação das partes em madeira, dos armários, dos carpetes, dos azulejos, dos aparadores de mármore, das tintas e finalmente da iluminação que dão o acabamento à casa. Mas esse aspecto só parecerá bom e durará se as duas primeiras fases de construção forem fortes.

Muitas vezes, enfrentamos escolhas na vida que parecem boas; entretanto, com frequência elas não são o melhor de Deus para nós. Muitas vezes, sentimos que as nossas escolhas são limitadas. Abrão e Sarai concluíram que a única maneira de darem à luz um filho era Abrão se casar com a serva de Sarai, Agar. Dessa decisão nasceu Ismael. Porém, a Palavra de Deus é clara ao dizer que "*o filho da escrava jamais será herdeiro com o filho da livre*" (Gl 4:30). Nessa situação Deus redimiu a escolha de Abrão e Sarai; entretanto, nem sempre isso acontece. Frequentemente, essas escolhas e caminhos errados roubam de nós o nosso potencial máximo.

Um dos muitos exemplos do Antigo Testamento é Saul, sentindo-se pressionado e tomando a decisão de oferecer um sacrifício antes da chegada de Samuel. Nesse caso, a escolha não foi redimida: Saul perdeu o reino (ver 1 Samuel 13).

Considere enfrentar decisões importantes deste modo: se você está fazendo uma caminhada e vê um caminho que é mais frequentado, naturalmente tenderá a seguir por ele. Entretanto, se você estiver com um guia experiente, ele pode conhecer outro caminho que é mais agradável e que o levará aonde você quer ir mais depressa. O guia o ajudará a fazer uma escolha melhor.

Somos ensinados que: "*A Tua palavra é lâmpada que ilumina os meus passos e luz que clareia o meu caminho*" (Sl 119:105). Ser bem firmado na Palavra de Deus ilumina o nosso caminho, o que é crucial para tomar decisões sábias na vida.

Na situação de Abrão e Sarai, ambos limitaram Deus, o que com frequência ocorre quando escolhemos seguir o nosso próprio caminho. Portanto, vamos examinar a Palavra de Deus para nos guiar ao fazermos escolhas.

"Não Está Disponível para a Sua Casa"

Nos primeiros anos do nosso casamento, Lisa e eu moramos em duas cidades, Dallas e Orlando. Mal conseguíamos pagar as nossas duas primeiras casas. Inicialmente moramos em apartamentos por vários anos porque não tínhamos dinheiro suficiente para termos o nosso próprio lugar. Ficávamos visitando casas modelo, mas apenas para sonhar.

Quando pudemos comprar uma casa, o fator predominante era o preço. Não podíamos pagar pela maioria das casas, já que o meu salário era de apenas 18 mil dólares por ano em Dallas, e 27 mil dólares por ano em Orlando. Continuar morando em um apartamento não era uma opção porque a essa altura tínhamos dois filhos e queríamos ter um quintal onde eles pudessem brincar. Em ambas as cidades, visitamos casas por semanas, procurando nos bairros de preço mais acessível que ficassem a uma distância razoável de carro da nossa igreja e do trabalho. Em ambos os casos descobrimos que a opção mais econômica era um condomínio pouco sofisticado e para pessoas de baixa renda. Ambas as construtoras tinham aproximadamente meia dúzia de plantas baixas para escolher, e nas duas vezes escolhemos uma das mais baratas.

Com uma casa, ficamos muito entusiasmados quando chegou o dia de escolher os nossos acabamentos internos. Nosso vendedor nos levou a um showroom geral, onde muitos materiais bonitos estavam em demonstração. Havia todo tipo de piso de mármore e granito, uma variedade de acabamentos de piso de madeira, lindos armários e uma série de carpetes exuberantes. Vimos molduras de teto sofisticadas e pedras exclusivas para lareiras.

Então o nosso vendedor nos indicou uma seção do showroom onde podíamos escolher os nossos materiais. Nessa área não havia opções em mármore ou granito; na verdade, não havia pisos de qualquer espécie. Tampouco havia opções de armários em cerejeira, carvalho ou pinus. Não havia moldura de teto, pedra para lareira ou piso de madeira para escolher. Nossas únicas opções eram carpete de segunda categoria, piso de linóleo e armários baratos de madeira compensada.

Ficávamos perguntando pelos materiais melhores, mas ouvíamos continuamente uma entre duas respostas: "Estes não estão disponíveis para a sua casa", ou "Para estes haverá uma cobrança extra". Quando perguntávamos o valor da cobrança extra, o valor apresentado era exorbitante, o que, naturalmente, não podíamos pagar. Lisa e eu saímos do showroom tentando encorajar um ao outro, mas na verdade nos sentíamos desanimados.

Capaz de Fazer

Vivemos em um mundo que reflete essa experiência no showroom da construtora. As pessoas ouvem com frequência: "Você não pode". "Não se anime muito." "Você está querendo voar alto demais." "Por que você não pode ser como todo mundo?" Ou "Isso está além das suas possibilidades". A lista desses comentários restritivos é interminável. Com frequência, a lógica parece razoável e o conselho bom, mas qual é a verdade?

> *Àquele que é capaz de fazer infinitamente mais do que tudo o que pedimos ou pensamos, de acordo com o Seu poder que atua em nós.*
>
> Efésios 3:20 (grifo do autor)

Esse versículo comunica uma mensagem muito diferente da nossa experiência no showroom. Deus não nos dá parâmetros limitantes. Os limites Dele vão além do que podemos ver, sonhar, imaginar, esperar ou pedir.

A palavra-chave nesse versículo é *capaz*. Deixe-me ilustrar com um cenário.

Um multibilionário se aproxima de três jovens empreendedores e lhes faz uma oferta: "Quero financiar o negócio dos seus sonhos. Não espero nenhum pagamento por isso; apenas quero vê-los ser bem-sucedidos. Sou *capaz* de lhes dar tanto capital quanto vocês precisarem para começar".

O primeiro é uma jovem que decide construir uma padaria. Ela precisa de uma fachada, de dois fornos, de formas para assar, utensílios, uma caixa registradora, ingredientes e alguns outros itens. Ela leva seus planos até o bilionário e pede cem mil dólares. Sem hesitar, ele transfere o dinheiro para a conta dela.

O próximo é um jovem. Ele decide construir algumas casas. Ele precisa comprar alguns terrenos, matérias-primas, ferramentas e uma picape, além de alugar um pequeno escritório. Ele aparece com o plano do seu negócio e pede 250 mil dólares. Mais uma vez, o bilionário transfere imediatamente o dinheiro para a conta dele.

O terceiro empreendedor é uma jovem que quer construir um complexo empresarial com um *shopping* anexo e um parque temático. Ela encontra quatrocentos hectares de terra à venda dentro dos limites da cidade. É uma propriedade imobiliária excelente que está no mercado há algum tempo porque poucos podiam pagar pela propriedade. Ela faz uma oferta, e a oferta é aceita.

Ela contrata uma equipe de arquitetos para planejar o seu sonho. Ela descreve dois prédios de escritórios de doze andares exclusivos, adjacentes, com um pátio. Em outra seção ela planeja um belo *shopping* externo cheio de lojas de varejo de produtos de alto nível e restaurantes de qualidade. Acima das lojas de varejo há apartamentos de luxo. Ela pede que seja construído um hotel de luxo cinco estrelas bem no centro do projeto. Ela guarda o último lote de terra para o seu parque temático em alto estilo. Enfileira árvores exuberantes em todas as ruas, insere ciclovias e coroa tudo com um parque de árvores e flores incrível próximo ao *shopping*.

A visão dela é atrair os homens de negócios bem-sucedidos, os moradores e os hóspedes do hotel para o seu parque. Ela oferecerá a possibilidade de comprar produtos de alta qualidade, um ambiente agradável, uma experiência única no parque temático e restaurantes excelentes. O hotel oferecerá acomodações fabulosas para os seus hóspedes proprietários de empresas. Ela também deseja que o seu complexo seja um destino de viagens. Sua esperança é atrair pessoas de todo o país para descansarem após seus voos, fazerem compras, desfrutarem do parque temático e serem mimadas no seu sofisticado hotel.

Ela discute o plano com os arquitetos até que ele esteja perfeito, uma verdadeira obra de arte. Então ela se aproxima do bilionário, mostra a ele os seus planos e pede 245 milhões de dólares. Assim como fez com os outros dois empreendedores, ele imediatamente transfere o dinheiro para a conta dela.

Três anos depois, o bilionário chama os três jovens para uma reunião. Ele gostaria de uma apresentação do progresso deles. Um por um, eles apresentam os seus relatórios. A padaria está tendo uma renda de dois mil dólares por mês. A construtora construiu quatro casas e lucrou pouco mais de duzentos mil dólares no decorrer de três anos.

A terceira jovem empreendedora se levanta e apresenta um relatório do seu complexo imobiliário. Ela atualmente tem uma taxa de ocupação de 90% em seu hotel e de 87% no seu espaço empresarial de escritórios de alto nível. Todos os apartamentos foram vendidos. Seu *shopping* está com 98% de ocupação por lojas e restaurantes de alto nível. Seu lucro líquido está na casa de milhões de dólares por mês. Ela relata que a cidade marcou uma data para homenagear o complexo imobiliário com um prêmio cívico, porque ele beneficiou a comunidade de diversas formas: no campo da estética, na criação de empregos, nos gastos dos turistas e na arrecadação de impostos. E ela também ficou com uma porcentagem dos lucros para abrir e financiar cozinhas públicas nas áreas pobres da cidade.

Mas a coisa não para por aí. Ela relata que uma grande porcentagem dos inúmeros milhões de dólares de lucro está sendo destinada a complexos similares em três outras cidades, os quais serão abertos a cada seis meses ao longo do próximo ano e meio. Ela treinou três equipes administrativas que supervisionarão esses novos complexos. Ela espera ter lucros ao longo dos próximos cinco anos para gerar investimento de capital para mais cinco complexos em outras localidades-chave.

Depois de ouvir sua apresentação, os outros dois empreendedores ficaram em silêncio e com uma expressão de desapontamento. O bilionário, reconhecendo isso, perguntou por que eles estavam abatidos.

A jovem que possui a padaria fala primeiro:

— Bem, senhor, é claro que ela está se saindo melhor do que nós, porque ela lhe pediu mais dinheiro que nós. Ela é capaz de fazer mais porque o senhor lhe deu mais.

O bilionário olha para o jovem construtor.

— Você concorda com ela?

O jovem diz:

— Sinceramente, senhor, concordo. Ela teve mais recursos para trabalhar.

O bilionário faz com que a sua assistente pessoal traga os relatos de sua primeira reunião. Alguns minutos depois, ela entra com as transcrições.

O benfeitor diz à sua assistente:

— Por favor, leia a declaração que fiz para cada um destes empreendedores há três anos.

A assistente lê:

— Quero financiar o negócio dos seus sonhos. Sou *capaz* de lhes dar tanto capital quanto vocês necessitem para começar.

O bilionário olha para os dois cujos semblantes estão abatidos e pergunta:

— Por que vocês invejam o que ela recebeu? Por que vocês acreditam que ela tem alguma vantagem sobre vocês? Eu disse a cada um de vocês que eu era capaz de lhes dar tanto capital quanto precisassem para realizar a sua visão. Eu não coloquei limites no que eu daria e realmente lhes dei exatamente o que vocês pediram. Por que vocês não sonharam e planejaram coisas maiores?

Então o bilionário volta-se para a jovem que tem a padaria e pergunta:

— Por que você não planejou uma padaria maior? Eu teria lhe dado o capital. Por que você não pediu financiamento para fazer uma divulgação mais eficaz? As pessoas amam os seus produtos; você teria sido bem-sucedida. Entretanto, a minha maior pergunta é: por que você não planejou mais padarias por toda a cidade, e depois não planejou franquias por todo o país para fazer o seu negócio crescer?

Então, ele se volta para o jovem e faz perguntas semelhantes.

— Por que você não treinou alguns mestres-de-obras e contratou diversos pedreiros para construir vinte casas por ano, em vez de apenas um pouco mais de uma por ano? Você poderia ter criado muito mais empregos. Por que você não adquiriu mais terras? Por que não abriu filiais pelo estado para poder ocupar diversas cidades com lindas casas? Eu teria financiado a sua visão porque você estaria ajudando as famílias desta cidade e finalmente do estado. O seu alcance foi limitado porque o seu capital foi limitado, porque a sua visão foi limitada.

Abundância

Como cristãos, muitas vezes pensamos inconscientemente que não devemos ter demais. Mas esse pensamento está alinhado com o que a Palavra de Deus ensina? Jesus declara:

Pois a quem tem, mais será dado, e terá em grande quantidade.
Mateus 25:29 (grifo do autor)

Deus não tem problemas com a abundância. Ele é contra o fato da abundância nos possuir. Qual é a diferença? A pessoa que é possuída pela abundância é alguém que procura a bênção, os bens, as finanças, a capacidade ou o poder apenas para aplacar os seus anseios. Ou acumula recursos por medo.

Muitos que ouviram o ensino de prosperidade no final do século 20 começaram a ter esse tipo de apetite. A ganância deles fez com que muitos líderes e crentes desistissem de proclamar a verdade de Deus a respeito da abundância. Muitos passaram a desdenhar a palavra *prosperidade*. Mas a verdade é que precisamos de abundância para realizar uma obra maior e mais eficaz na edificação de vidas para o Reino. Seria essa a razão pela qual Deus disse: "*Amado, acima de tudo, faço votos por tua prosperidade e saúde, assim é próspera a tua alma*"? (3 Jo 2, ARA).

Em nossa ilustração, o multibilionário não deu a cada empreendedor 245 milhões de dólares, como ele deu à última jovem. Ele deu a cada um de acordo com a visão deles. Se você examinar a parábola que contém a declaração de Jesus sobre abundância, cada um dos servos não começou com a mesma quantia de dinheiro. Eles receberam quantias diferentes: "*A um deu cinco talentos, a outro dois, e a outro um; a cada um de acordo com a sua capacidade*" (Mt 25:15). A capacidade deles estava de acordo com o que eles podiam prever.

No meu exemplo, a primeira jovem só conseguia antever uma pequena padaria. O jovem só podia antever algumas casas por ano. A capacidade da terceira jovem — o que ela podia antever — exigia muito mais.

Usar bem a capacitação é usá-la para edificar vidas, para edificar o Reino. Se olharmos atentamente para essa parábola, encontraremos um fato interessante. Dois servos foram fiéis ao seu senhor; eles multiplicaram o que lhes fora dado. (Em nossa história dos três jovens empreendedores, apenas um multiplicou.) O senhor na parábola de Jesus chamou a multiplicação deles de *boa* (ver Mateus 25:21, 23).

O servo que manteve o que lhe fora confiado foi identificado como preguiçoso. O senhor tomou o seu talento e o deu ao homem que possuía em abundância. O senhor transformou os dez talentos daquele homem em onze. Isso está longe de uma reação *socialista*; com toda honestidade, essa é uma reação *capitalista* por natureza.

Pensamos que um bom cristão deveria "segurar as pontas", por assim dizer. Em outras palavras, que ele deve ficar contente por ter apenas o suficiente para sobreviver, quando na verdade isso é ser *preguiçoso*. O primeiro mandamento de Deus à humanidade foi *"Sejam férteis e multipliquem-se!"* (Gn 1:22). Ele não estava falando apenas sobre bebês. Deus estava declarando: *"Tudo o que Eu lhes der, espero que vocês o multipliquem e o apresentem de volta a Mim"*.

Deus me confiou a capacidade de ensinar. Por Sua graça (o poder que está em operação dentro da nossa equipe, dos nossos parceiros, da minha esposa e de mim), esse dom tem sido multiplicado e apresentado de volta a Ele por intermédio do ensino a todo o mundo, escrevendo livros, colocando mensagens na internet, dando milhões de recursos a pastores e líderes globalmente, escrevendo blogs, desenvolvendo outros mestres — e a lista ainda não está completa. Até agora Ele tem feito muito mais além de tudo o que eu poderia sonhar quando jovem. Tenho duas respostas para tudo isso. Primeira, a minha preocupação é: *tenho limitado Deus de alguma forma?* Segunda, o meu prazer é: *uau, veja o que a capacidade Dele fez!* Esses dois pensamentos me mantêm humilde e apaixonado ao mesmo tempo.

Nosso Recipiente

Há muito mais que Ele poderia fazer por meio de cada um de nós. Quer percebamos isso quer não, todos nós colocamos limites. De acordo com Efésios 3:20, essas restrições são determinadas pelo que podemos *"pedir ou pensar"*, com relação a ajudar outros. A mensagem clara de Deus é: *"A Minha graça em você pode ir muito além do limite que você estabeleceu"*. Jesus diz isso assim: *"Tudo é possível àquele que crê"* (Mc 9:23).

Os nossos limites — aquilo que podemos conter — decidem qual vai ser a nossa participação nos recursos ilimitados de Deus. Na minha história sobre o bilionário e os empreendedores, o recipiente da primeira pessoa era uma visão que precisava de 100 mil dólares, a segunda precisava de 250 mil dólares e a terceira precisava de 245 milhões de dólares.

Falando francamente, é o tamanho do nosso recipiente que limita Deus. Será possível que Deus esteja nos perguntando: *"Por que você está pensando apenas no que é preciso para sobreviver? Por que você está meramente pensando em você e na sua família? Por que você não está recorrendo ao potencial que*

Eu coloquei dentro de você? Na Minha visão essa mentalidade não é boa. *Ela é* preguiçosa".

É por isso que Paulo ora apaixonadamente para que possamos conhecer e entender:

> ... *qual é a* imensurável, ilimitada e inigualável grandeza *do Seu poder em nós e por nós, os que cremos...*
>
> Efésios 1:19 (AMP, grifo do autor; tradução nossa)

Olhe atentamente as palavras que enfatizei nesse versículo. Pare e reflita em cada uma delas. *Imensurável*: você não pode medi-la. *Ilimitada*: não há limite para ela. *Inigualável grandeza*: não existe poder maior no universo.

Observe que todo o poder está *em* nós. Não é um poder que podemos receber periodicamente da sala do trono. É o Seu poder que já está *em* nós.

Ele também é *por* nós. Ele nos permite multiplicar. Ele nos ajuda a sermos frutíferos. Ele nos torna eficazes para ajudar a outros. Por ele nós brilhamos como luzes intensas.

Esse poder não é outro senão a graça de Deus!

Reine em Vida[24]

A graça de Deus é avassaladora. Ela é o dom imerecido da salvação, do perdão, de uma nova natureza e o revestimento de poder para viver uma vida santa. Ela também nos capacita a multiplicar, a sermos frutíferos e a reinar em vida. A graça é realmente impressionante! Observe atentamente as palavras de Paulo:

> *Aqueles que recebem de Deus a imensa provisão da graça e a dádiva da justiça* reinarão em vida *por meio de um único homem, Jesus Cristo.*
>
> Romanos 5:17 (grifo do autor)

A magnitude dessa declaração parece quase absurda demais para ser real porque as suas implicações são fantásticas. Talvez seja por isso que muitos a têm ignorado. Pela graça de Deus devemos reinar em vida. Fomos revestidos de poder para superar qualquer obstáculo que este mundo tente lançar contra nós. A vida nesta Terra não deve nos derrotar; nós devemos reinar sobre ela. Recebemos a missão de deixar uma marca significativa em nossas esferas de influência. Esse é o nosso mandato.

Como isso funciona na prática? Devemos romper com a mediocridade, ultrapassar a norma. Fomos chamados para influenciar — para ser cabeça e não cauda, para estar por cima e não por baixo (ver Deuteronômio 28:13). Devemos não apenas nos elevar acima das circunstâncias adversas da vida, mas também brilhar mais que aqueles que não possuem uma aliança com Deus. Devemos ser líderes em meio a um mundo em trevas. A cabeça define a direção e, portanto, as tendências, enquanto a cauda segue. Devemos ser líderes em todos os aspectos da nossa sociedade, e não seguidores. Isso é uma realidade? Ou estamos deixando a desejar com relação ao que Deus chama de bom?

Permita-me dizer isso claramente. Se a sua profissão é na área médica, pela graça de Deus, você tem a capacidade de descobrir novas e inovadoras formas de tratar enfermidades e doenças. O seu potencial é imensurável e ilimitado. Seus colegas de trabalho deveriam se maravilhar com as suas descobertas e o seu trabalho deveria inspirá-los. A sua inovação e sabedoria fará com que eles cocem a cabeça e digam: "De onde ele (ou ela) tira essas ideias?" Você não apenas pode brilhar, como também multiplicará sua eficácia em sua área. Outros desejarão seguir os seus passos e procurarão saber qual é a fonte da sua capacidade.

Se você é um criador de *websites*, suas criações devem ser inovadoras e criativas, a ponto de outros imitarem o seu trabalho. Você e outros crentes da sua área devem estabelecer as tendências predominantes que a sociedade irá seguir. Você deve ser procurado pelo seu trabalho e ser conhecido pela sua capacidade inovadora. Você deve estar tão à frente que outros na sua área coçarão a cabeça e dirão uns aos outros "De onde ele (ou ela) tira esta criatividade?" Você multiplicará transferindo o seu conhecimento a outros e ampliando a sua indústria e ofertando para o Reino.

Se você é uma professora de escola pública, pela graça dentro de você que a capacita, você deve desenvolver formas novas, criativas e inovadoras de transmitir conhecimento, entendimento e sabedoria aos seus alunos as quais nenhum dos outros educadores na sua escola imaginou. Você pode estabelecer o padrão e inspirar os alunos de tal forma que os outros ficarão maravilhados. Seus colegas educadores discutirão entre si: "De onde ele (ou ela) tira essas ideias?" Você multiplicará reproduzindo as suas habilidades nos seus alunos e desenvolvendo outros educadores.

Como um homem ou mulher de negócios, você pode criar produtos inovadores e técnicas de vendas que superem as outras. Você adotará estratégias de marketing que estão à frente da norma. Você perceberá habilmente o que é lucrativo e o que não é. Você saberá quando comprar e quando vender, quando entrar e quando sair. Outros homens de negócios coçarão a cabeça procurando entender por que você é tão bem-sucedido. Você multiplicará desenvolvendo jovens empreendedores e vivendo generosamente para edificar o Reino.

O mesmo princípio se aplica se você é um músico, um pesquisador, um atleta, um cientista, um policial, um comissário de bordo, uma mãe e dona de casa, ou se você está na mídia, nas forças armadas ou em qualquer outro setor da vida. Todos esses exemplos, grandiosos ou não, modelam o nosso mandato.

Cada um de nós foi chamado para diferentes setores da sociedade. Onde quer que estejamos, devemos manifestar chefia e liderança. Nossos negócios devem prosperar mesmo quando outros estão com dificuldades. Nossas comunidades devem ser seguras, mais agradáveis e prósperas. Nossos locais de trabalho devem ter um sucesso explosivo. Nossa música deve ser inovadora e original, imitada pelos músicos seculares. O mesmo deve acontecer com as nossas artes gráficas, com os nossos vídeos e com os nossos projetos de arquitetura. Nossa criatividade deve inspirar e ser procurada em todos os níveis.

Nosso desempenho, seja no atletismo, no entretenimento, nas artes, na mídia seja em qualquer área, deve se destacar. Quando os justos governam, nossas cidades, estados e nações devem florescer. Nossas escolas devem se destacar quando ensinamos e lideramos. Quando os crentes estão envolvidos, deve haver uma abundância de criatividade, inovação, produtividade, tranquilidade, sensibilidade e integridade. Nós, discípulos de Jesus, devemos ser luz em um mundo em trevas. Portanto, na essência, por intermédio da graça de Deus, devemos *nos destacar* em meio a uma sociedade obscura.

Destaque-se

Leia este testemunho sobre Daniel:

Ora, Daniel se destacou tanto entre os supervisores e os sátrapas por suas grandes qualidades, que o rei planejava colocá-lo à frente do governo de todo o império.

Daniel 6:3 (grifo do autor)

Isso é fantástico. Primeiro, observe que Daniel *se destacou*. A Palavra não diz "Deus destacou Daniel". Todas as traduções mais importantes da Bíblia dizem que foi Daniel quem *"se destacou"*. A tradução da Bíblia *A Mensagem* afirma que ele *"tinha uma inteligência tão superior aos outros"* líderes.

Como Daniel fazia isso? Ele tinha qualidades excepcionais porque era um homem que estava ligado a Deus. Não deveria ser diferente para toda pessoa que tem o Espírito de Deus vivendo dentro dela.

A *New American Standard Bible* diz: "Daniel começou a se destacar... porque ele possuía um espírito *extraordinário*". A palavra *extraordinário* significa "ir além da norma, romper com o padrão, ultrapassar a medida comum". Às vezes, podemos compreender melhor uma palavra examinando o que ela não é — o seu antônimo, que no caso de *extraordinário* é *comum, ordinário* ou *normal*. Assim, viver uma vida normal manifestaria o estilo de vida oposto ao de uma pessoa que possui um espírito extraordinário.

O espírito de Daniel era extraordinário. Se o nosso espírito é extraordinário, a nossa mente e o nosso corpo devem acompanhá-lo. Se o nosso espírito nos conduz, a criatividade, a engenhosidade, a sabedoria, o conhecimento e todos os outros aspectos da vida são moldados de forma diferente do que se vivêssemos simplesmente pela nossa própria força. Se realmente entendemos a graça *em* nós e *por* nós, sabemos que não existem restrições.

Não vamos nos esquecer das palavras que descrevem o Seu poder dentro de nós: *imensurável, ilimitado* e *inigualável grandeza*. Daniel recorria ao que estava disponível no seu relacionamento com Deus. Ele conhecia a sua aliança com o Todo-poderoso — que ele devia ser cabeça e não cauda. E nós temos uma aliança mais poderosa com Deus do que ele tinha.

Vamos examinar a situação de Daniel mais profundamente. Ele e seus três amigos foram levados cativos para fora da pequena nação de Israel e escoltados para a nação mais poderosa do mundo. Se você acha que os nossos países da atualidade são poderosos, o fato é que eles não são nem de perto tão poderosos como a Babilônia era, relativamente falando. Os babilônios governavam o mundo — todo ele! Eles ocupavam o primeiro lugar economicamente, politicamente, militarmente, socialmente, cientificamente, educacionalmente e artisticamente.

O povo babilônio era o mais sofisticado do planeta em praticamente todas as áreas. No entanto, vemos que com relação a Daniel e seus amigos: "*O rei lhes fez perguntas sobre todos os assuntos que exigiam sabedoria e conhecimento, e descobriu que eram* dez vezes *mais sábios do que todos os magos e encantadores de todo o seu reino*" (Dn 1:20; grifo do autor). Outras traduções dizem que eles eram dez vezes melhores, dez vezes mais doutos e entendiam dez vezes mais. Eles desenvolveram ideias que os sábios daquela nação proeminente nunca imaginaram, e suas ideias funcionaram. Na essência, a criatividade, a inovação e a percepção deles eram dez vezes mais poderosas que a dos outros líderes que não possuíam o Espírito de Deus.

Maior Que Daniel

Tendo isso em mente, leia as palavras de Jesus: "*Não há ninguém maior do que João*" (Lc 7:28). Isso significa que João Batista era maior que Daniel. Não tente comparar os dois pelo que eles fizeram. João estava no ministério; Daniel servia no governo civil. Entretanto, Jesus revela claramente que João era superior. Mas então Ele continua dizendo:

"*Todavia, o menor no Reino de Deus é maior do que ele*".

Lucas 7:28

Por que aquele que é menor no Reino de Deus é maior que João? Jesus ainda não havia sido crucificado para libertar a humanidade, portanto João não tinha um espírito nascido de novo. Não se podia dizer de João: "*Como*

Jesus é, assim é João Batista neste mundo" (ver 1 João 4:17). No entanto, isso é dito a nosso respeito! João não foi levantado e assentado com Cristo nos lugares celestiais (ver Efésios 2:6). Contudo, isso é um fato real no que se refere a nós! É por isso que o menor no Reino agora é maior que João. *Será que estamos entendendo isso?*

Alguns estudiosos acreditam que houve aproximadamente dois bilhões de cristãos nesta Terra desde o tempo da ressurreição de Jesus até os nossos dias. As chances são muito pequenas, mas se acontecer de você ser o menor desses dois bilhões de crentes, você ainda é maior que João Batista — o que significa que *você é maior que Daniel.*

As perguntas que surgem agora são: você sabe realmente quem é? E você está se destacando? Você é dez vezes mais inteligente, melhor, mais sábio, mais criativo e mais inovador que aqueles com quem trabalha que não possuem um relacionamento de aliança com Deus por intermédio de Jesus Cristo? Se não, por quê? Seria porque não acreditamos em uma medida maior da graça de Deus?

Vamos analisar isso um pouco mais. Jesus declarou que nós somos *"a luz do mundo"* (ver Mateus 5:14). Sermos mencionados como uma luz em meio às trevas não ocorre apenas uma vez no Novo Testamento. (Ver Mateus 5:14-16; João 8:12; Atos 13:47; Romanos 13:12; Efésios 5:8, 14; Colossenses 1:12; Filipenses 2:15; 1 Tessalonicenses 5:5; e 1 João 1:7; 2:9-10.) Essa verdade deveria ser um tema avassalador nas nossas vidas em Cristo.

O que significa ser a luz do mundo? A maioria das pessoas vê isso aplicado apenas ao nosso comportamento — ser doce, gentil e amável — juntamente com o fato de que podemos citar João 3:16. E se Daniel tivesse entendido ser luz desse modo? E se o objetivo dele todos os dias ao entrar nos gabinetes do governo fosse tratar as pessoas de forma gentil e dizer aos seus companheiros de trabalho: "Ei, líderes babilônios, o Salmo 23 diz: 'O Senhor é meu Pastor, nada me faltará...'"

O que os administradores e governadores teriam dito uns aos outros quando Daniel saísse do escritório para orar na hora do almoço? (Ele fazia isso todos os dias.) Estou certo de que seria algo assim: "Ainda bem que o fanático saiu da sala. Espero que ele ore a tarde inteira. Ele é tão *esquisito!"*

Por que eles fizeram uma lei que dizia que Daniel não podia orar? (Ver Daniel 6:6-8). Seria porque ele era dez vezes mais inteligente, mais sábio, mais inovador e mais criativo que qualquer um deles? Uma vez que ele estava sendo promovido mais que cada um deles até estar à frente de todos os líderes, talvez eles estivessem com um pouco de ciúmes?

Esses líderes ficaram desnorteados e provavelmente consultaram uns ao outros, dizendo: "Não estamos entendendo! Fomos treinados pelos mestres, cientistas e líderes mais entendidos, mais dotados e mais sábios do mundo inteiro. Ele veio desse pequeno país insignificante, então, de onde ele tira essas ideias? Como ele é tão melhor que nós? Deve ser a oração que ele faz três vezes por dia. Vamos criar uma lei contra ele orar para que ele não continue a brilhar mais que nós". (É claro que isso serviu ao propósito deles de fazê-lo ser preso também.)

Daniel era uma luz brilhante devido ao fato de que ele era um indivíduo impressionante. Suas qualidades excepcionais faziam com que ele brilhasse intensamente aos olhos de seus contemporâneos. Eles não gostavam disso porque sentiam inveja. Entretanto, só consigo imaginar que muitos outros, inclusive o rei, viam evidências do Deus vivo nas habilidades de Daniel, e isso os atraía e faziam com que eles honrassem o Deus de Daniel.

Não foi o conhecimento bíblico de Daniel ou o fato de ele ser gentil e orar três vezes ao dia que fez com que os outros o observassem. Foi o fato de Daniel ser melhor na sua área de trabalho e de possuir um caráter segundo Deus. A sua fundação pessoal, suas vigas e colunas e os seus materiais de acabamento eram todos extraordinários.

A Evidência em Minha Vida

Testemunhei pessoalmente o poder da graça de Deus em minha vida. Uma de minhas piores matérias no ensino médio era redação. Eu tinha dificuldades todas as vezes que me pediam para escrever um texto de três páginas. Eu levava muitas horas para escrever, mas não antes de gastar a metade de um bloco. Eu rasgava e jogava fora páginas e mais páginas de escritos terríveis. No vestibular eu não fiz nem metade dos pontos na prova de escrita. Para lhe dar uma ideia do quanto isso é ruim, em todas as minhas viagens eu só conheci uma pessoa que tirou uma nota pior!

Quando Deus me mostrou em oração, em 1991, que Ele queria que eu escrevesse um livro, pensei que Ele tivesse me confundido com outra pessoa. Mais ou menos como Sara no Antigo Testamento, eu dei uma boa risada. Como eu poderia escrever um capítulo, muito menos um livro? O que eu não calculei inicialmente foi a imensurável, ilimitada e inigualável grandeza da graça de Deus em mim.

Dez meses após receber a direção de Deus dizendo *"escreva um livro"*, duas mulheres de estados diferentes me procuraram em um intervalo de duas semanas e me disseram estas palavras: "John, Deus quer que você escreva. Na verdade, se você não o fizer, Ele dará as mensagens a outra pessoa". Depois disso, assinei um contrato com Deus e reconheci a minha total dependência da Sua graça. Contarei o restante desta história no capítulo seguinte, mas vou apenas relatar aqui que agora já são dezenove livros escritos e milhões de exemplares foram distribuídos mundialmente em mais de noventa idiomas.

A graça me capacitou não apenas para escrever, mas também para falar. Na primeira vez que Lisa me ouviu falar em público depois que nos casamos, ela adormeceu na primeira fila. Eu era tão ruim assim. Uma das melhores amigas dela sentou-se ao lado dela e caiu em um sono tão profundo que vi saliva escorrendo pelo queixo da sua boca aberta. Isso foi encorajador! Agora as pessoas não dormem mais quando falo em público. Antes eu fazia isso na minha força; agora aprendi a acreditar na Sua graça, a depender da Sua graça, e a me render à Sua graça.

Eu era um fracasso nessas duas áreas em minha própria capacidade. Entretanto, foi por intermédio delas que Deus me deu o privilégio de ministrar a milhões de pessoas.

Uma Vida Realmente Boa

Vamos resumir os nossos parâmetros para vivermos uma boa vida. Se você puder acreditar, nada é impossível para você. Pois Ele é capaz de fazer por intermédio de você abundante e infinitamente mais do que tudo o que você possa pedir ou pensar. O poder interior disponível por meio do qual Ele realizará a obra da sua vida é imensurável, ilimitado e ultrapassa todos os outros. Sua vida não deve ser como o que Lisa e eu experimentamos naquele showroom enquanto escolhíamos os artigos para o acabamento da nossa nova casa. Você não tem limites porque quem você é e o que você faz é pela graça de Deus! Portanto, permita que o Espírito Santo expanda a sua visão. Sonhe grande, creia e avance com atitudes correspondentes.

Há um fator que é crucial para o cumprimento do que foi dito neste capítulo. Sem um entendimento dessa característica, há boas chances de que fiquemos frustrados e até iludidos em nossa busca por sermos eficazes e por multiplicarmos. No capítulo seguinte abordaremos esse atributo, chamado *discernimento*.

15

DISCERNIMENTO

Mas o alimento sólido é para os adultos,
os quais, pelo exercício constante,
tornaram-se aptos para discernir tanto o
bem quanto o mal.
— HEBREUS 5:14

A santidade não é um luxo para poucos; ela
é um simples dever, para você e para mim.
— MADRE TERESA

Os que são chamados de adultos são aqueles que são maduros, não fisicamente, mas espiritualmente. Fisicamente nascemos como bebês e crescemos até à vida adulta. Do mesmo modo, nascemos espiritualmente como bebês e se espera que cresçamos até a maturidade, até a estatura de Cristo.

Há uma diferença significativa entre os dois. A maturidade física está vinculada ao tempo. Você já ouviu falar em uma criança de dois anos de idade com 1,80 m de altura? São necessários quinze a vinte anos para chegar a essa altura. Entretanto, o crescimento espiritual não está vinculado ao tempo. Você já encontrou crentes que têm apenas um ano de idade em Cristo, mas são mais maduros do que aqueles que estão salvos há vinte anos?

De acordo com Hebreus 5:14, um sinal de maturidade é quando os nossos sentidos internos discernem com exatidão o que é verdadeiramente bom e mau.

É importante observar que o seu coração tem cinco sentidos, assim como o seu corpo. Esse fato é evidente ao longo da Bíblia. "Provem, *e* vejam *como o* SENHOR *é bom*" (Sl 34:8, grifos do autor). Dois sentidos estão abrangidos apenas nesse versículo.

Jesus certa vez anunciou às multidões: "*Quem tem ouvidos para* ouvir, *ouça*" (Mt 11:15, ACF; grifo do autor)! Quase todos que estavam presentes podiam ouvir fisicamente; Ele estava falando dos ouvidos internos deles.

Paulo citou a declaração de Deus a Israel: "*Não* toquem *em coisas impuras, e eu os receberei*" (2 Co 6:17; grifo do autor). O mesmo apóstolo também escreveu que Deus "*por nosso intermédio exala em todo lugar* a fragrância *do Seu conhecimento*" (2 Coríntios 2:14; grifo do autor).

Todos os cinco sentidos são abordados apenas nesses quatro versículos!

Discernimento

Como impedir que confundamos o bem com o mal, principalmente em um tempo em que o engano está desenfreado? Como não cair na mesma armadilha na qual Eva caiu quando acreditou que o mau era bom, agradável e sábio? A resposta é: por meio do *discernimento*. Então, como podemos desenvolvê-lo? Por intermédio do autêntico temor do Senhor.

O profeta Malaquias profetizou que nos últimos dias haveria dois grupos de crentes — aqueles que temem a Deus e aqueles que não O temem. Em meio a tempos difíceis, os que não têm o temor a Deus reclamam, comparam e murmuram. Eles não gostam do fato de que devem servir a Deus e ainda sofrer oposição, aflição e dificuldades, enquanto aqueles que são maus e não têm um relacionamento com Deus estão prosperando.

Aqueles que temem a Deus passam pelas mesmas dificuldades, mas fazem algo diferente. Eles falam da bondade de Deus. Lutam em meio à adversidade acreditando no que Ele diz sobre as suas circunstâncias difíceis. Eles estão mais preocupados com os desejos, os planos e o Reino de Deus do que com o seu desconforto temporário. Eles conhecem e estão firmados na Sua fidelidade. A atitude deles é esta:

Mesmo que não haja figos na figueira, e as uvas nas videiras não amadureçam; mesmo que não se colham azeitonas, e os

campos de trigo não produzam; mesmo que os apriscos estejam
sem ovelhas e as estrebarias sem gado; desde já cantem louvor
jubilante ao Eterno. Pulando de alegria diante de Deus, o meu
Salvador. Por saber que o governo do Eterno será vencedor,
sinto-me fortalecido e encorajado. Corro como um cervo e me
sinto o rei do mundo!

Habacuque 3:17-19 (*A Mensagem*)

Deus afirmou por meio do profeta Malaquias que Ele fará deles os Seus tesouros especiais. (Lembre-se como Paulo se referiu aos *"vasos para honra"* em 2 Timóteo 2:21.) Malaquias profetizou que um dos agradáveis benefícios daqueles que temem a Deus seria: *"Então voltareis e* vereis a diferença *entre o justo e o ímpio"* (Ml 3:18, ACF). Em outras palavras, esses crentes não confundirão o que não é bom com o que é *bom*.

No capítulo anterior identificamos os parâmetros da bondade de Deus: abundância além do que podemos pedir ou pensar. Para uma pessoa, a abundância pode ser a sua queda, mas para outra a sua grande oportunidade. Se a abundância é o seu objetivo, você com certeza cairá na mesma armadilha de Eva, de Caim, de Balaão, de Corá, de Saul, de Geazi, de Judas, de Alexandre, da igreja de Laodiceia e de inúmeros outros. Entretanto, se agradar a Deus for o seu objetivo principal, você terá a capacidade de discernir o que é bom e mau — a capacidade de lidar adequadamente com a sua abundância.

A chave encontra-se no discernimento, e o nível da nossa capacidade de discernir é proporcional ao nosso temor a Deus. Permita-me reiterar: quanto mais tememos a Deus, mais somos capazes de discernir com sabedoria. No início do seu reinado, Salomão clamou: *"Dá, pois, ao Teu servo um coração cheio de* discernimento... *capaz de distinguir entre o bem e o mal"* (1 Rs 3:9; grifo do autor).

A sabedoria por meio da qual Salomão governava era impressionante. Nos anos em que ele estava seguindo o Senhor, ele escreveu: *"se clamar por entendimento e por* discernimento *gritar bem alto... se procurar a sabedoria como se procura a prata e buscá-la como quem busca um tesouro escondido, então você entenderá o que é temer o* SENHOR*"* (Pv 2:3-5; grifo do autor).

Entretanto, quando Salomão perdeu o temor de Deus, ele ficou confundido e não sabia mais dizer a diferença entre bem e mal. Para ele tudo se tornara *"vaidade"* e *"correr atrás do vento"*. Todo o livro de Eclesiastes é um retrato de um homem confuso e perplexo que perdera o temor de Deus e, por conseguinte, o seu discernimento. Ele estava em um estado de espírito triste. Ao longo dos anos, meu coração tem se partido pelos muitos líderes e crentes que testemunhei terem perdido do mesmo modo o temor do Senhor e sucumbido ao engano devido à perda do discernimento.

Como afirmei, o temor de Deus nos move a cooperar com a graça de Deus para nos purificarmos da impureza. É interessante que o nosso discernimento depende de vivermos uma vida santa. Portanto, vemos a santidade como a coluna que sustenta as nossas decisões na vida, quer elas envolvam nossa carreira, nossos relacionamentos, nossas finanças, nossas oportunidades sociais ou qualquer outro aspecto da vida.

Antes de tudo, nossa paixão deve ser temer a Deus. Se essa for a nossa prioridade máxima, então a abundância não nos enganará. Aprendemos que: *"Quem confia em suas riquezas certamente cairá"* (Pv 11:28). Mas no mesmo livro lemos: *"Eu sou o entendimento... Riquezas e honra estão comigo"* (Pv 8:14, 18, ACF), e novamente: *"A recompensa da humildade e do temor do Senhor são a riqueza, a honra e a vida"* (Pv 22:4). As verdadeiras riquezas são os recursos que capacitam você a realizar o que Deus o colocou nesta Terra para fazer, e isso sempre envolve impactar outros, o que significa edificar o Reino.

Uma pergunta que você deve fazer honestamente a si mesmo todas as manhãs é: sou motivado hoje pelo temor do Senhor ou por obter abundância? Se o seu alvo for o temor de Deus, ele o protegerá do engano de se envolver com o mau para obter o que é bom.

Permita-me esclarecer: recursos, riquezas, prosperidade e abundância são *bons*. Mas se eles forem o seu alvo, irá lhe faltar o discernimento para reconhecer se os meios para adquiri-los são *maus*. Uma história bíblica ajudará a explicar como isso funciona.

Esta É a Hora de Receber?

Em Israel, era costume levar uma oferta ou presente para um profeta. Quando era jovem, o futuro rei Saul e seu servo estavam procurando as jumentas perdidas de seu pai. Depois de uma procura exasperante, o servo recomendou que eles viajassem até uma cidade próxima para ver se um profeta chamado Samuel que morava ali podia ajudá-los a localizar as jumentas. A resposta imediata de Saul foi: "*Se formos, o que lhe poderemos dar? A comida de nossos sacos de viagem acabou. Não temos nenhum presente para levar ao homem de Deus. O que temos para oferecer?*" (1 Sm 9:7). Essa era a atitude típica quando alguém ia consultar um profeta.

Vamos passar para um período diferente em Israel. Um oficial do exército sírio chamado Naamã foi à casa do profeta Eliseu. Ele recebeu instruções que, quando finalmente fossem obedecidas, lhe trariam a completa cura da lepra. Ele voltou a Eliseu para agradecer e levar um presente. O profeta respondeu: "*Juro pelo nome do SENHOR, a quem sirvo, que nada aceitarei*" (2 Rs 5:16). Naamã insistiu com ele para aceitar o presente, mas Eliseu novamente o recusou.

O assistente pessoal de Eliseu, Geazi, testemunhou toda a interação. Ele assistiu chocado enquanto Naamã saía sem dar o presente habitual. Quando Eliseu saiu da sua presença, Geazi correu atrás de Naamã. Naamã o viu e fez sua caravana parar, perguntando a Geazi se havia alguma coisa errada.

Geazi lhe garantiu que tudo estava bem, mas então mentiu para Naamã, dizendo que Eliseu agora tinha uma necessidade súbita. Suas palavras foram: "*Dois jovens, discípulos dos profetas, acabaram de chegar, vindos dos montes de Efraim. Por favor, dê-lhes trinta e cinco quilos de prata e duas mudas de roupas finas*" (2 Rs 5:22).

Naamã respondeu dando duas vezes o que era "necessário". Eles partiram, e Geazi voltou e guardou secretamente os presentes entre os seus próprios pertences.

Geazi voltou a Eliseu e compareceu perante ele. Eliseu perguntou onde ele estivera. Ele mentiu insistindo que não havia ido a lugar algum. Então Eliseu declarou:

> Mas Eliseu lhe disse: "*Você acha que eu não estava com você em espírito quando o homem desceu da carruagem para encontrar-se com você? Este não era o momento de aceitar prata nem roupas, nem de cobiçar olivais, vinhas, ovelhas, bois, servos e*

servas. Por isso a lepra de Naamã atingirá você e os seus descendentes para sempre".

2 Reis 5:26-27

A falta do temor de Deus de Geazi (e, portanto, de discernimento) o posicionou para ser enganado. Ele pensou que era hora de receber quando não era. Ele acreditou que o presente era merecido, talvez pensando que ele deveria recebê-lo uma vez que seu senhor o recusara. Afinal, como Eliseu, ele também fizera sacrifícios e entregara a sua vida para a obra de Deus. Não era a vontade de Deus que eles prosperassem? E agora ali estava aquele pagão rico que adorava a deuses estranhos. As riquezas do pecador não estão armazenadas para o justo? Ele concluiu que não receber o pagamento que lhe era de direito para o ministério não era sábio da parte de Eliseu.

O raciocínio de Geazi justificava os meios que ele usou para obter o que pensava ser justamente devido. Faltou-lhe discernimento, e ele identificou o mal como bem. E pagou um terrível preço por sua desobediência.

O Fim Justifica os Meios

Existem muitas histórias que eu poderia compartilhar para ilustrar como a busca pelas riquezas terrenas em substituição ao temor do Senhor enganou líderes e crentes. Testemunhei muitas pessoas que, mais cedo ou mais tarde, pagaram caro por isso. Inicialmente, a oportunidade de lucro parecia convidativa, sensata e boa. Nos primeiros momentos, parecia que os seus esforços estavam sendo abençoados e que o sucesso estava na próxima esquina. Então as coisas mudaram para pior, e as consequências em longo prazo foram muito caras. Testemunhei casamentos desfeitos, ministérios perdidos, negócios fracassados, ruína financeira, complicações com a saúde, relacionamentos destruídos — tudo isso acompanhado da perda da integridade pessoal e da confiança dos entes queridos.

Homens e mulheres de negócios relataram inúmeras experiências desagradáveis ao lidarem com outros cristãos no mercado de trabalho. Eles se depararam com egoísmo, mentira, roubo, inveja, fraude e apropriação indevida. Por que isso acontece? A explicação simples: o fim que parece *bom* justifica os meios comprometedores para chegar lá. A ideia é: *a vontade de Deus é que eu seja bem-sucedido, tenha recursos e desfrute de influ-ência.* Mas eles não usam a Palavra de Deus como um filtro para examinar sua jornada. Com frequência, fazer concessões parece o único caminho a seguir. *A oportunidade passará se não agirmos. Vamos perder uma grande oportunidade ou bênção.* É preciso ter um caráter maduro para esperar pela provisão de Deus.

Satanás apresentou a Jesus uma oportunidade de fazer concessão no início do Seu ministério. Ele tentou Jesus oferecendo-Lhe um atalho indolor para recuperar os reinos deste mundo — o que Jesus viera para realizar — se Ele simplesmente o adorasse. Para o lado humano de Jesus, isso provavelmente soou como uma oferta atraente. Se aceitasse a proposta de satanás, Jesus seria capaz de impulsionar seu ministério rapidamente e evitar uma quan-tidade enorme de dificuldades e sofrimento. Tudo que Ele tinha a fazer era adorar a satanás.

Quantas vezes satanás se oferece para realizar o que Deus colocou em nosso coração, mas para conseguir isso, precisamos comprometer a nossa integridade, o nosso caráter e a nossa obediência? A adoração não é definida por uma canção em ritmo lento com uma letra edificante. A adoração é expressa por Aquele a quem obedecemos. Podemos cantar canções lentas na igreja, mas o nosso estilo de vida — que fala muito mais alto que as nossas canções — pode estar na verdade adorando as trevas.

Anteriormente, compartilhei como a maioria dos autores esclarece o sig-nificado principal de uma palavra que não é familiar quando ela aparece pela primeira vez em um livro. Se você olhar a primeira vez que a palavra *adoração* aparece na Bíblia, você terá um entendimento real do seu significado. Ela foi usada inicialmente quando Deus disse a Abraão para oferecer a pessoa ou a coisa mais importante da sua vida, e Ele não deu um motivo para isso.

Depois de viajar por três dias com seu filho Isaque até o pé do monte Moriá, Abraão disse aos seus servos: *"Fiquem aqui com o jumento enquanto eu e o rapaz vamos até lá"* (Gn 22:5). Ele não ia subir o monte para cantar uma canção lenta e melodiosa para Deus; Abraão ia subir em obediência a Deus, para matar o seu "bem" mais precioso. A sua adoração foi definida pela sua obediência.

Seria por esse motivo que Deus disse certa vez ao Seu povo: *"Afastem de Mim o som das suas canções e a música das suas liras. Em vez disso, corra a retidão como um rio, a* justiça como um ribeiro perene!"? (Am 5:23-24; grifo do autor). Amo a expressão *a justiça como um ribeiro perene.* Isso é o que chamo de *obediência inabalável.*

O estilo de vida das pessoas no tempo de Amós não era compatível com a Palavra de Deus, mas elas ainda estavam escrevendo, reunindo-se e cantando novas canções de adoração. *A verdadeira adoração é revelada por Aquele a quem obedecemos, e não por Aquele para quem cantamos.*

Preferindo o Que É do Bem ao Que É de Deus

Permita-me compartilhar como certa vez caí em uma armadilha sedutora que comprometeu a minha obediência. Nosso ministério estava na sua fase inicial, com menos de dois anos de idade. Ele consistia unicamente das minhas viagens a igrejas pequenas com uma frequência de cem pessoas ou menos. Muitas vezes, o nosso meio de transporte era o nosso Honda Civic, com dois bebês no banco de trás. Tínhamos apenas espaço suficiente para a bagagem e duas caixas de fitas cassete para oferecer nas nossas reuniões.

Como já mencionei, Deus falou ao meu coração certa manhã para escrever. Demorei a obedecer por dois motivos. Primeiro, como eu disse anteriormente, a redação era uma das minhas piores matérias na escola secundária; e segundo, quem iria querer publicar um livro de um autor desconhecido? Finalmente, porém, obedeci e comecei a escrever.

O livro levou um ano para ser concluído, com muitas horas de trabalho árduo. Então procurei duas editoras e apresentei a elas o manuscrito, intitulado *Vitória no Deserto.* Uma disse que ele se parecia demais com um sermão. A outra nem sequer respondeu. Fiquei desanimado. Lisa e eu partimos para a nossa única opção: a publicação própria. Levantamos o dinheiro para imprimir algumas centenas de cópias e as vendíamos nas pequenas igrejas que visitávamos. As pessoas que liam o livro o amavam, então escrevi um segundo livro no ano seguinte. Mais uma vez, não tivemos opção senão publicá-lo nós mesmos.

Alguns meses depois que o segundo livro foi impresso, um editor de aquisições de uma editora nacional telefonou para o nosso escritório. Depois de se apresentar, cheio de entusiasmo, ele disse o motivo da sua ligação: "John, alguém colocou o seu livro *Vitória no Deserto* em nossas mãos. Nossa editora acredita na sua mensagem e queremos ajudá-lo a levá-la às multidões". Conversamos por alguns minutos. Ele descreveu as várias formas como eles venderiam o livro e se gabou de sua equipe de marketing e publicidade. Parecia bom demais para ser verdade; finalmente o livro estaria disponível em nível nacional.

Entretanto, depois de desligar o telefone com o editor, senti-me inquieto. A conversa não caiu bem em meu espírito. Orei na manhã seguinte, e senti fortemente que Deus estava dizendo: *"Não aceite a proposta deles".*

Falei com Lisa a respeito disso isso. Depois de discutir o assunto, ela concordou comigo que embora a proposta parecesse boa, ela também sentia uma hesitação.

Mais tarde, naquele dia, Lisa disse: "Querido, não estou com um bom sentimento acerca disso quando oro". A esta altura, eu estava convencido de que não devia aceitar.

No dia seguinte, o editor de aquisições telefonou novamente. Embora eu agora soubesse qual era a vontade de Deus sobre a questão, ainda queria ouvir o que o editor tinha a dizer. Apesar de eu não reconhecer isso naquele momento, meu desejo de prolongar essa discussão era uma indicação de que havia um problema. Por que a simples obediência não bastava para mim? Por que eu ouvi mais de suas razões para publicar o livro com eles? Seria porque eu estava alimentando um desejo errado no meu coração? Será que o meu ego estava sendo massageado?

O editor compartilhou apaixonadamente o entusiasmo de sua empresa em propagar a minha mensagem. Ele insistiu em dizer que a minha mensagem era necessária e que era uma palavra de Deus para a nossa nação. A empresa dele trabalhava com todos os melhores distribuidores e podia provavelmente colocar o nosso livro em todas as livrarias cristãs e em muitas livrarias seculares de toda a nação. Ele citou histórias de outros autores desconhecidos que publicaram com eles e de como as mensagens deles agora se espalharam por toda a América. Eles se tornaram conferencistas populares. Ele alegou que tudo isso era devido à influência da empresa deles.

Como eu não dissera "não", aquele homem continuou a me telefonar, um dia sim outro não, durante as semanas seguintes. Quanto mais eu ouvia,

248 | DO BEM OU DE DEUS?

mais parecia fazer sentido publicar com eles. Cheguei a ponto de não haver mais nenhuma cautela em meu coração; o testemunho interno do Espírito Santo fora silenciado. Eu permiti que a bajulação e o raciocínio humano silenciassem a direção de Deus a respeito do assunto. Resumindo, meu discernimento foi silenciado.

Êxodo 23:8 afirma que: "... *o suborno cega até os que têm discernimento*". A bajulação é uma forma de suborno, e ela me cegou. Eu estava preferindo a oportunidade e a abundância ao temor do Senhor.

Embora minha esposa tivesse me advertido firmemente contra isso, assinamos o contrato, e imediatamente todo tipo de problema começou a surgir.

Naquela época, Lisa e eu estávamos casados havia onze anos. Periodicamente ela fazia comentários comigo do tipo: "Parece que você nunca fica doente!" Era verdade; eu raramente pegava sequer um vírus, e mesmo se pegasse, dentro de vinte e quatro horas eu já estava bem. Mas desde o dia em que assinamos aquele contrato, lutei contra a doença e não conseguia ficar curado.

Começou com uma gripe, quando vomitei pela segunda vez na minha vida adulta. Quando a gripe acabou, peguei um vírus. Lisa e eu havíamos saído da cidade para celebrar o nosso aniversário de casamento, e eu tive febre o tempo inteiro. A alta temperatura continuou durante a semana seguinte. Eu estava pregando em uma igreja e logo após cada culto, eu tinha de voltar às pressas para o meu quarto de hotel, onde tremia debaixo das cobertas.

A febre prolongou-se até a terceira semana, e não conseguíamos acreditar nisso. Eu nunca estivera doente assim. Um forte antibiótico finalmente a dissipou, mas uma semana depois de terminar o medicamento, peguei um forte resfriado. Eu estava infeliz, com a garganta inflamada, com as vias aéreas entupidas e com todos os outros sintomas desagradáveis. A doença se arrastava cada vez mais.

Menos de duas semanas depois de me recuperar do resfriado, machuquei o joelho. A lesão foi tão grave que usei uma joelheira e andei de muletas por várias semanas. Como se isso não bastasse, logo depois disso fui atingido por outro vírus. Esse ciclo de doenças e lesões durou mais de três meses. Lisa permaneceu totalmente saudável durante todo esse tempo.

Enquanto tudo isso acontecia, estávamos tendo enormes problemas com a editora. Parecia que não conseguíamos concordar em nada. O relacionamento estava sob um tremendo estresse, e o projeto simplesmente não fluía.

Se tudo isso não bastasse, encontramos todo tipo de outros problemas que pareciam impossíveis de resolver. A vida tornou-se extremamente difícil naqueles três meses. Seria por isso que Davi escreveu: *"Antes de ser castigado, eu andava desviado, mas agora obedeço à Tua palavra"*? (Sl 119:67).

Deus foi bastante misericordioso nessa situação, e Ele permitiu que eu visse a minha tolice. Eu colocara o sucesso no ministério antes da obediência a Ele. Admiti o meu erro diante de Deus e de minha esposa. Fui perdoado e purificado. A misericórdia Dele é impressionante!

Entretanto, eu ainda estava aprisionado. Precisávamos de um milagre para rescindir o contrato com aquela editora. Lisa e eu unimos as mãos e suplicamos pela intervenção de Deus.

Dentro de duas semanas a editora escreveu e disse que eles estavam cancelando o contrato. Fiquei aliviado, mas isso teve um preço: aquela experiência difícil nos custara mais de 4 mil dólares. Aquela era uma enorme quantia de dinheiro para um ministério jovem — na verdade, era o equivalente à metade do orçamento de um mês.

A Oportunidade de Deus

Alguns meses depois, um amigo chamado Scott convidou-me para almoçar. "John, quero que você conheça um amigo meu." Aceitei.

No restaurante Scott me apresentou ao seu amigo, que também se chamava John. Acontece que ele era o encarregado de uma editora muito famosa. Depois da conversa normal de apresentação, na metade do almoço, John perguntou sobre o que eu vinha pregando no momento. Não acredito que eu tenha dado outra garfada depois da pergunta dele.

Comecei a compartilhar com ele sobre o problema da ofensa. Eu falei com Scott e John com grande paixão por aproximadamente quinze minutos.

A certa altura, John interrompeu-me dizendo:

— Quero apenas que você saiba que não podemos publicar esta mensagem porque publicamos somente cerca de vinte e quatro livros por ano. Esses títulos estão com autores ou pastores muito conhecidos.

— Não estou lhe pedindo para publicar a minha mensagem — respondi. — Estou apenas respondendo à sua pergunta a respeito do que tenho falado ultimamente.

— É claro — ele disse. — Por favor, continue.

Continuei a compartilhar por outros cinco ou dez minutos sobre a armadilha de ficar ofendido.

Depois que terminei, John perguntou.

— Você poderia me enviar um manuscrito?

Pego de surpresa, retruquei:

— Pensei que você tivesse dito que não podia publicar isto.

— Esta mensagem precisa ser transmitida, e quero submetê-la ao nosso proprietário.

A editora aceitou a mensagem, e o livro recebeu o título de *A Isca de Satanás*. Com o tempo, ele se tornou um *best-seller* internacional. No momento que escrevo este capítulo, ele vendeu muito mais de um milhão de cópias e foi traduzido em mais de sessenta idiomas.

Nunca me esquecerei do dia em que a segunda editora me telefonou e disse que eles definitivamente queriam o manuscrito e me enviariam um contrato imediatamente. Desliguei, fui orar e ouvi Deus dizer claramente ao meu coração: "*A outra editora era ideia sua. Esta editora é ideia Minha*".

Essa experiência ilustrou para mim claramente a diferença entre o que é do *bem* e o que é de Deus. Como acontece com frequência, a oportunidade para o que é do *bem* veio primeiro. Então a oportunidade de Deus veio depois. O mesmo aconteceu com Abrão e Sarai: Ismael veio primeiro, Isaque veio depois.

A Prova do Temor do Senhor

O que me posicionou para tomar uma má decisão com a primeira editora? A resposta sincera é que o meu foco estava na abundância — levar a mensagem às massas — em vez de estar no temor do Senhor. Isso abriu a porta para o sucesso lógico e aparente para cancelar e silenciar o que Deus estava tornando claro ao meu coração.

A obediência é a evidência externa do verdadeiro temor do Senhor. Quando tememos a Deus, nós...

- Obedecemos a Ele instantaneamente.
- Obedecemos a Ele ainda que isso não faça sentido.
- Obedecemos a Ele ainda que seja difícil.
- Obedecemos a Ele ainda que não vejamos o benefício.
- Obedecemos a Ele até o fim.

Um exame dos atos de Abraão revela que ele cumpriu cada um desses critérios. Vamos reviver o seu maior teste.

Uma noite, Deus o instrui a sacrificar seu filho, Isaque. Será que ele ouvira corretamente? Seria aquele um sonho ruim? *De jeito nenhum*, ele pensa. *Como pode ser? Amo meu filho. Não posso matar Isaque. Reis e nações estão prometidos que virão através dele. Como esta promessa pode se cumprir se eu o matar?*

Abraão clama: "O quê? Como Tu podes me dizer para fazer isto? Tu me prometeste que nações viriam através dele!" Não há resposta divina, apenas o silêncio.

Abraão experimenta uma série de sentimentos diferentes. Estou certo de que aquela não foi uma boa noite de sono. Quantos de nós levaríamos algumas semanas, meses ou até anos para refletir sobre essa ordem, e finalmente nos convencermos de que ela não era razoável?

Mas Abraão é diferente. Lemos: *"Na manhã seguinte, Abraão levantou-se e preparou o seu jumento"* (Gn 22:3). Ele obedece *instantaneamente*.

Você já esteve próximo de alguém que comenta despreocupadamente: "Deus esteve tratando comigo sobre isto por vários meses" e, rindo, não leva isso a sério? Na verdade, não há nada de engraçado nisso, porque essa pessoa está se gabando da sua falta de temor a Deus.

Deus instrui Abraão a sacrificar a maior promessa da sua vida — o que ele esperara por vinte e cinco anos — e não dá uma explicação para esse pedido. *Não faz sentido* para Abraão abrir mão de Isaque, mas ainda assim ele obedece.

A ideia de sacrificar o seu filho pequeno *dói* profundamente. A dor interior continua a incomodar Abraão durante os três dias de viagem. Foi um pouco mais fácil no início, depois de ouvir a voz de Deus, mas a cada dia que passa, com o silêncio divino a dor se intensifica. A luta atinge seu ponto máximo enquanto Abraão e seu amado filho constroem o altar. Porém Abraão ainda assim obedece.

O Todo-Poderoso não diz a Abraão que se ele obedecer, outro sacrifício será provido em lugar de seu filho. Diferentemente de você e de mim, Abraão não tem o livro de Gênesis para ler, de modo que ele não sabe o resultado. Ele *não vê benefício* nessa ordem, mas ainda assim obedece.

Como é diferente hoje. Tantas pessoas precisam ver o benefício de obedecer a Deus antes de realmente obedecerem. Como mestres, muitas vezes preparamos as nossas mensagens visando mostrar o benefício pessoal de obedecermos a Deus. Como autores, se não incluirmos uma vantagem pessoal para o leitor no título ou no subtítulo, o livro não irá vender.

Por fim, Abraão cumpre todas as ordenanças de Deus: sobe à montanha, constrói o altar, amarra Isaque e está pronto para desferir o golpe no coração de seu filho amado. Ele obedece *até o fim*.

Enquanto a faca se aproxima de Isaque, um anjo aparece de repente e clama: "*Não toque no rapaz... Não lhe faça nada.* Agora sei que você teme a Deus" (Gn 22:12; grifo do autor).

Como o anjo sabe que Abraão teme a Deus? Porque ele obedeceu instantaneamente, quando não fazia sentido, quando era doloroso e não havia nenhum benefício prometido, e ele obedeceu a tudo que Deus lhe havia ordenado. Ele é um homem de grandes riquezas, sendo seu filho o seu bem mais valioso. Mas a riqueza não é o foco para Abraão. A prioridade dele é a obediência a Deus.

O temor de Deus nos equipa para lidar com a abundância, com os recursos e com a riqueza de uma maneira saudável. É isso que a Bíblia quer dizer quando declara: "*A bênção do Senhor traz riqueza, e não inclui dor alguma*" (Pv 10:22).

Um Comportamento Tolo

Se compararmos Judas, discípulo de Jesus, com Abraão, perceberemos uma enorme diferença. Judas ignorava convenientemente a verdade se ela beneficiasse a sua causa. Ele se apropriava dos fundos da tesouraria do ministério, era enganoso, traiu o seu Líder, não cuidava dos pobres e era um hipócrita (ver Mateus 26:25, 49 e João 12:6; 13:2).

Seu julgamento estava obscurecido. Por lhe faltar o temor de Deus, ele não conseguia discernir entre o certo e o errado, o bem e o mal.

Em um dia específico, uma mulher rica derramou um frasco inteiro de um perfume caro sobre Jesus. Judas ficou indignado e falou abertamente sobre o comportamento "tolo" da mulher. *"Este perfume vale uma fortuna. Deveria ser vendido, e o dinheiro dado aos pobres?"*, ele disse (Jo 12:5, ABV). Seu comentário era lógico e persuasivo e influenciou os outros discípulos. Eles também concordaram, condenando a atitude dela.

Jesus corrigiu a influência de Judas, dizendo: *"'Deixem-na em paz; por que criticá-la por haver feito uma coisa* boa?... *O feito desta mulher será lembrado e elogiado"* (Mc 14:6, 9; ABV grifo do autor). Jesus identificou a atitude dela como *boa* e *duradoura*; Judas julgou o comportamento dela como *mau* e *passageiro*. O discernimento dele estava deturpado. Ele estava fora de sintonia com o coração de Deus.

Observe o versículo seguinte:

Então Judas Iscariotes, um dos Seus discípulos, foi aos sacerdotes principais combinar para lhes entregar Jesus.

Marcos 14:10 (ABV)

Essa foi a gota d'água. Judas já não aguentava mais. Ele estava farto da estratégia de liderança de Jesus. Ele seguira o Homem desde a Galileia, esperando que Ele restabelecesse o trono de Davi. De acordo com o profeta Isaías, reinar para sempre é o que o Messias deve fazer. Depois de três anos, o que Jesus estava esperando? Se Jesus simplesmente estabelecesse o Reino, então Judas — como um de Seus principais líderes e Seu tesoureiro — poderia ocupar um lugar de honra, possuindo riqueza e autoridade.

Judas pensou: *Vou acelerar o processo. Não vou mais esperar. Quero o meu lugar de poder, influência e riquezas. Já basta de ser alvo do ridículo e da perseguição dos líderes. Não quero mais ser visto como o companheiro de um lunático. Se eu O entregar aos líderes, Ele finalmente mostrará o Seu poder e estabelecerá o Seu Reino, e eu terei o meu lugar de proeminência.*

Você pode questionar a minha interpretação dos motivos de Judas; entretanto, creio que ela é certa. Judas viu consistentemente o poder de Jesus em curar os enfermos, acalmar a tempestade, ressuscitar os mortos, amaldiçoar a figueira, abrir olhos cegos e ouvidos surdos, e muitos outros milagres. Judas ouviu Jesus falar com frequência sobre o Reino. Ele ouviu Pedro e os outros confessarem — e até saudarem — Jesus como o Messias. A grandeza de Jesus estava diante dele diariamente.

Entretanto, quando Jesus foi condenado para morrer, Judas percebeu que ele estava errado em seu raciocínio, lamentou seus atos e se enforcou. O seu plano de ação não alcançou o que ele cobiçava.

Estes dois homens, Abraão e Judas, ilustram claramente a diferença entre alguém que teme a Deus e alguém que não teme a Deus. Um tinha discernimento; o outro estava vivendo no engano. As escolhas individuais deles só espelhavam o que havia em seus corações. As recompensas que esses homens receberam foram totalmente diferentes. Ambos são lembrados, mas por razões diferentes.

Todos nós seremos lembrados; não há dúvida disso, porque somos seres eternos. A pergunta que devemos fazer a nós mesmos é: como queremos ser lembrados? O seu temor a Deus determinará a resposta.

O Resumo de Tudo

Precisamos ter um coração puro para que o nosso julgamento seja sólido e não nebuloso. Assim, quando tivermos de determinar se um empreendimento é inspirado ou simplesmente tem a aparência de um *bem* passageiro, não seremos enganados. Faremos escolhas sábias com relação aos nossos cônjuges, às pessoas com quem nos associamos, aos nossos amigos mais próximos, às nossas carreiras, oportunidades, investimentos, à maneira como criamos nossos filhos, às igrejas onde servimos, ao tipo de educação que adotamos e às intermináveis escolhas que enfrentamos em nossas vidas.

Quando Salomão chegou ao fim de sua vida, depois de experimentar grande glória e tolice ainda maior, ele clamou: *"Agora que já se ouviu tudo, aqui está a conclusão: Tema a Deus e obedeça aos Seus mandamentos, porque isso é o essencial para o homem. Pois Deus trará a julgamento tudo o que foi feito, inclusive tudo o que está escondido, seja bom, seja mau"* (Ec 12:13-14).

Salomão tornou-se um louco, perdeu o seu discernimento, e não podia mais distinguir o que era realmente bom e o que não era. Deus nos dá um vislumbre da sua loucura no livro de Eclesiastes. Mas a grande notícia é que podemos testemunhar a volta de Salomão ao seu juízo perfeito. Ele percebeu que não havia nada mais importante na vida que manter o temor de Deus: "Esse é o resumo de tudo".

Portanto, meu amigo, se você deseja ver as coisas como Deus as vê, perceber e conhecer a sabedoria no seu nível mais alto, escolha o temor do Senhor. Você nunca se arrependerá dessa decisão.

16

O QUADRO MAIOR

*"Assim como Me enviaste ao mundo,
Eu os enviei ao mundo."*
— João 17:18

O destino final do homem não é a felicidade
nem a saúde, mas a santidade.
— OSWALD CHAMBERS

Vamos dar um passo atrás e ver o quadro geral.

Deus o ama profunda e ternamente. Ele quer apenas o melhor para você. Tudo que vem de Deus é bom, mas nem tudo que é bom vem de Deus. Portanto, há um *bom* que pode nos tirar do lugar onde podemos receber o que é *melhor*. Todos nós desejamos o melhor, mas o caminho que leva a ele nem sempre é óbvio; é preciso discernimento para identificá-lo.

Na nossa jornada na Terra, há alguém além de Deus com quem precisamos lidar — o nosso adversário, satanás. Ele deseja nos ferir, com a intenção primordial de partir o coração Daquele que nos ama. A Bíblia afirma que o nosso inimigo *"se disfarça de anjo de luz"*. Então lemos: "... *os seus servos finjam que são servos da justiça*" (2 Co 11:14-15).

Finalmente, há inúmeras escolhas e caminhos que parecem bons, mas o resultado final deles é tristeza, miséria, perda e morte (ver Provérbios 14:12). Pense nisto: o nosso inimigo, os servos dele e os caminhos dele — os quais buscam definitivamente a nossa morte — todos se disfarçam para parecer *do bem*. A Bíblia não diz que eles *podem* se disfarçar, mas sim que eles *estão* disfarçados. Portanto, não perca isto: geralmente, o que é mais perigoso para você não aparecerá como o mal evidente. Em vez disso, ele se mascarará como algo bom.

Nos primeiros anos do Cristianismo, nosso adversário pretendia destruir a Igreja. Os crentes foram perseguidos, torturados e levados à morte. Mas quanto mais o nosso inimigo tentava destruir o povo de Deus, mais forte a Igreja se tornava. Por satanás não ser estúpido, mas ser de fato bastante inteligente, ele concluiu que a maneira de destruir o povo de Deus seria oferecer a ele uma boa vida fora da sabedoria de Deus. Essa foi essencialmente a mesma estratégia que ele empregara no Jardim do Éden.

Agora, após muitos séculos de manobras táticas sutis, talvez entendamos melhor a eficácia de satanás, pois nos encontramos em um ponto em que temos abraçado *variações* da verdade — variações que parecem boas e convenientes — em vez da verdade *real*. Proclamamos a bondade de Jesus e o Seu papel como Salvador (que são categoricamente verdadeiros), mas menosprezamos o valor, o poder e a extensão do Seu senhorio e o seu impacto em nossas vidas. Abraçamos a soberania de Deus e a nossa posição de justificados diante Dele, mas temos ignorado a nossa responsabilidade de crer nos Seus mandamentos e obedecê-los na nossa busca pela santidade. Devido às "boas" doutrinas que criamos, a pureza da nossa conduta e do nosso estilo de vida tornaram-se praticamente irrelevantes.

Em sua caminhada cristã, muitos crentes aceitaram a ideia de manter em vez de multiplicar — apenas sobrevivendo com dificuldade em vez de experimentarem a abundância. Na essência, formulamos uma teologia alicerçada no nosso próprio raciocínio e sustentada por trechos isolados da Bíblia, em vez de abraçarmos todo o conselho da Palavra de Deus como a autoridade final sobre o que o Céu pretende para nós.

Essa tendência pode e deve ser quebrada. É hora de mais uma vez estudar profundamente os textos bíblicos e honestamente pedirmos ao Espírito Santo a Sua direção a fim de conhecermos a verdade. Não devemos mais ler na Bíblia o que já acreditamos, mas em vez disso nos achegarmos honestamente com a mente e o coração abertos e crer no que lemos, pedindo ao Espírito Santo para revelar e remover suposições preconcebidas.

Líder de igreja: incentivo-o a ensinar todo o conselho de Deus. Certifique-se de que a sua motivação principal seja alimentar as ovelhas com a verdade e genuinamente alcançar os perdidos com a mensagem bíblica completa da salvação em vez de construir uma grande multidão de seguidores. Se o seu objetivo principal for fazer com que aqueles que frequentam a igreja voltem para o culto da próxima semana, peça ao Espírito Santo que o perdoe e redirecione o foco da sua estratégia principal para pastorear o rebanho de Deus com a verdade. Mantenha-se relevante, atual e inovador no *método*, porém atemporal na *mensagem*.

Crente: onde quer que seja a sua área de influência — seja na sala de aula, no laboratório, no escritório, no campo, em casa, seja no mercado de trabalho — com o coração cheio de amor, viva e fale a verdade em todas as suas interações com as pessoas. Deixe que elas fiquem maravilhadas e declare que ao ver você elas veem Jesus. Permita que elas experimentem a presença Dele em sua vida. Se você buscar a verdadeira santidade, exalará a majestade Dele.

Se não vivermos de acordo com os mandamentos de Cristo, seremos impedidos de desfrutar a Sua presença e Ele não se fará conhecido no mundo por meio da Sua Igreja. Para falar francamente, nós sofremos. E ainda mais que nós, aqueles que fazem parte das nossas comunidades sofrem. Primeiro, a revelação de Jesus é retida, de modo que os perdidos perdem a chance de estar em contato com a presença do Único que pode realizá-los. Segundo, os nossos irmãos crentes são expostos a uma doença contagiosa chamada concessão, a qual tem o poder de desviá-los do coração e da presença de Deus.

Jesus disse isso assim: *"Em favor deles Eu me santifico"* (Jo 17:19). Foi por amor daqueles que faziam parte da Sua comunidade que Ele se separou para obedecer ao Pai. Seu motivo primordial para fazer isso está revelado no restante da Sua declaração: *"... para que também eles sejam santificados pela verdade"*.

Até a volta Dele, você e eu somos o único Jesus que o mundo contemplará. Vamos mostrar a eles o verdadeiro Jesus, não um Jesus fictício e fraco. Não vamos nos contentar com nada menos que o melhor. Vamos abraçar a verdade e ver um fruto verdadeiramente bom resultar da nossa obediência inabalável e amorosa.

———

Viva uma vida longa, busque a santidade e tenha êxito nos seus empreendimentos. Ao fazer isso, você fará a diferença na vida de outros.

> *Àquele que é poderoso para impedi-los de cair,*
> *E para apresentá-los diante da Sua glória sem mácula*
> *E com grande alegria,*
> *Ao único Deus, nosso Salvador,*
> *Ao Único que é sábio,*
> *Sejam glória, majestade,*
> *Poder e autoridade,*
> *Mediante Jesus Cristo, nosso Senhor,*
> *Antes de todos os tempos,*
> *Agora e para todo o sempre!*
> *Amém.*

Judas 24-25

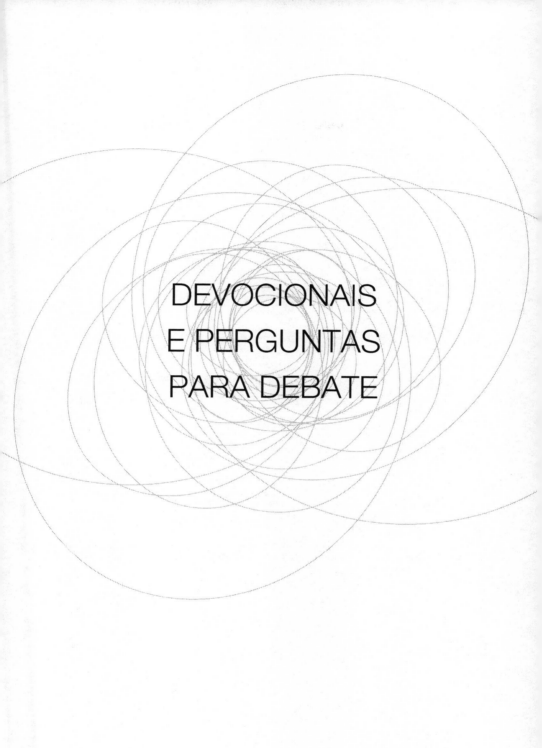

DEVOCIONAIS
E PERGUNTAS
PARA DEBATE

SEMANA 1
Leia os capítulos 1 a 3

PERGUNTAS PARA DEBATE

1. Eva decidiu comer o fruto da árvore proibida porque ele parecia *bom, agradável* e *desejável*. Explique esses atributos. O que significa alguma coisa parecer boa? Parecer agradável? Parecer desejável? De que formas distintas cada uma dessas coisas pode nos afastar da obediência a Deus?

2. Toda a história do Éden gira em torno da única coisa que a autoridade de Deus havia proibido. O que isso nos diz acerca da confiança e da natureza humana? Como podemos neutralizar a tendência de buscar o que Deus retém de nós?

3. Os livros, mensagens, *blogs* e outras ferramentas que nos ensinam a respeito de Deus são recursos valiosos. Mas entender a distinção entre conhecimento revelado e conhecimento comunicado muda a sua perspectiva sobre eles de algum modo? Como?

4. Com a história do jovem rico, aprendemos que há uma diferença entre saber que Deus está *associado* ao bem e reconhecê-Lo como a *fonte* do bem. Como podemos ter certeza se Deus é a fonte do nosso conceito de bondade?

5. O que você acredita sobre a exatidão e a autoridade da Bíblia? Leia 2 Timóteo 3:16 novamente. Existe alguma lacuna entre o que esse versículo ensina e o que você acredita? Debata sobre isso com base no que você aprendeu nesta semana.

O Senhor é bom para todos.
— Salmos 145:9

A história do esquema de satanás para enganar Eva no Éden é séria. Quando Eva foi enganada para acreditar que Deus havia retido algo bom dela, ela não estava superando uma decepção. Ela não estava sofrendo uma perda ou se recuperando de um tratamento injusto. Ela estava vivendo em um ambiente perfeito no qual desfrutava de provisão completa e de comunhão diária com Deus.

Aceitar Deus como a fonte do que é bom começa com possuir uma convicção inabalável de que o próprio Deus é bom. Isso já era desafiador o bastante no Éden. Hoje, enfrentamos muitos outros fatores que podem desafiar a nossa fé na bondade de Deus.

Diferentemente de Eva, você com certeza enfrentou decepções, perdas, maus-tratos, confusão, falta ou dor. A influência dessas coisas pode passar sem ser percebida enquanto não houver um conflito entre o que queremos e o que Deus nos direciona a fazer. Mas, quando a tentação vem, quaisquer causas para a dúvida que não tenham sido tratadas começam a sussurrar em nossa mente. Nós nos perguntamos se Deus está retendo algo de nós e começamos a suspeitar que não há benefício algum em fazer as coisas do jeito Dele. Mas lembre-se de Provérbios 14:12: *"Há um caminho que ao homem parece direito, mas o fim dele são os caminhos da morte"* (ACF). Nada fora da vontade de Deus para nós levará a uma vida longa, alegria, realização ou bênção — por melhor que possa parecer.

Ao longo da próxima semana, encorajo você a avaliar honestamente a sua fé na bondade de Deus. Pergunte ao Espírito Santo se você está se agarrando a alguma lembrança ou mentalidade que pode fazer com que você não confie em Deus ou desobedeça a Ele. Então, encontre e declare versículos que revelam a verdade de Deus para a sua situação específica. Convide humildemente o Espírito de Deus para renovar a sua mente pela Sua Palavra. A verdade Dele libertará você!

Reflexão

"Deem graças ao SENHOR *porque ele é bom; o seu amor dura para sempre"* (Sl 107:1).

Aplicação

Quando Josué e o povo de Israel entraram na Terra Prometida, eles tiveram de atravessar o rio Jordão. Era o período da colheita e o rio estava transbordando. Mas Deus interveio e cortou o fluxo das águas para que todo Israel pudesse atravessar em terra seca. Depois, Deus disse a Josué para fazer o povo construir um memorial de pedras ali perto para que eles pudessem sempre se lembrar do que Ele havia feito por eles.

Muitas vezes, é mais fácil lembrar as coisas que dão errado do que lembrar as coisas boas que Deus fez. Portanto, esta semana, comece a construir memoriais à bondade de Deus em sua vida. Compre um diário, inicie um bloco de notas no seu celular, faça lembretes de voz ou encontre outra maneira de capturar momentos (grandes ou pequenos) em que você vê a fidelidade de Deus. Essas memórias se tornarão testemunhos que encorajarão o seu coração e avivarão a sua fé quando a dificuldade ou a dúvida tentarem destruir a sua convicção de que Deus é bom.

SEMANA 2
Leia os capítulos 4 e 5

1. Debata sobre a distinção entre a posição de Jesus como Senhor e Sua obra como Salvador. Como isso se compara com o que você ouviu ou acreditou? Alguma coisa no seu modo de pensar ou no seu comportamento precisa mudar para se alinhar com o ensinamento da Bíblia sobre o senhorio de Jesus?

2. Se todos nós nos mudássemos para um novo país hoje, nossa entrada na nova terra exigiria uma concordância em obedecer às leis e padrões locais. É assim que você tem encarado o seu relacionamento com Deus? Por que ou por que não?

3. Imagine que você está falando com alguém que quer se tornar um cristão. Com base no que aprendemos esta semana, o que você diria a ele?

4. Leia Marcos 8:34-35. Como descobrimos, desejar negar a si mesmo não é o mesmo que realmente negar a si mesmo. Explique o que poderia fazer com que uma pessoa ficasse apenas no nível do desejo em vez de praticar agir com base nas palavras de Jesus.

5. Vamos rever Mateus 7:21. Jesus identifica quatro boas características que até algumas pessoas que não O seguem verdadeiramente podem possuir: a crença nos Seus ensinamentos, o envolvimento emocional, a atitude de proclamar o Evangelho e a participação ativa no serviço cristão. Sabemos que Deus não nos chama para agir por condenação ou medo. Então, qual você acha que é a reação adequada a essa revelação?

Mas nós somos cidadãos do Céu e estamos
esperando ansiosamente o nosso Salvador, o
Senhor Jesus Cristo, que virá de lá.
— FILIPENSES 3:20 (NTLH)

A partir da perspectiva do Novo Testamento, a declaração "Jesus é Senhor" é essencialmente um resumo dos princípios do cristianismo. De acordo com Romanos 10:9, reconhecer o senhorio de Jesus é o início da vida cristã. Mas para muitos de nós, "Jesus é Senhor" não tem muito significado. Pode ser uma frase que dizemos, cantamos ou oramos; mas tendemos a não estar atentos ao fato de que chamar Jesus de *Senhor* significa reconhecê-Lo como a autoridade suprema em nossas vidas.

Antes de entrarmos na vida de fé, éramos cidadãos do mundo. Não tínhamos razões para conhecer ou buscar a vontade de Deus para nós. Mas não somos mais cidadãos do mundo. Somos cidadãos do Reino de Deus — o Reino dos Céus. Tudo em nossas vidas deve atender aos padrões desse Reino e refletir a natureza do Seu soberano: o Senhor Jesus Cristo.

Qual é a Sua natureza? Para descobrir isso, estude a história de Jesus no Getsêmani, encontrada em Marcos 14:32-42. Essa história ocorre imediatamente antes de Jesus ser traído e entregue aos romanos para ser crucificado. Preste especial atenção ao fim do versículo 36, onde Jesus diz ao Seu Pai: "... *contudo, não seja o que Eu quero, mas sim o que Tu queres*".

Ir para uma Cruz é um ato significativo de submissão, mas a verdade é que não existem questões pequenas no que se refere à obediência. Quando honramos Jesus como Senhor, nós nos submetemos à vontade Dele mesmo quando fazer uma concessão parece algo sem importância e quando a obediência é inconveniente ou impopular. Dizemos "quero a Tua vontade" em tudo.

Você aceitou a Jesus nesses termos? Ou ainda há alguma coisa em sua vida — talvez um pecado habitual ou uma ambição egoísta — que você priorize regularmente mais do que aquilo que Deus o direciona a fazer?

Você não precisa se sentir condenado ou envergonhado. Mas agora é a hora de buscar uma nova maneira de viver. Vá a Deus em oração e peça ao Espírito Santo para ajudá-lo a verdadeiramente honrar a Jesus como seu Senhor. À medida que você passar tempo na Sua presença e na Sua Palavra, Ele lhe ensinará a viver como um cidadão dos Céus.

Reflexão

"*Abracem de todo o coração e em tempo integral o modo de Deus agir*" (Romanos 6:13; *A Mensagem*).

Aplicação

Mais tarde neste estudo, abordaremos a maneira como Deus nos capacita a viver em obediência sem cairmos no legalismo ou na vergonha. Mas, esta semana, encorajo você a se permitir realmente perguntar: *tenho me submetido completamente ao senhorio de Jesus?*

Todos nós temos áreas de negligência. Portanto, eis o que eu sugiro que você faça: encontre alguém a quem você ama e em quem confia — um amigo próximo ou um líder que acredita em você e quer o melhor para você. Compartilhe o que você aprendeu esta semana sobre o princípio do senhorio de Jesus e pergunte ao seu amigo qual o ponto de vista dele. Ele vê alguma área não tratada em sua vida em que você tem feito concessões?

Se ele tiver alguma coisa a dizer, ouça com os ouvidos e com o coração abertos. Depois leve a avaliação do seu amigo a Deus em oração. Peça a Ele para revelar a verdade do que foi dito. A humildade é uma arma poderosa contra o engano; esse simples exercício pode levar a uma transformação extraordinária!

SEMANA 3
Leia os capítulos 6 e 7

PERGUNTAS PARA DEBATE

1. Qualquer bom objetivo se torna perigoso quando substitui o nosso desejo de conhecer e honrar a Deus. Debata sobre os seguintes objetivos. De que forma eles são bons? Como eles poderiam nos desviar da rota se fizermos deles a nossa meta principal?

   - Segurança financeira
   - Popularidade
   - Notoriedade
   - Generosidade
   - Realizações humanitárias
   - Ministério eficaz

2. Imagine que você estivesse com Moisés quando Deus Se ofereceu para conduzir Israel à Terra Prometida sem a Sua presença. Naquele momento, o que você pensaria que o ajudaria a tomar a decisão que Moisés tomou?

3. Quais são alguns dos sinais de que o relacionamento de uma pessoa com Deus se tornou mais relacionado ao que Ele pode dar do que a Quem Ele é? Se o seu relacionamento com Deus começou a dar esses sinais, como você pode corrigir essa tendência?

4. Compartilhe sua perspectiva sobre o que significa ser eficaz em alcançar o mundo sem se tornar um amigo do mundo.

5. O legalismo não é nada mais do que outra forma de padrão do mundo. Então, como você acha que podemos proteger a nossa amizade com Deus sem cair em uma mentalidade religiosa?

... Na Tua presença há plenitude de
alegria...
— SALMOS 16:11 (ARA)

Um dos maiores testes de fé é algo que parece bastante fácil: o atalho.
Moisés enfrentou a tentação de tomar um atalho durante o seu tempo no deserto. Ele viajara do Egito ao Monte Sinai com um povo rebelde e murmurador, e a possibilidade de entrar na Terra Prometida deve ter sido atraente. Mas Moisés diria "sim" à promessa em detrimento da presença de Deus?

Milhares de anos depois, Jesus também encontrou um atalho no deserto. Quando Jesus estava prestes a iniciar o seu ministério público, satanás deu a Ele uma oportunidade de contornar a dificuldade que estava à Sua frente e passar direto para assumir a autoridade sobre as nações. Tudo que Jesus tinha de fazer era adorá-lo. Será que Jesus faria essa concessão para conseguir com facilidade o que Deus lhe daria por intermédio do sofrimento?

O fato de satanás tentar adotar essa tática com o Filho de Deus diz muito sobre o quanto ele sabe que ela pode ser eficaz. Veremos essa história novamente mais tarde no nosso estudo; o ponto importante agora é que Jesus não foi o único que resistiu com êxito à tática de satanás. Moisés pesou as opções de ficar no deserto com Deus ou entrar na terra sem Ele, e ele escolheu o deserto. Por quê? Ele sabia o que estaria perdendo.

Quero que você seja capaz de responder "sim" a esta pergunta de todo o coração: a presença de Deus é o seu objetivo primordial? Mas para que a sua resposta seja mais do que um exercício intelectual, você precisa primeiro responder a outra pergunta: você sabe o que significa estar na presença de Deus?

Meu amigo, quero que você se apaixone pela presença de Deus como Moisés. Quero que você possua um anseio tão grande pela intimidade com Ele que nenhum atalho pareça valer a pena. Esse tipo de paixão só nasce quando experimentamos a presença de Deus em primeira mão.

Tiago nos diz: *"Aproximem-se de Deus, e Ele se aproximará de vocês!"* (Tg 4:8). Aproximar-se significa criar tempo para orar, adorar e ler a Palavra de Deus, não como tarefas a serem concluídas, mas como uma maneira de buscar ter relacionamento com uma Pessoa. Buscar a Deus agora o posicionará para fazer a escolha certa em qualquer encruzilhada que ainda está por vir.

Reflexão

"Vocês me procurarão e me acharão quando me procurarem de todo o coração" (Jr 29:13).

Aplicação

Em todo relacionamento, as duas partes têm algo a oferecer uma à outra — coisas como encorajamento, conselho e apoio prático. Mas relacionamentos saudáveis não têm a ver com o que recebemos das pessoas; eles têm a ver com as pessoas. Às vezes, nos esquecemos disso no nosso relacionamento com Deus. Por ser Deus a fonte de tudo que necessitamos, podemos ficar tão focados em pedir a Ele por coisas, que nos esquecemos de realmente conhecê-Lo.

Deus quer que levemos os nossos pedidos a Ele! Mas se você leva a sério o fato de fazer da presença Dele o seu objetivo fundamental, procure focar o seu tempo com Deus esta semana Nele. Medite no Seu caráter. Aprenda sobre o que Lhe dá alegria. Escolha uma história da Bíblia e reflita sobre o que ela revela sobre Quem Ele é. Oro para que, durante esse tempo, você descubra coisas que o façam se apaixonar mais ainda pelo seu Criador.

SEMANA 4
Leia os capítulos 8 e 9

1. Não surpreenderia alguém pensar que a sua mente está focada em conhecer a Deus e depois descobrir que ela tem estado distraída com outra coisa. Como uma pessoa poderia começar a discernir em que a sua mente está verdadeiramente focada?

2. Em muitas culturas modernas, as pessoas se envolvem em comportamentos extremos para se parecerem, agirem como ou se aproximarem de celebridades ou pessoas famosas que elas talvez nunca conheçam. Em oposição, Deus prometeu que aqueles que O buscam O encontrarão. Por que você acha que as pessoas costumam resistir às mudanças no seu estilo de vida que as ajudariam a conhecer a Deus quando elas estão dispostas a fazer mudanças drásticas para conhecer outro ser humano?

3. Você consegue pensar em alguma forma de garantir que esteja buscando a presença de Deus e não meramente buscando uma boa atmosfera? Sugira ideias para ambientes individuais e coletivos.

4. É importante discutir a santidade em termos de relacionamento porque a santidade tem a ver fundamentalmente com conhecer a Deus. Como um exercício desse princípio, procure considerar os Dez Mandamentos muito conhecidos encontrados em Êxodo 20:1-17 a partir de um ponto de vista relacional. O que cada um desses mandamentos nos diz sobre Deus?

5. Eis um desafio impossível: procure pensar sobre a santidade na perspectiva de Deus. (É impossível, mesmo assim, faça o seu melhor!) Conhecendo o que você sabe a respeito de Quem Deus é e o que Ele deseja para nós, por que é importante para o Seu povo ser santo tanto no posicionamento quanto no comportamento?

DEVOCIONAL

Mas agora... o fruto que colhem leva à santidade, e o seu fim é a vida eterna.
— ROMANOS 6:22

Esperei até este ponto do estudo para examinar o tópico da santidade porque quero ter certeza de que você entende que ela não tem a ver com controle, culpa ou submissão a um padrão feito por homens. Tem a ver com relacionamento.

Suponhamos que você tenha um membro da sua família a quem você ama muito, mas que sempre foi desrespeitoso, destrutivo e não confiável. Embora você ame essa pessoa, o meu palpite é que você acha difícil desfrutar da companhia dela. Se ela não estiver disposta a mudar, você teria de estabelecer alguns limites saudáveis para esse relacionamento. Isso provavelmente incluiria a decisão de não estar perto dela diariamente.

Como debatemos na semana passada, Deus é uma Pessoa cuja presença buscamos. Mas Deus também é completamente Santo. Pode ser difícil ou pouco saudável para nós estar próximo a comportamentos negativos, mas na verdade é impossível alguém permanecer na presença de Deus sem ser santo. É por isso que uma vida santa é uma grande coisa!

Leia Hebreus 12:14 novamente: *"Busquem... a santidade; sem santidade ninguém verá o Senhor"*. A palavra traduzida por *busquem* significa "fazer alguma coisa com um esforço intenso e com um propósito ou objetivo definido".[25] Observe os dois elementos da busca: esforço intenso e um objetivo definido. Nosso objetivo, como estabelecemos, é estar na presença de Deus. Portanto, agora vamos voltar a nossa atenção para o esforço de buscar uma vida santa.

Santidade não tem nada a ver com legalismo e regras religiosas destituídas de vida. A busca pela santidade, portanto, exigirá que cada um de nós seja duas coisas:

1. **Um estudioso da Palavra de Deus.** Há muitas coisas que o raciocínio humano ou a sociedade chamariam de boas, mas que Deus não chama

assim. Do mesmo modo, algumas restrições que parecem espirituais não estão na Bíblia e são impostas meramente pela cultura ou pela tradição. A Bíblia é o nosso padrão. Precisamos mergulhar nela para entender a definição de Deus de uma vida santa.

2. **Alguém atento ao Espírito de Deus.** Deus nunca o direcionará a fazer nada contrário à Sua Palavra. Mas Ele conhece você melhor do que qualquer pessoa. Ele conhece as áreas nas quais você é especialmente vulnerável à tentação, de modo que Ele pode lhe dar instruções específicas sobre as coisas que Ele quer ou não quer que você faça.

As diretrizes que você receber dessas duas fontes o manterão no caminho certo!

Reflexão

"... Livremo-nos de tudo o que nos atrapalha e do pecado que nos envolve, e corramos com perseverança a corrida que nos é proposta" (Hb 12:1).

Aplicação

Paulo disse à igreja de Corinto: *"Sigam o meu exemplo, como eu sigo o exemplo de Cristo"* (1 Co 11:1). Existe alguém em sua vida que obviamente conhece a Palavra de Deus e ouve o Seu Espírito? Convide-o para sentar-se com você para uma conversa em algum dia desta semana. Pergunte sobre o relacionamento dele com Deus e como ele cresceu no entendimento da Bíblia e em reconhecer a voz de Deus. As percepções dele provavelmente foram adquiridas ao longo de muitos anos, portanto, ouça bem!

SEMANA 5
Leia os capítulos 10 a 12

PERGUNTAS PARA DEBATE

1. De acordo com a Bíblia, a característica central tanto de Deus quanto da Sua Igreja é a santidade. Até agora, qual você diria que é o atributo principal de Deus? E da Igreja? O que você aprendeu esta semana desafia alguma de suas suposições ou inspira alguma nova percepção?

2. Uma versão parcial da mensagem da graça reduz a graça a algo que meramente cobre os nossos erros. De acordo com o Novo Testamento, a graça tanto perdoa os nossos pecados quanto nos capacita a andar em santidade. Para alguns, a primeira mensagem pode parecer mais fácil. Explique por que a mensagem do Novo Testamento sobre a graça é uma notícia melhor.

3. Leia Provérbios 27:6. Debata sobre esse versículo com relação à ideia de que não deveríamos pregar ou ensinar nada que soe negativo.

4. Só porque uma mensagem é benéfica isso não significa que ela é desejável. De fato, os encontros com a verdade muitas vezes causam dor ou desconforto no início, mas acabam promovendo liberdade e transformação duradouras. Dê um exemplo de uma experiência que seja benéfica, mas não desejável. O que essa ilustração evidencia sobre a maneira como devemos nos envolver com a Palavra de Deus?

5. Quando as pessoas falam em mudar o mundo, costumam pensar em coisas como leis ou movimentos sociais. O que torna a santidade pessoal uma força poderosa para inspirar a mudança na sociedade?

Portanto, você, meu filho, fortifique-se
na graça que há em Cristo Jesus.
— 2 Timóteo 2:1

Há uma distinção clara entre as duas mensagens predominantes que ouvimos sobre a graça hoje. Ela pode ser resumida com uma pergunta simples: você quer se sentir bem ou ser bom? (E por *ser bom*, quero dizer *ser de Deus*).

Isso não significa que aceitando a mensagem da graça do Novo Testamento estejamos escolhendo ser infelizes. Ao contrário, Jesus descreveu Sua missão entre a humanidade desta forma: *"Eu vim para que tenham vida, e a tenham plenamente"* (Jo 10:10). A alegria duradoura sempre será encontrada em Cristo. Especialmente, essa é uma questão de alinhar as nossas prioridades com as prioridades do Céu. Deus nunca elevará o nosso conforto acima do nosso bem. Mas e nós?

O fato é que podemos decidir em qual mensagem da graça queremos acreditar. Podemos ler a Bíblia e decidir dar ouvidos somente às coisas que estão alinhadas com a nossa maneira de pensar. Podemos nos afastar das mensagens difíceis e ouvir somente as pessoas que nos dizem o que queremos ouvir. Como o nosso homem com seus dois médicos, podemos escolher viver segundo o diagnóstico que acharmos mais agradável.

Se escolhermos esse caminho, nós nos sentiremos bem! Mas vamos prestar atenção às palavras familiares de Jesus: *"Pois, que adianta ao homem ganhar o mundo inteiro e perder a sua alma?"* (Mc 8:36). Portanto, voltando à nossa pergunta, você quer se sentir bem ou ser bom?

Espero que você esteja começando a perceber que a mensagem da graça como revestimento de poder é uma notícia incrivelmente maravilhosa. Quando acreditamos que a graça meramente cobre os nossos erros, ficamos presos, tropeçando pela vida, aleijados pelo pecado habitual e atormentados pelo medo e pelas mentiras. Mas quando recebemos a graça que nos reveste de poder, somos capazes de viver mais como Jesus viveu: livres, confiantes, compassivos, poderosos e abençoados. A graça de Deus não é um peso que nos puxa para baixo. Como diz o apóstolo João:

Porque nisto consiste o amor a Deus: em obedecer aos seus mandamentos. E *os seus mandamentos não são pesados*. O que é nascido de Deus vence o mundo; e *esta é a vitória que vence o mundo: a nossa fé*.

1 João 5:3-4 (grifos do autor)

Se Deus é realmente bom, e se Ele realmente quer o melhor para nós, não temos de ter dúvidas — o que Ele ordena é o nosso melhor caminho! E graças ao poder da Sua graça em operação em nós, descobrimos que os Seus mandamentos não são pesados. Isso é maravilhoso!

Reflexão

"Minha graça é suficiente para você, pois o Meu poder se aperfeiçoa na fraqueza" (2 Co 12:9).

Aplicação

Você está pronto para abandonar o que pode parecer mais fácil ou mais confortável a fim de desfrutar a vida da maneira de Deus? Nesse caso, expresse isso a Deus em oração:

Pai, obrigado por Tua graça que me capacita. Quero recebê-la não apenas como o perdão dos meus pecados, mas também como o Teu poder que me capacita a fazer coisas que eu jamais poderia fazer pela minha própria força. Creio que Tu és bom. Portanto, sei que tudo o que Tu ordenas é visando o meu bem. Quero glorificar o Teu nome, Deus! Transforma-me para ser cada vez mais semelhante a Ti. Em nome de Jesus, amém.

SEMANA 6
Leia os capítulos 13 a 16

1. O que faz com que as pessoas esperem menos de Deus do que Ele é capaz de fazer? Se você encontrou qualquer um desses fatores, como os superou?

2. Reflita na ilustração do bilionário e dos três empresários. O que você acha que fazia a visão da terceira empreendedora ser muito maior que as visões de seus colegas? Imagine a atitude dela quanto ao passado e ao futuro. Descreva a maneira como ela se preparou para a reunião com o investidor. O que ela teria feito que você também pode fazer para aumentar as suas expectativas acerca do plano de Deus para a sua vida?

3. Com base no que você aprendeu neste estudo, explique como alguém com uma mentalidade terrena abordará o discernimento de forma diferente de um filho de Deus maduro. Que ferramentas e estruturas únicas ajudam um cristão a discernir bem?

4. Como o temor de Deus muda a maneira de passarmos por dificuldades? O que as pessoas que temem a Deus fazem e dizem quando a pressão está em alta? Com que tipo de comportamento elas não se envolvem?

5. Ao chegarmos ao fim deste estudo, identifique o que você aprendeu tanto individualmente quanto em grupo. Que práticas, princípios e valores você colocará em prática em sua vida diária de agora em diante? Como será isso? Faça com que os passos a serem adotados por você sejam práticos e concretos a fim de que você possa avançar com força!

A recompensa da humildade e do temor do
Eterno é fartura, honra e vida.
— PROVÉRBIOS 22:4 (A MENSAGEM)

Ao longo deste estudo, examinamos alguns assuntos importantes: senhorio, santidade e a verdadeira natureza da graça, para citar apenas alguns. Você respondeu a perguntas desafiadoras sobre a sua perspectiva e acerca da vida que tem vivido. Agora quero mudar a sua atenção para a vida que você pode viver.

Veja Efésios 3:20 na tradução *A Mensagem*:

> *Vocês sabem muito bem que Deus pode fazer qualquer coisa, muito mais do que poderiam imaginar ou pedir nos seus sonhos! Quando Deus age, Ele nunca o faz de modo forçado, pois o Seu agir em nós, pelo Seu Espírito, acontece sempre de modo profundo e gentil dentro de nós.*

Deus não poupou despesas ao nos fazer Seus. Ele nos comprou pelo mais alto preço possível quando pagou o nosso resgate com a vida de Seu Filho. Não há motivos para pensar que Ele de repente vai se tornar avarento agora.

Deus nos deu tudo que precisamos para desfrutar o Seu melhor para nós: a verdade da Sua Palavra, a direção do Seu Espírito e o poder da Sua graça. No entanto, como o versículo de Efésios diz, Deus não nos coage para entrarmos em parceria com o Seu propósito. Ele nos convida a usar a fé, o discernimento e a humildade para descobrir uma vida melhor do que podemos sonhar.

Então, o que está impedindo você? O que está limitando a sua imaginação? O que o faz pedir por pequenas somas quando existem recursos ilimitados disponíveis para você?

É hora de você sonhar com Deus. Em que área você está esperando pouco demais e onde está acreditando pequeno demais? Que promessas você tem medo de abraçar? Por quê? Deixe a bondade de Deus inspirá-lo. Comece a pedir coisas que você mal consegue acreditar que possam se realizar. Ele prometeu dar coisas ainda melhores!

Reflexão

"Ninguém jamais viu ou ouviu algo parecido, nunca se imaginou algo semelhante — mas é o que Deus tem preparado para aqueles que O amam" (1 Co 2:9; A Mensagem).

Aplicação

Falamos a respeito de sonhos e limitações; agora vamos ser mais específicos. Dedique algum tempo esta semana para sonhar em profundidade. Para começar, pegue um papel ou recurso digital e enumere as principais áreas de sua vida. Sua lista provavelmente incluirá:

- Relacionamento com Deus
- Outros relacionamentos
- Casamento e família (atual ou futuro)
- Finanças
- Carreira
- Igreja local e ministério
- Qualquer dom ou paixão específicos

Sob cada título, escreva as suas expectativas para aquela área. Este deve ser um registro da maneira como você pensa sobre a sua vida na privacidade do seu coração e da sua mente. O que você realmente espera do seu relacionamento com Deus? Qual é o melhor futuro que você prevê para as suas finanças? Para a sua família?

Agora, em espírito de oração, percorra a lista. Peça ao Espírito Santo para revelar a Sua perspectiva e as Suas promessas. Onde existe algum medo restringindo a sua perspectiva? Como as mágoas ou decepções limitaram a sua imaginação? O que você pensa que não importa para Deus, e o que Ele tem a dizer sobre isso? Lembre-se de que a sua visão determina a sua capacidade. Deus retirou os limites da sua vida. É hora de você fazer o mesmo!

NOTAS

1. Lawrence O. Richards, *New International Encyclopedia of Bible Words* (Grand Rapids, MI: Zondervan, 1991), 315-316.

2. Peter Stoner, *Science Speaks: Scientific Proof of the Accuracy of Prophecy and the Bible* (Chicago: Moody Press; edição on-line, 2005), Prefácio, http://sciencespeaks.dstoner.net.

3. Ibid., capítulo 3.

4. Ibid.

5. Ibid.

6. Ibid.

7. Spiros Zodhiates Th.D., ed., *The Complete Word Study Dictionary: New Testament* (Chattanooga, TN: AMG Publishers, 1992), s.v. "polus".

8. Timothy Keller, *The Timothy Keller Sermon Archive* (New York City: Redeemer Presbyterian Church, 2013). Acesso via Logos Bible Software.

9. *The Complete Word Study Dictionary: New Testament*, s.v. "kosmos".

10. Daily Mail Reporter, "Living together before marriage no longer increases chances of divorce," *Daily Mail.com*, 22 de março de 2012, acesso em 26 de fevereiro de 2015, http://www.dailymail.co.uk/news/article -2118719/Living-marriage-longer-increases-chances-divorce.html.

11. Jason Koebler, "More People Than Ever Living Together Before Marriage", *U.S. News & World Report*, Abril 4, 2013, acesso em 26 de fevereiro de 2015, http://www.usnews.com/news/articles/2013/04/04/more-people-than-ever-living-together-before-marriage.

12. Lawrence O. Richards, *New International Encyclopedia of Bible Words* (Grand Rapids, MI: Zondervan, 1991), 639.

13. Charles Spurgeon, "Holiness Demanded" (sermon, Metropolitan Tabernacle, London; publicado em 22 de setembro de 1904). Acesso via Logos Bible Software.

14. Pesquisa realizada por *Messenger International*. Ver: John Bevere, *Relentless: The Power You Need to Never Give Up* (Colorado Springs, CO: WaterBrook Press, 2011), 26-27.

15. "The Stats on Internet Pornography," Daily Infographic, acesso em 24 de janeiro de 2014, http://dailyinfographic.com/the-stats-on-internet-pornography-infographic.

16. "How Many Women are Addicted to Porn? 10 Stats that May Shock You", Covenant Eyes, acesso em 27 de março de 2014, http://www.covenanteyes.com/2013/08/30/ women-addicted-to-porn-stats.

17. Os três parágrafos anteriores são adaptados de: John & Lisa Bevere, *A História do Casamento*, *(EDILAN*, 2015), 181-182.

18. Covenant Eyes, *Pornography Statistics: 2014 Edition*, 20.

19. Jason Rovou, "'Porn & Pancakes' fights X-rated addictions", CNN, Abril 6, 2007, acesso em 9 de fevereiro de 2015, http://edition.cnn.com /2007/ US/04/04/porn.addiction /index.html.

20. "Alcohol Facts and Statistics," National Institute on Alcohol Abuse and Alcoholism, acesso em 9 de fevereiro de 2015, http://www.niaaa.nih.gov/ alcohol-health/overview-alcohol-consumption/alcohol-facts-and-statistics.

21. Steven Reinberg, "Third of Americans Have Alcohol Problems at Some Point," *The Washington Post*, July 2, 2007, acesso em 9 de fevereiro de 2015, http://www.washingtonpost.com/wp-dyn/content/article/2007/07/02/ AR2007070201237.html.

22. "Alcohol Facts and Statistics."

23. Ibid.

24. Uma versão do material sobre a graça a seguir foi incluída em meu livro *Implacável: O Poder que Você Necessita para Nunca Desistir (EDILAN*, 2012). Baseado em uma mensagem que compartilhei frequentemente no meu ministério de pregações e reformulei a essência do ensinamento aqui.

25. Johannes P. Louw and Eugene Albert Nida, *Greek-English Lexicon of the New Testament: Based on Semantic Domains* (New York: United Bible Societies, 1996), 662.

Outros títulos de John Bevere

A Isca de Satanás*

A Isca de Satanás - Devocional*

Quebrando as Cadeias da Intimidação*

Movido pela Eternidade*

Implacável*

O Espírito Santo*

A História do Casamento*

O Temor do Senhor*

Extraordinário*

A Voz que Clama*

A Recompensa da Honra*

Acesso Negado*

Vitória no Deserto*

Resgatado*

* Disponíveis também em inglês no Formato Currículo

life-transforming truth.

Messenger International.®

UNITED STATES
PO Box 888
Palmer Lake, CO 80133

Phone: 800-648-1477
Email:
Mail@MessengerInternational.org

AUSTRALIA
Rouse Hill Town Centre
PO Box 6444
Rouse Hill NSW 2155

Phone: 1-300-650-577
Outside Australia:
+61 2 9679 4900
Email:
Australia@MessengerInternational.org

UNITED KINGDOM
PO Box 1066
Hemel Hempstead
Hertfordshire,
HP2 7GQ

Phone: 0800-9808-933
Outside UK:
(+44) 1442 288 531
E-mail:
Europe@MessengerInternational.org

www.MessengerInternational.org

Lançamentos

A História do Casamento

Era uma vez um tempo em que o casamento era para sempre. Era uma aliança que unia um homem e uma mulher. Como foi que perdemos o contato com essa profunda história de amor? Em A História do Casamento, John e Lisa Bevere convidam você a redescobrir o plano original de Deus. Quer você seja casado, solteiro ou noivo, sua história faz parte da história de Deus.

Resgatado

Para Alan Rockaway, sua nova esposa Jenny e seu filho adolescente Jeff, seria nada mais do que uma bela excursão turística submarina, o encerramento prazeroso do cruzeiro de uma semana para casais cristãos. De repente, a colisão terrível e o mergulho em direção ao desconhecido...
Tudo que Alan achava sobre si mesmo, sobre o que lhe esperava no futuro, foi virado de cabeça para baixo.

Combo Livro + DVD
O Espírito Santo

Infelizmente, o Espírito é frequentemente mal compreendido, deixando muitos sem pistas de como Ele é e como Ele se expressa a nós. Neste livro interativo, John Bevere convida você a uma descoberta pessoal da pessoa mais ignorada e mal compreendida na igreja: o Espírito Santo.

ACESSO NEGADO

Imagine se você pudesse andar livre do pecado e manter Satanás de fora de sua vida, de seus relacionamentos pessoais e profissionais? Qual é o segredo? Neste best-seller, John Bevere revela que a maior forma de guerra espiritual para qualquer cristão é a força poderosa de uma vida obediente.

EXTRAORDINÁRIO

Todos nós ansiamos por ver coisas extraordinárias, experimentar uma vida extraordinária, fazer coisas extraordinárias... No entanto, costumamos nos contentar com a mediocridade quando a grandeza está ao nosso alcance. John Bevere revela como todos nós fomos "gerados para algo mais"!

A VOZ QUE CLAMA

Um encontro com a profecia verdadeira produzirá um desejo e uma impulsão para conhecer e obedecer ao Deus Vivo. Isso nos dá a capacidade de reconhecer Jesus. Precisamos de corações que possam ouvir o que o Espírito está dizendo à Sua Igreja.

A RECOMPENSA DA HONRA

John Bevere revela o poder e a verdade de um princípio geralmente negligenciado — a lei espiritual da honra. Se compreender o papel vital desta virtude, você atrairá bênçãos sobre sua vida hoje e também para a eternidade.

O Espírito Santo

Infelizmente, o Espírito é frequentemente mal compreendido, deixando muitos sem pistas de como Ele é e como Ele se expressa a nós. Neste livro interativo, John Bevere convida você a uma descoberta pessoal da pessoa mais ignorada e mal compreendida na igreja: o Espírito Santo.

Quebrando as Cadeias da Intimidação

Todos nós já passamos pela experiência de ser intimidado por alguém pelo menos uma vez na vida. John Bevere traz à tona as ameaças e pressões, destrói o poder das garras do medo, e ensina você a liberar os dons de Deus e a estabelecer o Seu domínio sobre a sua vida.

O Temor do Senhor

John Bevere expõe a necessidade de temermos a Deus. Com seu estilo amorosamente confrontador, ele desafia você a reverenciar a Deus de uma forma diferente na sua adoração e em sua vida diária. Deus anseia por ser conhecido, e só há uma maneira de entrarmos nessa intimidade profunda e experimentá-la na sua plenitude.

Vitória no Deserto

Você se sente estagnado em seu progresso espiritual – ou até mesmo parece ter regredido? Você acha que se afastou de Deus ou que, de alguma forma, o desagradou? Talvez nada disso seja o seu caso... mas, a realidade é que você está no deserto! A intenção de Deus é que você seja vitorioso no deserto.

IMPLACÁVEL

Os cristãos nunca foram destinados a "apenas sobreviver". Você foi criado para superar a adversidade e mostrar a grandeza! Neste livro convincente o autor best-seller, John Bevere, explora o que é preciso para terminar bem.

A ISCA DE SATANÁS
DEVOCIONAL

Este guia de estudos devocional o ajudará a mergulhar mais fundo nas verdades bíblicas relacionadas ao livro, capacitando-o a resistir a receber uma ofensa e a se arrepender e se libertar das ofensas que possam ter afetado sua vida no passado.

A ISCA DE SATANAS

A Isca De Satanás expõe um dos laços mais enganosos que Satanás utiliza para tirar os crentes da vontade de Deus — a ofensa. A maioria das pessoas que é presa pela isca de Satanás nem sequer percebe isso. Não se deixe enganar!

MOVIDO PELA ETERNIDADE

O que há na palavra eternidade que chama a nossa atenção e que tem o potencial de influenciar toda uma nação? John Bevere nos fala a respeito dos princípios irrefutáveis para viver com a esperança e a certeza que nos levarão até a eternidade.

Made in the USA
Middletown, DE
01 February 2017